Career Development Education

Research and Practice of A Special Secondary Vocational School

生涯发展教育

——特殊中等职业学校的研究与实践

沈立 等◎著

学林出版社

序

　　特殊教育中等职业学校(以下简称"中职")学生身处人生中一个至关重要的过渡时期。在经历了中职阶段3—4年的教育之后,一部分学生将踏入职场,成为职业人;另一部分学生将进入社区或家庭,开启全新的社区或家庭生活;还有一小部分学生将获得继续学习的机会。在这个转折时刻,特殊教育中职学生面临着众多挑战,因此,生涯发展教育显得至关重要。

　　生涯发展教育致力于满足个体发展的全面综合需求。一方面,它关注个体的职业发展,支持学生更好地了解自己的兴趣和能力,使其在可行的范围内选择适合的职业方向;另一方面,它也关注个体在生活中的全面发展,通过培养特殊教育中职学生的生活技能、社交能力和自我认知,促进学生更好地融入社会,提高生活质量。

　　上海市长宁区特殊职业技术学校在多年的教育实践中,专注探索特殊教育中职学生的生涯发展教育,并取得了显著的成果。本书对特殊学生生涯发展的多个层面进行了全面梳理和介绍,论述了生涯发展导向的特殊教育中职学校个性化课程建设和实施计划,强调了在特殊学生学习过程中注重个体差异的重要性。书中深入探讨了特殊教育中职校"生涯导师制"的实践经验,为建立更完备的生涯支持网络提供了有益的借鉴;评估工具的应用突显了对特殊学生个体发展需求的深刻关切,通过科学而细致的评估,为学校和家长提供更准确的反馈,以更好地制定个性化的教育计划;家校合作更是在推动特殊学生生涯发展方面发挥了积极的作用。

　　《生涯发展教育——特殊中等职业学校的研究与实践》集结了上海市长宁区特殊职业技术学校在该领域的实践经验，是对特殊学生生命成长和个性发展积极尝试的产物，有望为教育者、家长和关心特殊学生的专业人士提供宝贵的启示。

刘春玲

华东师范大学特殊教育学系教授

上海市特殊教育资源中心主任

2024 年 1 月 31 日

目 录

第一章

特殊学生生涯发展教育

生涯发展教育为个体拓展生涯选择的机会,其核心是职业教育。与一般学生相比,特殊学生在生涯发展过程中存在各种障碍与更多困难。为此,一方面需要基于特殊学生的发展需求提供适宜职业生涯教育,以支持他们劳动就业,实现人生价值;另一方面需要依据其能力水平提供个性化转衔教育,以支持他们完成生涯历程。帮助特殊学生确立人生理想和目标,支持他们同样拥有出彩人生,是开展特殊学生生涯发展教育的宗旨所在。作为生涯发展教育的重要途径,生涯导师制的探索具有深远意义。

第一节　生涯发展教育概述

一、"生涯"的概念内涵与影响因素

"生涯"一词在我国很早就有,如《庄子·养生主》中"吾生也有涯,而知也无涯",南朝沈炯《独酌谣》"生涯本漫漫,神理暂超超"[1]等,这些文献中的"生涯"主要指生命、人生、生活等。这是一种广义的概念,可以称为"大生涯"。生涯还有另一种狭义的概念,"是指生活之计、谋生之业"[2],集中围绕一个人的职业而展开,可以称为"小生涯"。

影响生涯发展的因素主要有四个:

(1)教育背景。教育是赋予个人才能、塑造人格、促进个人发展的活动,它奠定了一个人的基本素质。不同教育程度的人,在择业时具有不同的能量,不同的院校具有的不同的教育思想影响人们的择业态度,不同的专业对个人

---

① 丁勇.推进中国全纳教育发展 健全随班就读支持保障体系[J].中国特殊教育,2014(2):21-22.
② 冯大奎.中国古代生涯发展哲学思想探微[J].河南教育,2010(6):63-64.

职业生涯具有决定性的作用。

（2）家庭影响。家庭对人长期潜移默化的结果，是使人形成特定的价值观和行为模式，家人的特点和教诲，影响着个体生涯发展选择的方向。

（3）个人需求与动机。需要产生动机，动机促使行为的发生。刚出校门的学生热情高涨，理想远大，择业标准较高，而有工作经验的人由于生活、工作的历练，择业标准更切合实际，更符合自身的需求。

（4）机会。机会是随机出现的，具有偶然性，这种机会包括社会各企业、团体为每个人提供的岗位的随机性，也表现在社会环境给个人提供的培训、发展条件和环境。

二、生涯发展理论

美国社会心理学家舒伯提出的生涯发展理论，是目前最受重视的生涯发展理论。这个理论由生活广度、生活空间与角色、生涯彩虹三个维度构成[1]。

生活广度指跨越一生的发展历程，舒伯将其分为五个阶段，即个体生涯的发展都会经过成长、探索、建立、维持和卸任五个阶段组成的大循环，只有每个阶段达到其该有的水平或职业成熟度，才能为下一阶段的发展奠定良好基础。伴随生涯的发展，两个阶段在交替之间有相互交叉、重叠的现象，这个重叠的部分是一个转型期，承接上一阶段到下一阶段的发展[2]。

依据舒伯的理论，生活空间如同人生舞台，人在不同的舞台上扮演不同的角色。生涯发展包括人一生所经历的生活与实践活动，包括一个人承担的所有社会角色。生涯过程中，人的身体是生涯发展过程的载体，心理（性格与智力）是生涯发展的内在依据，与其社会化过程密切关联的家庭养育、学校教育、社区生活和职业是个人生涯发展的基本条件。人扮演某种角色必须具有该角色需要的行为表现和承担相应的责任，同时，一个人可能在一个阶段中扮演几个不同角色，因此需要把握角色之间的分寸。角色扮演不当，就会在社会生活中造成一些人际关系方面的问题。

"生涯彩虹"是将生活广度和生活空间中的不同角色与社会宏观背景因素和个人因素"叠加"在一起，构成一个多因素的多彩人生图景（见图 1-1）。

---

① 许家成.特殊儿童生涯发展与转衔教育[M].南京：南京师范大学出版社,2015：13.
② 刘婧.高职职业生涯教育问题研究——基于舒伯自我概念发展理论[D].济南：山东师范大学,2016.

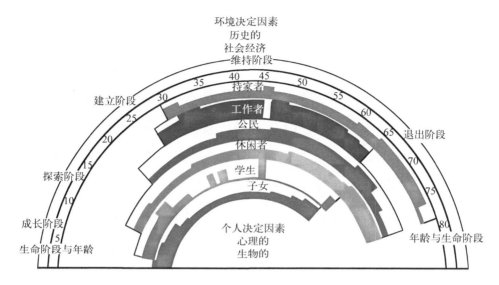

图 1-1 "生涯彩虹"示意图

三、生涯教育的定义与内容

1972 年,美国教育总署的原助理署长沃兴顿(R. M. Worthington)在日本东京演说时给生涯教育下了定义:"生涯教育是改变所有教育系统,以求造福全民的革命,它强调所有教育的经验、课程、教学及咨询辅导,是为个人将来经济独立、自我实现及敬业乐群生涯的预备,它通过改善职业选择的技巧与获得职业技能的方式,提高教育的功能,使每位学生能享受成功及美满的生涯。"①

生涯教育的内容包括六方面:

(1)自我评估。通常可以自行思考、自我分析或与老师、家人、朋友交流讨论,评估自己的兴趣、特长、性格、学识、技能、智商、情商及组织管理、协调、活动能力等。

(2)生涯机会的评估。主要是分析内外各种环境因素对自己生涯发展的影响,包括环境条件的特点、环境的发展变化情况、自己与环境的关系、自己在环境中的地位、环境对自己提出的要求、环境对自己有利的条件与不利的条件这六个方面。

---

① 周羽全、钟文芳.我国台湾地区中小学生涯教育及其启示[J].内蒙古师范大学学报(教育科学版),2010(12):11-13.

表1-1 舒伯生涯发展阶段与发展任务汇整表

成长期 0—14岁	探索期 15—24岁	建立期 25—44岁	维持期 45—64岁	卸任期 65岁以后
在家庭或学校与重要他人的认同过程，逐渐发展自我概念。需求与幻想为此时期最重要的特质。随着年龄的增长，社会参与的程度与接受现实考验的程度逐渐增强，兴趣与能力也逐渐发展。 1. 幻想期（4—10岁）需求支配一切，热衷于幻想游戏中的角色扮演。 2. 兴趣期（11—12岁）兴趣嗜好为其行为方向的主要决定因素。 3. 能力期（13—14岁）能力的重要性逐渐增加，并开始考虑工作所需要的条件与训练。 发展任务： 发展自我图像，发展对工作世界的正确态度，开始了解工作的意义。	在学校、休闲活动及打工的经验中进行自我试探、角色探索与职业探索。 1. 试探期（15—17岁）考虑需要、兴趣、能力与机会，有暂时性的决定，这些决定在幻想、讨论、课业和工作量中细加思量，考虑可能的职业领域和工作层次。 2. 转换期（18—21岁）进入就业市场或接受专业训练，更重视现实的考虑，企图实现自我概念，将一般性的选择转为特定的选择。 3. 试验并初步承诺期（22—24岁）初步确定职业的选择，并试探其成为长期职业的可能性。必要时，会再次重复探索的过程。 发展任务： 1. 职业偏好逐渐具体化，实现职业偏好。 2. 发展一个合乎现实的自我概念。 3. 学习开创更多的机会。	确定适当的职业领域，逐步建立稳固的地位。职业可能升迁，可能会有不同的领导，但所从事的职业不大会改变。 1. 试验投入和建立期（25—30岁）在已选定的职业中安步当车。可能因满意度的差别作调整。 2. 晋升期（31—44岁）致力于工作上的巩固与安定，大多数的人处于创造力的巅峰，身负重责大任，举力攀升，表现胜任愉快。 发展任务： 1. 找到机会从事自己想要做的事。 2. 学习和他人建立关系。 3. 寻求专业扎实与精进。 4. 确保一个安全的职位，在一个稳固的位置上安定地发展。	在职场上崭露头角，全力成就与地位有的成就与创意的表现，逐渐减少创意的人员的表现。面对新进人员的挑战，全力应战。 发展任务： 1. 接受自身的限制。 2. 找出在工作上的新难题。 3. 发展新技巧。 4. 专注于本务。 5. 维持在专业领域中既有的地位与成就。	身心状态逐渐衰退，从原有工作上退隐，发展新的角色，寻求不同的满意方式以弥补退休的失落。 1. 减速期（65—70岁）工作速率减缓，工作内容或性质改变以符合逐渐衰退的身心状态，有人找到兼职工作。 2. 退休期（71岁以后）停止原有的工作，又工或移精力到有的兼职、休闲等活动。 发展任务： 1. 发展非职业性质的角色。 2. 做以前一直想做的事。 3. 学习适合于退休人士的运动。

（3）职业选择。通过自我评估、生涯机会的评估，认识自己，分析环境，在此基础上对自己的生涯发展方向做出选择。

（4）设定职业生涯目标。生涯目标的设定，是职业生涯规划的核心。通常目标分短期目标、中期目标、长期目标。

（5）制定行动计划。要有具体的计划与明确的措施，以便定时检查，这是职业生涯规划顺利实施并实现目标的关键。

（6）评估与反馈。有效的生涯规划设计最重要的是要不停地评估与反馈，以适应环境的改变。其修订的内容包括生涯机会的重新评估、职业的重新选择、生涯目标的修正、计划与措施的变更，等等。

第二节　国内外职业生涯教育

一、国外的研究与实践

美国是世界上最早在中小学开展职业生涯教育的国家。美国中小学职业生涯教育在 90 年的发展历程中得到了政府的重视和支持，形成了一套成熟的理论体系和运行机制。美国中小学的职业生涯教育使所有学生都有机会接触各种职业，以保证每位学生都能受到学术技能、社会意识同职业准备相结合的教育。即便是中学毕业或中途退学的学生也可以自由选择职业或继续升学。它面向全体学生，贯穿于整个教育体系，包括从儿童早期到中学后阶段，并将职业生涯教育渗透到课程和多种多样的实习活动中。1989 年，国家职业信息协调委员会在美国教育部支持之下，制定了《国家职业生涯发展指导方针》，为学前儿童到成人不同年龄阶段的人提供所应具备的生涯规划能力指导。其内容主要为将职业讯息转化成学习者所能接受的讯息，以促使学习者在人力资源方面得到进一步拓展。该指导方针涵盖了初等学校、中等学校、高等学校、成人学校几乎所有层次的学生，为每个层次的学习者制定了相应的能力指标，通过学校、社区、家庭的合作，使个人通过各种方式的学习达到这些能力指标，并逐步形成相应的生涯规划意识。以高中阶段学生生涯发展为例，该指导方针将高中学生进行的生涯教育划为三个领域，并有相应的能力指标作为参考。[①] 如表 1 - 2 所示：

①　王志强.美国生涯教育的实施及对我国的启示[J].世界教育信息，2008(3)：43-45.

表 1-2　高中阶段生涯教育的三个领域及其能力指标表

领　域	能　力　指　标
自我认知	了解正向自我概念对个人的影响 学习与他人互动的技巧 了解成长与发展的重要性
教育与职业探索	了解教育成就和生涯规划的关系 了解工作和学习需具备的正向态度 掌握使用、评价及解释生涯讯息的技巧 习得寻找、获得、维持和改变工作的技能 了解社会需求和功能对工作结构和性质的影响
生涯规划	习得做决定的技巧 了解生活角色相互间的关系 了解男女性别角色的持续变换 习得生涯规划的技能

　　日本在构建终身学习社会方面处于世界先进水平。普通教育与职业教育的衔接是日本教育发展的重要课题,职业生涯教育得到了政府的高度重视,涵盖了从小学到大学的整个教育阶段,其目标是使学生从小建立对社会职业的认识,在现实中理解社会结构,懂得作为劳动者的责任和义务,解决"从学校到职业的过渡"这一问题,使每个人拥有自己喜欢并利于社会发展的职业,造就幸福快乐的人生。这种教育理念和终身教育不谋而合。各种体验性实习活动已在各种学校相继展开,并逐年递增。根据日本《2004 年综合调查研究协会会议报告书》中的论述,职业生涯教育被定义为"是培养学生劳动观和职业观的教育,是高度重视每个人与生俱来的创造性,发展人的个性的教育,旨在使学生具有相应的职业知识和技能的同时,培养学生了解自己,积极主动地选择人生道路的能力。要求从幼儿至成人的整个教育过程中,都要将传授知识与学生将来的工作和生存方式相结合,目的是通过教育促进人生价值实现,为社会提供适应时代要求的优质劳动者"[1]。

　　英国则进一步强调"职业规划从娃娃抓起",他们通过开通网站和配备专门指导教师,使小学生咨询自己应该学习哪些科目,获得未来职业规划的建议,目的是鼓励小学生在小时候就可以思考自己未来的职业目标,确定努力的

---

① 陆素菊.职业人的培育:日本中小学生涯教育的发展与特色[J].外国中小学教育,2007(01):26-28.

方向。对中学生进行职业指导的主要途径是开设系统的生涯教育课。生涯教育课和其他学科一样，设有全国性的和地区性的统一规定和课程标准。许多学校规定其为必修科目。一般中学从第三年或第四年开始，第五年底结束，教学活动排入课表。此外，俄罗斯开设了"我的选择"课程，帮助年轻人开启成功之门。

二、国内的研究与实践

在中国，职业生涯教育虽然一直受到教育学家的重视，但是实践层面的成果不多。早在 1915 年，黄炎培出国考察时就对比了中西教育不同，崇尚当时在欧美盛行的个性化教育。1920 年，黄炎培为中华职业教育社译印的《职业心理学》撰写序言，主张先用科学的心理测验方法测定学生的职业性向，然后因材施教，使学生选择与其性向相宜的职业。这反映了我国早期职业生涯规划指导思想。由于经济和历史原因，职业指导的研究有着很长的一段真空期，直到改革开放时期，我国研究者重新开始关注和研究职业指导理论和思想。随着高等教育管理体制改革的深化和大学毕业生就业方式的多样化选择倾向，大学生职业生涯教育指导已蔚然成风。但多数职业指导仅停留在一般意义的择业指导层面，注重政策的宣传、就业信息的收集发布和校园招聘会，职业规划指导呈现形式化、阶段化、职责化等特点。上海市教育科学研究院沈之菲于 2000 年出版《生涯心理辅导》，较早系统地介绍了这一领域的知识，但随后又沉寂了一段时期。如今就业市场竞争加剧，人们重视"生命教育"，生涯教育再次兴起。生涯教育目前主要是在高校盛行，部分职业学校和高中也有涉及。不过，近几年随着基础教育课程改革倡导"以人为本""以学生发展为本"理念，生涯教育在我国逐步得到重视。一些学科如历史与社会、思想品德、心理教育等开始关注学生的生涯发展，而山西省已经把生涯教育列入地方课程计划。

我国台湾地区对职业生涯教育有相当深入的研究。台湾地区教育事务主管部门在 1998 年公布的《国民教育阶段九年一贯课程总纲纲要》中确定"生涯规划与终身学习"为台湾人民十大基本能力之一。同年，台湾地区教育事务主管部门召开"九年一贯课程分科纲要小组召集人联席会"，决定在咨询、环保、两性、人权四项重要课题外，增加生涯发展课题。台湾地区行政管理机构劳工委员会还专门建有"全方位职业生涯规划"网站，为青年学生提供《生涯定位》《生涯发展与辅导》《生涯规划的艺术》《职业生涯规划》《一辈子的事：生涯规划与潜能开发》《人生的决策：生涯规划》等出版物①。

在特殊教育领域,台湾地区职业生涯教育的起步较早。林宏炽于 1999 年发表著作《身心障碍者生涯规划与转衔教育》,林幸台于 2007 年出版专著《身心障碍者生涯辅导与转衔服务》。相对而言,大陆特殊教育领域的职业生涯教育起步较晚。在对 2005—2011 年所发表文献的搜集中,仅发现一篇《聋人大学生职业生涯辅导探析》。2011 年以后,残障学生的职业生涯发展教育逐步受到特殊教育学者和实践者的重视。2012 年董奇出版专著《智障学生职业潜能测量》,2015 年许家成出版专著《特殊儿童生涯发展与转衔教育》。在实践层面,上海市长宁区特殊教育指导中心进行了社区残障人士生涯发展支持的系列实践和研究,上海市长宁区特殊职业技术学校探索了智障学生个别化职业转衔服务模式,其做法和经验较有代表性。同时,有关"生涯发展障碍"(career barriers)的问题也开始引起国内学者和教育人士的关注。

第三节　生涯导师制概况

生涯导师制是新时代育人方式改革的新探索,是开展生涯发展教育的重要途径。目前,聚焦生涯导师的职责、培养途径以及工作机制,在大学、高中与职业教育领域,都有学校进行生涯导师制的探索与尝试。国内很多高中都实施了生涯导师制。2021 年上海市政府办公厅印发《关于本市新时代推进普通高中育人方式改革的实施意见》,进一步明确要求"完善高中班主任与全员导师制相结合的高中学生成长服务机制",在全员导师背景下探索生涯导师制具有重要的实践意义。

一、生涯导师制的历史发展与概念内涵

生涯导师制与导师制密切相关。导师制起源于大学,后逐渐在基础教育中盛行。大学生导师制起源于 14 世纪的英国牛津大学,由温切斯特主教威廉·维克姆首创,导师指导一定数量学生,通过协助其安排学习计划,使其成为品学兼优的学生。②

在我国,《教育大辞典》将导师制定义为"导师对学生的学习、品德及生活

① 李金碧.生涯教育:基础教育不可或缺的领域[J].教育理论与实践,2005(4):15-18.
② 吕亮.英国高校导师制及启示[J].中国高等教育,2022(3):62-64.

等方面进行的个别指导的一种教导制度"①,其主要特点为:(1)重视学生教育主体地位,贯彻以人为本理念;(2)重视个体差异,因材施教,促进学生个性发展;(3)关注学生全面健康成长。② 导师制最早可追溯至先秦时代孔子所提出的"因材施教"。1929年,浙江大学引入牛津大学的做法,开启了我国近现代导师制的先河③。中学导师制开始于20世纪30年代,当时教育部编撰的《中等教育概况》一书中曾经明确写道:"本部为加强中等以上学校训育实施,特参酌我国师儒训导制度及英国牛津、剑桥等大学办法,令中等以上学校实行导师制。"2008年前后,教育部启动了我国新课程的改革,制订了学科新课标,个别普通高中开始尝试实行学分制、走班制和导师制。2019年6月19日,国务院办公厅发布《关于新时代推进普通高中育人方式改革的指导意见》,提出加强学生发展指导,普通高中学校要明确指导机构,建立专兼结合的指导教师队伍,通过学科教学渗透、开设指导课程、举办专题讲座、开展职业体验等对学生进行指导。

2018年,浙江理工大学经济管理学院率先探索全员导师制这一新型人才培养模式,成为学校首个大规模推行全员导师制的试点学院。全员导师制是指"学生人人有导师、教师人人是导师"的制度体系,是中小学校全体教师按照一定机制与每一个学生匹配,通过与学生建立良师益友的师生关系、与家长建立协同合作的家校关系,对学生进行全面发展指导并开展有效家校沟通,促进每一个学生健康快乐成长的基础教育现代学校治理制度。2020年12月,全员导师制开始在上海市中小学范围内以区为单位分批试点开展。2023年7月,上海市教育委员会制定《上海市中小学生全员导师制工作方案》,全员导师制的实施范围为本市所有中小学校,覆盖全体中小学生,中等职业学校参照执行。

生涯导师制则是从学生个体的生涯发展特点和需求出发,引导学生更好地认识自我,探索外部,促进学生做好选择并为之不断努力的个别化生涯辅导方式。④ 生涯导师制的突出特点是发挥全员育人的优势,指导学生做好学业规划、职业规划,跟进并促进学生个性化发展。有学者对大学阶段英语系导师制的运行进行了观察研究,发现推行基于生涯规划的导师制度,能使学生得到个

① 顾明远.教育大辞典(第三册)[M].上海:上海教育出版社,1991.
② 常雪亮等.我国中学导师制的发展历程、现状与问题[J].生涯发展教育研究,2016(21):85-94.
③ 陈才锜.普通高中全员导师制的研究[J].当代教育科学,2013(24):16-18.
④ 陈宛玉.高中生涯导师制:是什么,做什么,怎么做[J].中小学心理健康教育,2018(27):23-25.

性化、全程化的生涯辅导,能从真正意义上让学生掌握生涯规划的能力,提高职业发展的核心竞争力,促进他们充分就业,经营成功人生[①]。

二、生涯导师制的研究与实践

(一) 生涯导师的职责

基于生涯规划的导师制在推进学生生涯规划、培养职业能力中发挥着重要作用。生涯导师主要引导学生了解自身,探索感兴趣的职业,明确未来的发展方向,进而使学生能够更好地发挥个人价值。

为了更好地适应学生的发展需求,满足学校管理的现实需求,多数高中学校开始推行导师制,并将其与生涯规划教育相结合,进一步明确了导师在新高考改革背景下对于学生思想引领、职业规划、学业规划、心理健康、学业指导、生活指导等方面的功能定位与工作职责[②]。有学者认为高中生涯导师的职责包含"做好学生的学业指导、协助学生进行自我认知、做好学生的升学指导、协助学生做好生涯规划、做好学生的心理辅导"五个方面。[③]

生涯规划导师制的导学内容可以根据学生在学校学习阶段的不同、学习重点的不同和心理特征的不同,制定全程化的导学内容,院系可以根据专业的特点制定相关的导学内容[④]。

(二) 生涯导师的培养

目前,生涯导师尚不能满足学生生涯教育需求。有学者提出有效的职业生涯教育在中等职业教育中没有得到深入贯彻与落实,其中的原因错综复杂,师资力量欠缺、导师专业性不强是其中重要的原因之一。[⑤] 如何培养生涯导师是生涯导师制得以有效实施的关键。

根据当前的文献资料显示,主要有以下培养途径:

1. 建立导师互动平台,进行经验分享。

导师提出问题,专业领域教师可以给出专业建议,协助导师向生涯导师发展提供助力。交流平台同时成为导师信息互通的重要渠道,学生信息、优秀交

---

① 尹娟、余雪冰、严君.基于生涯规划的导师制行动研究[J]. 教育与职业,2011(12):86-87.
② 董兰兰.高中导师制中导师的任务探讨[J]. 课题研究,2018(6):8-9.
③ 陈宛玉. 高中生涯导师制:是什么,做什么,怎么做[J]. 中小学心理健康教育,2018(27):23-25.
④ 尹娟等.基于生涯规划的导师制行动研究[J]. 教育与职业,2011(36):86-87.
⑤ 顾艳雯. 中职学校"生涯导师"队伍建设的实践探索——以嘉善信息技术工程学校为例. 职业教育,2020(27):65-68.

流案例都可以快速精准传达,提高交流效率。

2. 提供专业培训,形式灵活多样。

在设置生涯导师的培训主题时,应当包含思想品德、生涯规划、学业发展、心理健康等几大基本类别。① 培训内容主要是生涯指导技能、心理辅导技能、沟通技巧、学校教育理念、指导经验分享等方面。在培训内容的设置上,应当结合本校教师实际需求而有所偏重,突出重点。对于职业学校,教师对"生涯导师工作职责、工作内容与评价机制""生涯理论与职业生涯规划方法""专业选择"等内容的培训需求具有较大的一致性。

培训形式有外聘专家开展讲座、团体辅导,组织专题分享、经验交流,或提供材料进行自主学习等。② 此外,还有学校内部选派优秀的生涯导师担任导师督导,在参与对全员导师系统性培训的同时,也对导师的日常辅导疑问进行有针对性的解答③。

培训方法有教师提出生涯导师培训有别于学科教师培训,更加注重操作方法的掌握和指导能力的形成,可以采用项目教学法、工作坊、角色扮演法、教学案例法④。

3. 开展激励性评价,铺设晋级通道。

学校结合精神鼓励和物质鼓励两方面,通过全校导师的共同商讨和调整,建立具有校本特色的生涯导师成长激励制度,对导师进行评聘选拔。对导师工作的内容进行量化评价,如学生的数量、相关文本材料的评价、导师互评以及学生评价。

建立导师的晋级通道,引领教师不断钻研业务、提升能力,使其能够在对学生的教育与引导中感受到成就感与幸福感。将生涯导师分为督导级、A 级、B 级、C 级等四个等级,探索全员生涯导师的考评办法,提升培训的系统性与可持续性。⑤

(三) 生涯导师的工作机制

学校要建立学生与导师定期交流的制度,学生与教师及时就近期的学习、

---

① 崔自勤. 基于新课程下的高中导师制有效实施探究[J],教育教学论坛,2018(38):197-199.
② 蔡小雄、王静丽. 成长导师培训:走班制的补给与诉求[J]. 基础教育参考,2017(21):3-15.
③ 王桂明. 高中人生导师制的探索与实践[J]. 江苏教育,2018(6):43-45.
④ 严林峰.浅谈中学生涯导师培训[J]. 中学教学参考 2021(8):66-67.
⑤ 李妍. 适应高考改革要求,打造专业化生涯导师队伍——探索全员生涯导师校内培训体系建设的实施路径. 中小学心理健康教育[J]. 2019(18):23-26.

生活、心理等情况作交流。完善家校沟通机制,生涯导师通过家长会、电访、家访、网络沟通、参与活动等方式与家长联系。学校应细化生涯导师的工作方式和具体内容,形成生涯导师工作指导手册,方便导师开展指导工作时记录以及评估生涯导师的工作绩效。在学生层面,应建立学生生涯发展档案,用纸质或电子档案等方式记录学生成长。

第四节　基于生涯发展的特殊学生转衔教育

终身学习需要一个连续的教育制度设计,特殊学生在生涯历程中面临特殊性,因此每当他们面临生涯转折的时候,需要对他们的转折过程进行系统研究,实施有效的教育,由此产生了一种新的教育实践——转衔教育。在这个制度设计中,转衔教育成为一种必要的粘连剂,让各个阶段的教育连接起来,为特殊学生的生涯发展服务。特殊学生一生有两个重要的转衔期:第一个转衔期是特殊婴幼儿从家庭进入幼儿园和小学,开始他们少年的生活;第二个是特殊青少年从学校进入社会,开始他们的成人生活。转衔教育为特殊学生完成生涯转变提供教育,它建立在特殊学生生涯转折点之上,其目的在于支持他们完成自己的生涯历程。

一、国外的相关研究与实践

国外有关特殊学生转衔教育的相关研究积累了丰富的经验,取得了不少新进展,值得借鉴。

首先是关于身心障碍者转衔教育与服务的研究。国外学者认为,以广义的观点看,身心障碍者的转衔是连续的、终身的,转衔的过程是一个共同合作的过程,需要团队的协助,以个人、家庭为核心,依身心障碍者个人的能力与需求,设计合适的课程、服务、活动、方案等,提供适宜的、适时的生涯规划与安置,转衔教育则是指于转衔阶段时提供有关的教育措施给身心障碍者,以帮助其达成顺利转衔的目的。[1] 特殊教育机构应与医疗、保健机构建立经常性的协作关系,实现跨部门的合作,共同做好残疾人的教育、康复工作。[2] 相关学者从研究中归纳转衔成功的因素有:以学生为中心的规划、学生能力发展、机构间

---

[1] 李秀、张文京. 学前特殊儿童转衔教育研究综述[J].中国特殊教育,2005(1):38-42.
[2] 黄宇锦、吕家富、曾小惠、袁红梅.弱智者支持性职业教育个别化转衔模式研究[J]. 现代特殊教育,2001(1):20.

合作协调、方案架构与设计、家庭参与。而其中机构间的沟通和合作是转衔成功的关键。此外，美国也有越来越多的学术团体开始单独设立"转衔部门"，以探讨研究身心障碍者转衔时期的教育与服务，如美国特殊儿童学会（Council for Exceptional Children，CEC）于 1990 年设置专门性的组织"生涯发展与转衔部门"（Division on Caveer Development and Transition，DCDT）从事转衔有关的学术研究与探讨，并定期出版《特殊个体的生涯发展》（Career Development for Exceptional Individual，CDEI）期刊。

在诸多研究中，通过文献学习，能够较具体了解到的是美国学前特殊儿童转衔服务的实施情况。美国学前儿童接受的转衔服务有如下特点：

（1）转衔服务计划的个别化和合作化。转衔计划作为特殊儿童个别教育计划的重要组成部分，本身的特质就是个别化。合作化是对参与转衔计划的工作人员而言，从拟定计划到儿童真正参与到新计划中，转衔服务为所有参与者赋予了新的角色和责任，参与者之间的合作是成功转衔的重要因素。

（2）转衔服务实施过程的系统化和策略适宜化。在美国，转衔是一个系统的过程，有一定的实施过程（一般在特殊儿童转入下一阶段的前六个月施行），有制度化的程序和完善的步骤。目前，在美国各州广泛运用的模式是顶点转衔程序，这一模式框架清晰，程序系统化，包括准备、实施和评价等环节。美国学前转衔服务一般主要包括以下五个步骤：组建一个计划团队；明确问题，确立目标；确定角色分工；制定书面转衔计划；评价儿童转衔服务过程，追踪新计划的适应情况。在实施服务计划的过程中，这五个步骤步步相接，而且每一个步骤又都有要求。在转衔计划的实施过程中，特殊教育者会运用多种策略模式，促进特殊儿童的转衔成功。

（3）转衔服务保障制度的制度化和法制化。在美国，已颁布多部确保学前特殊儿童转衔服务的法律法规。[①]

其次集中到身心障碍者职业转衔教育与服务的研究及实践。1984 年，美国特殊教育与复健服务署提出，职业转衔着重在学校生活与工作生活的转换过程，职业转衔是一种成果导向的过程，包含一系列使身心障碍者获得就业的服务，职业转衔时期包括中学、毕业时、中学后教育、成人服务及就业后的第一年，转衔是一座跨越学校以及社会或成人生活的桥梁。此模式包括三种服务：一般性服务（no-special services），对于轻度障碍者给予一般性工作，并与非身

---

① 崔芳、于松梅. 美国学前特殊儿童转衔服务及其启示[J].现代特殊教育，2010(1)：40 - 42.

心障碍者混合在一起接受教育；短程性服务（time-limited services），针对中度或重度障碍学生给予建议与指导，直到顺利就业为止；持续性服务（on-going services），针对部分重度或极重度学生，如果无法胜任工作，则提供支持性就业（supported employment）服务。此阶段之特色与原则包括：

（1）就业转衔（employment transition）：以就业为导向，以获得工作为主要目标。

（2）持续性支持（continuous support）：根据障碍程度之不同提供持续性支持。

（3）生活技能课程（life-skill curriculum）：生涯教育课程的重点放在生活性的技能、适应性技能、日常生活所要的主要技能。

（4）辅助科技（assistive technology）：运用辅助科技提升身心障碍者之生涯职业潜能。

1997年美国《身心障碍者教育修正法案》规定，有关教育机构于学生未满14周岁以前，在其个别化教育计划（Indicidualized Education Program，IEP）中说明并提供职业转衔服务，以帮助学生顺利成功地由学生生活过渡到社会生活[1]。

利奥诺拉等人在结合了职业转衔模式、青年转衔计划模式以及支持性就业模式的基础上，认为从"学校到工作"的就业转衔可以分为三个阶段。第一阶段，职前准备阶段。在这一阶段，对残疾学生，主要是使用融合学校的课程，训练他们的功能性技能等方面的能力，向他们介绍公开劳动市场的在职培训服务。这一时期，职业治疗师应当为每个学生制定个别化的职业转衔计划，建立相应的职业档案并对他们进行有针对性的以市场为导向的能力训练。第二阶段，职业准备阶段。在这一阶段，主要是让残疾学生在劳动市场中的具体岗位上接受实地的、在职的培训，并且定期轮岗培训，而且还有机会在岗学习其他知识。这一时期，职业治疗师主要是要为残疾学生在社区内寻求匹配的在岗培训机会，根据残疾学生的具体需求、能力水平以及兴趣爱好，为他们提供相应的学习机会。此外，职业治疗师应当对具体的工作进行分析，进而根据学生的能力水平对他们进行岗位配对，同时注重训练他们的职业技能、理财能力，以及日常生活自理能力。第三阶段，就业安置与追踪服务阶段。这一时期，职业治疗师应为残疾学生谋求兼职或全职工作的机会，帮助残疾学生与雇

---

① 林宏炽. 身心障碍者生涯规划与转衔教育[M].台北：五南图书出版社,2000.

主商讨具体的就业合同,协定公平的劳动实践机会。此时,职业治疗师将把自己对该残疾学生的监管权移交给工作岗位的相应人员并逐渐引退,但同时也为他们提供持续的支持与跟踪服务,在必要的时候帮助他们再就业。①

南非于20世纪90年代致力于解决残疾人就业问题,做了很多努力,所实施的从学校到工作的就业转衔模式与利奥诺拉提出的模式大致相同,也分为以上三个阶段,并配备专门的职业治疗师帮助障碍者成功就业和独立生活。②

在印度,国家智障人士研究所编制了《智障者从学校到工作的转衔》的指导性文件。至2001年,大约3 000名成年智障人士接受了来自16个职业康复中心和200个非政府组织的职业培训。但是,他们中的大多数仍只是实习生,并没有得到雇员的身份。在印度全国,转衔计划近来被列为特殊教育和职业康复方案的当务之急。一个适合印度国情的职业转衔进程模式"NIMH转衔模式"被发展出来,包含四个阶段的职业培训和工作:系统的学校教学是职业培训和工作的基础;社区评估、职业评估、个别化转衔计划;实际工作地点的安排;支持服务。这种模式提出转衔是一项合作的行动,并特别强调了父母参与的重要性。③

最后是关于职业指导的研究。

在职业转衔服务中,职业指导是关键的一环。在西方,经过百年的发展,职业指导理论从人职匹配模式转向了生涯发展模式,其重心由原初的单纯解决就业问题转向了通过对以职业为主轴的人生进行规划抉择,以实现自我价值④。

人职匹配理论认为,人的个性结构存在差异,人们应该根据自己的个性特点找到适合自己的职业,以达到人职匹配的目的,从而满足个人需要与兴趣,最大限度地发挥自己的潜力。最有代表性的是帕森斯的特性因素理论和霍兰德的个性职业类型匹配理论。帕森斯创立的特性因素理论认为,每一个体都具有独特的能力和特质,不同的职业岗位需要不同特性的人,通过心理测验可以获得对个体特性的认识,以使个体找到最能体现和发挥其特性的工作。霍

① 徐添喜.就业转衔服务中残疾人职业康复实施现状分析及模式构建研究[D].武汉:华中师范大学,2010.
② 徐添喜、雷江华."学校到工作":南非残疾学生转衔教育服务模式[J].现代特殊教育,2011(2):38-42.
③ A. T. Thressiakutty, L. Govinda Rao. Transiton of Persons with Mebtal Retardation From School to Work: A guide. National Institute for the Mentally Handicapped[R], 2001.
④ 朱兆红.Super生涯发展理论及对我国大学生就业指导的启示[D].长沙:湖南师范大学,2009.

兰德提出的个性职业类型匹配理论认为,职业选择是个人人格的反映和延伸。霍兰德将人格分为现实型、学者型、艺术型、社会型、事业型和传统型六种基本类型,并将它们和环境、职业类型进行了匹配。霍兰德及其助手通过多年研究,制定了两种类型测定工具:一种为职业偏爱记录(Vocational Preference Inventory,VPI);另一种为自我指导探索(Self-Directed Search,SDS)。基于VPI 和 SDS 两个量表的测量,可以得出人们适应的职业类型。类型测定后,与被测定者的人格类型相对应的有一系列具体的可供选择的职业。① 舒伯的生涯发展理论实现了就业指导从人职匹配模式到发展模式的转变,舒伯研究的各种量表和生涯发展评估辅导模式(CDAC)将他的理论研究与实践相结合。其生涯发展理论综合了差异心理学、发展心理学、自我心理学以及有关职业行为发展的长期研究结果,吸取了这四大学术领域中有关生涯发展的精华,建构了一套完整的职业指导理论。②

二、国内的相关研究与实践

相比国外,我国的发展很不均衡,大陆有关特殊学生的转衔支持服务还处于起步阶段,相关研究比较少;而台湾地区的情况则有所不同,已经积累了一定的实践经验,并形成了相应的思想理论。我国台湾地区于 2002 年通过了《身心障碍者就业转衔服务实施要点》,其中规定各直辖的市、县的劳工主管机关应为推动就业转衔服务工作设置专门窗口与专业人员办理转衔与就业等相关业务,设立就业转衔服务作业流程、职业重建流程及就业转衔服务信息系统,《要点》规定需依据《身心障碍者就业服务机构专业人员选用和培训办法》,定期培训相关专业人员,并要求公立就业服务机构应提供直辖市、县劳工主管机关有关就业与职业训练信息以及就业咨询专业服务。③

在大陆,在学校中某一阶段所进行的转衔教育已比较完善,但针对特殊学生的转衔教育还比较少。甘昭良等人指出,残疾人职业教育应当以市场为导向,因地制宜地开展职业教育,有计划地开展职业教育,并提出了"学校—工作单位"模式、"学校—自由培训机构—工作单位"模式、"学校—双元培训体系—工作单位"模式、"学校—职业教育机构—工作单位"模式四种由学校到工作过

---

① 李晓明、刘洪玉、孙晓雯.人职匹配理论与女大学生就业选择[J].中华女子学院学报,2008(10):37-41.
② 张兴瑜.对国外生涯辅导理论的述评与启示[J].天津职业大学学报,2009(8):90-93.
③ 身心障碍者就业专业服务要点.社会福利资讯[EB/OL].http://web.it.nctu.edu.tw/~hcsci/service/life_tr_job.htm 2012.11.20.

渡的不同转衔教育模式。[①] 对于智力障碍者的转衔教育,梁雪梅认为存在诸多问题:(1)目前的转衔教育内容不够完善,只重视职业技能的培养,忽视人际关系和智障者心理的辅导;(2)学校社区工作单位合作不够密切,不能有效地对智能障碍者进行培训和指导;(3)缺少基本的转衔教育师资和资金支持是转衔教育发展迟滞的主要原因。[②] 可见我国特殊教育研究人员对特殊学生转衔教育有一定程度的探究,但针对智障学生的转衔教育与支持的探究并不充分。

---

① 甘昭良.残疾人职业教育:"从学校到工作"的模式[J].职业技术教育(教科版),2006(28):64-65.
② 梁雪梅.智能障碍者就业前转衔教育[J].中国残疾人,2011(8):38.

第二章

生涯发展导向的个性化课程建设

为贯彻《中华人民共和国残疾人教育条例》(中华人民共和国国务院令第674号)、《国务院办公厅关于转发教育部等部门"十四五"特殊教育发展提升行动计划的通知》(国办发〔2021〕60号)精神,保障残疾学生平等享有优质职业教育的权利,支持残疾学生生涯发展,切实提升学校的教育水平,依据《上海市人民政府办公厅关于转发市教委等八部门制订的〈上海市特殊教育三年行动计划(2022—2024年)〉的通知》(沪府办〔2022〕35号)、《上海市教育委员会 上海市残疾人联合会关于加强特殊职业教育管理的实施意见》(沪教委基〔2017〕11号)和《上海市特殊中等职业教育学校(班)课程方案(试行稿)》(沪教委基〔2018〕47号)的具体要求,上海市长宁区特殊职业技术学校特制定并调整《上海市长宁区特殊职业技术学校个性化课程方案》,依此进行个性化课程建设:从满足智力残疾、自闭症、脑瘫三类残疾学生个性化的学习需求出发,以先进的课程理念为导向,建立以生活适应、社会适应、职业适应为核心的课程目标,建构适合三类残疾学生的特殊中等职业教育课程体系,编制各科目的课程教学指南,开发学本、选用教材,开展课程实施与课程评价,建立课程领导、课程管理与保障的相关机制。

第一节　课程理念与培养目标

一、课程理念

以"育人为本、尊重差异、促进融合、支持就业"为指导思想,在"每个孩子都是金子,最大限度地发现每个孩子的潜在能力,用爱实现他们融入社会的希望和展现自我的梦想"的理念下,构建以融入社会为导向,以提升残疾学生自我服务、社会适应及职业能力为核心的特殊中等职业教育课程体系,为学生的生涯发展做好充分准备。

（一）支持残疾学生生涯发展,凸显课程的育人功能

关注残疾学生生涯发展和社会融合所需的正确价值观念、必备品格和关键能力,重视残疾学生基本道德规范与良好行为规范的培养,夯实基础知识与基本技能,为提升生活品质、更好地自我服务、融入社会生活奠定基础。在课程开发与实施过程中,学校积极跟进学校、家庭、企业与社会全育人的教育理念,主动加强与家长、企业、社区的合作,为残疾学生生涯发展助力,凸显课程的育人功能。

（二）兼具实用性与选择性,体现课程的丰富多元

注重将学生的日常生活和知识经验作为课程资源,整体设计满足学生自身发展和适应职业生活的实用性和选择性课程。在提供学生基本文化知识、职业技能、情感心理发展等课程的基础上,依据学生的实际需要提供支持学生潜能发展、补偿缺陷的个性拓展课程。对接学生未来的就业岗位,学校在已有专业课程的基础上,依据学生的技能水平,开发与实施校企合作的项目课程,引导学生更多地以实践、参与、体验的方式进行学习,切实提升综合职业能力。此外,学校还重视有利于学生发展的隐性课程,充分发挥校园环境对学生的教育功能。

（三）尊重残疾学生的个体差异,提供适当的个别化教育

依据每个学生的不同特点和能力水平,兼顾其障碍缺陷与潜能特长,通过制定和实施个性化课程实施计划,满足学生的发展需要。依据学生学习能力的差异,组织分层教学和个别教学,并结合岗位体验活动、兴趣活动、综合实践活动等多种教学途径,为学生创设适合其个体发展需求的学习、实践环境,激发学生的学习愿望与兴趣,促进学生更多地自主学习、参与实践。

（四）完善多元发展评价体系,发挥评价的导向功能

根据学生需要和课程特点,针对学生不同的发展基础与学习能力,对每个学生进行多元发展性评价,促使学生在原有基础上充分发展。基于培养目标和学生个体发展的不同方面,确定多元化的评价内容。尊重学生差异,坚持质

性评价与量化评价相结合、动态评价与静态评价相结合、分层评价与个别评价、自我评价与他人评价相结合的原则,使评价真正做到以学生发展为本。通过对学生发展、课堂教学以及课程建设等方面的评价,促进学生、教师、学校的共同发展。

(五)注重课程的融合贯通,发挥课程整体效应

关注特殊中等职业教育课程与义务教育课程、普通中等职业教育课程之间的衔接,根据个性发展需要为学生提供拓展课程,以充分支持学生生活适应、融入社会与职业发展。整合教育、医学、心理学、社会学等各领域资源,在教育教学全过程中渗透职业陶冶与康复理念,重视各类课程之间的有机联系。加强学校、家庭、社会的有机联系,充分利用各种教育资源,发挥课程的整体效应。

二、培养目标

在义务教育基础上,课程根据特殊学生身心发展特点,从社会融合和就业岗位要求出发,以"学会主动参与、学会依法办事、学会自信负责、学会敬业吃苦、学会合作共处、学会感恩惜福"为核心,进一步提升学生综合素质,着力培育学生的自我服务能力、社会适应能力和职业能力,为学生生涯发展奠定基础。

整体培养目标是:

(1)热爱祖国,热爱中国共产党,具有为人民服务、奉献社会的责任感;

(2)具备基本的法治意识和社会公德意识,自觉遵纪守法,依法维护自身权益,养成良好的文明行为习惯;

(3)掌握基本的文化科学知识和职业技能,逐步形成自我服务、适应社会以及从事简单工作的职业能力;

(4)掌握锻炼身体的基本方法,养成良好的个人卫生习惯,身体素质和健康水平得到提高,身心缺陷得到一定程度的康复;

(5)初步具有感受美、欣赏美的能力,形成正向的审美情趣;

(6)具有积极的心理品质和乐观向上的生活态度,养成良好的行为习惯,形成健康的生活方式。

基于学生个体的生涯发展方向,根据学生的能力和选择意向,为学生提供个性化的课程组合。通过公共基础课程与专业课程,培养学生的基本素养与专业技能。在此基础上,根据学生及家长的个性化需求,开设支持学生潜能发

展和缺陷补偿的个性拓展课程,支持学生最终实现社区生活适应、就业或升学的不同生涯发展目标。

第二节　课　程　设　置

一、课程类别与科目

依据《上海市特殊中等职业教育学校(班)课程方案(试行稿)》,学校课程主要由公共基础课程、专业课程和个性拓展课程三大类课程组成,通过不同的课程组合,满足学生个体不同的生活适应、就业及升学需求(见表2-1)。课程根据学生修习的方式分为必修、选修与选择性必修。

表 2-1　长宁区特殊职业技术学校课程结构体系

课程类型	必修	选修	选择性必修
公共基础课程	思想政治		
	心理与生涯	转衔教育	
	语文	历史	
	数学	科学	
	英语		
	信息技术基础		
	体育与健康		
	美术	艺术	
专业课程	面点	烘焙制作	
		家常点心	
	烹饪	简餐制作	
		家常菜	
	酒店服务	简餐服务	
		咖啡服务	

（续表）

课程类型	必 修	选 修	选择性必修
专业课程	综合服务	超市理货	
		图书整理	
		家政保洁	
	园艺	绿化养护	
	实习	校内岗位实践	
		职场演练	
个性拓展课程			综合康复
			潜能开发
			升学辅导
			……

（一）公共基础课程

公共基础课程包括思想政治、心理与生涯、语文、数学、英语、信息技术基础、体育与健康、美术 8 门必修课程和历史、转衔教育、艺术等选修课程。各门必修课程依据中华人民共和国教育部与上海市教育委员会颁布的相关文件及校本《课程教学指南》，落实具体的教学要求。对于能力较弱的学生，学校安排一名支持教师进课堂，帮助两名学生参与相关公共基础必修课程的课堂学习，以满足个性化学习需求。4 门选修课程中，历史课结合爱国主义教育，科学课帮助学生了解科学常识，转衔教育课应残疾学生的生涯发展之需，艺术课能够帮助残疾学生形成正向的审美情趣与积极的心理品质。

（二）专业课程

专业必修课程包括面点、烹饪、酒店服务、综合服务、园艺 5 类专业学科及实习，课程面向一到三年级学生，其中主修专业面点、烹饪课程开设时间跨度为三个学年。专业必修课程的教学要求参考教育部与上海市教育委员会颁布的相关中等职业学校专业教学标准，并结合本校学生的学习特点做适当调整，制定相关的校本《课程教学指南》。对于能力较弱的学生，由支持教师进课堂，帮助两名学生参与专业必修课程的课堂学习,满足个性化学习需求。专业选修课程包括烘焙制作、家常点心、简餐制作、家常菜、简餐服务、咖啡服务、超市理货、图书整理、家政保洁、绿化养护10门项目课程及校内岗位实践、职场演练2门对接实习的课程。其中,校内岗位实践、职场演练面向一到三年级的学生,注重学生职业素养的培养;项目课程则面向职业转衔阶段的四年级学生,为残疾学生适应居家生活、参与社会活动、从事简单工作做好充分准备。

(三) 个性拓展课程

所有学生都可以根据自己的个性化学习需求,选择和参与个性拓展课程。结合专业学习内容和学生的实际康复需求,学校通过多种形式开设社会技能、生活适应、情绪管理、言语沟通、运动功能康复、辅具应用等综合康复课程。为了帮助能力较强的学生拓展就业方向,提升职业技能,学校不仅开设计算机、食品雕刻、媒体制作等专业潜能课程,还开发了满足学生需求的艺体兴趣课程。为了支持学生继续学业发展,学校还开设升学辅导课程,为有升学意愿的学生提供语文、数学、英语等科目的升学考试指导。

学校课程结构体现出"四结合"的鲜明特点,有效达成了支持性、个性化的整体课程功能。

(1) 实用性与基础性结合。依据残疾学生的学习特点,一方面精选对学生职业适应、社会适应能力实用性较强的专业类课程;另一方面重视公共基础课程对学生知识与技能、过程与方法、情感态度与价值观等方面的培养,使学生很好地学会基本能力方法,养成积极情感态度。

(2) 普适性与选择性结合。在关注残疾学生发展共同需求与职业教育基本要求的基础上,基于学生的学习差异性,一方面为了支持学生获得必要的职业技能以自立社会,设置一些普适性较强的必修课程;另一方面强调课程的多样选择性,设置多门按需开设的选修课程。

(3) 补偿性与发展性结合。为了使残疾学生充分发展,在强调学生缺陷补偿的同时,重视学生特长潜能的发挥,明确课程既扬长亦补短的功能定位。

(4) 学科性与统整性结合。为了充分发挥各类课程的最佳教育功能,一方面强调课程自身的学科特点,确保课程教学的学科性;另一方面重视课程的统整性,通过课程之间的统整,促进残疾学生最大程度地实现有效学习。

二、学制与课时

学校学制为 4 年。每学年 52 周,其中教学时间 38 周(含复习考试 2 周),社会实践活动 2 周,假期(包括寒暑假、节假日)12 周。每周 35 学时,每学时按 40 分钟计,认知实习、跟岗和顶岗实习一般按每周 30 小时安排(1 小时折 1 学时)。4 学年总学时数为 4 000—4 400 小时,各类课程教学时间分配如下:

表 2-2 长宁区特殊职业技术学校课程学制与课时

课　　程		年　级			
		一年级	二年级	三年级	四年级
		课时/周			
公共基础课程	思想政治	1	1	1	
	心理与生涯	1	1	1	
	语　文	3	3	3	
	数　学	2	2	2	
	英　语	1	1	1	
	信息技术基础	1	1	1	
	体育与健康	3	3	3	3
	美术/艺术	1	1	1	1
	历　史	1	1		
	科　学			1	1
	转衔教育				1
专业课程	面　点	4	4	4	
	烘焙制作/家常点心				4
	烹　饪	4	4	4	
	简餐制作/家常菜				4
	酒店服务	4	4	2	

（续表）

课　程		年　级			
		一年级	二年级	三年级	四年级
		课时/周			
专业课程	简餐服务				4
	咖啡服务/家政保洁				4
	综合服务	2	2	2	
	超市理货/图书整理				4
	园　艺	2	2	4	
	绿化养护				4
	校内岗位实践	每周一至周四中午 12:20—12:40			
	职场演练	结合专业教学开展			
	实　习	按规定开展认知实习、跟岗实习和顶岗实习			
个性拓展课程	综合康复	每周 4 课时，每年 9 月进行课程科目选择；每位学生选择 2 门具体科目，分别在周一、周三或周二、周四			
	专业潜能开发				
	升学辅导				
	……				
社会实践活动		每学年 2 周			
专题教育		结合班会课开展八大专题教育			
六会仪式		每学期开展 3 场仪式教育			

　　除三大类课程之外，学校还开展社会实践活动、专题教育和"六会"仪式。社会实践活动每学年 2 周，包括参观、社区服务、志愿者服务等活动。专题教育结合班会课开展，包括青春期教育、心理教育、安全教育、健康教育、环境教育、禁毒和预防艾滋病教育、法制教育八大专题。"六会"仪式每学期开展 3 场，主题分别为"学会主动参与""学会依法办事""学会自信负责""学会敬业吃

苦""学会合作共处""学会感恩惜福"。

第三节 《课程教学指南》编制与教材建设

一、《课程教学指南》的编制

学校依据《上海市特殊中等职业教育学校（班）课程方案（试行稿）》的要求，综合考虑生源特点、办学特色和区域特点，编制校本《课程教学指南》。《课程教学指南》是各门课程实施与管理、教学评估的依据，也是学校管理和评价课程的基础。《课程教学指南》阐明该课程的性质定位、基本理念和设计思路，对课程的目标、内容选取、评价和课程实施做出原则性规定并提出指导性意见，还反映课程的目标与要求，既考虑共同性要求又考虑有个性化的要求，既考虑学生发展的规律又考虑职业教育的要求，还考虑顾及学生的特点。各科课程以学生能力为导向，以实用为原则，以各科内容的特点和内在逻辑，同时兼顾学生的实际生活，构建课程体系。基于《课程教学指南》，教师每学期还需要从学生具体需求出发，立足实际情况，合理利用现有条件，充分整合各类资源，制定并实施具体的教学计划。

二、学本的开发与教材的选用

根据学生的学业水平，学校各门课程均开发学本或选用教材。学本内容的选择以学生生活适应、社会适应、职业适应的需要为依据，重视内容与现实生活的联系，关注学生的学习经历与学习兴趣，强调学生动手实践操作；学本内容的组织根据课程自身体系结构，结合学生智力特点，将默会知识显性化，体现实用性。学本具有较大的弹性，以适应教师对学生实施个别化教学的需要，体现多样性。学本还充分反映上海本地的特点，积极利用各类教育资源与实践基地，将学校教育与社会实践、岗位实践有效整合，体现开放性。学本的开发强调课程内容之间的横向联系和相互渗透，体现统整性。为充分满足具有不同能力水平的残疾学生的学习需要，个性拓展课程采用灵活调整的活页学本。

为进一步落实《上海市特殊中等职业教育学校（班）课程方案（试行稿）》，参照上海市中等职业教育课程标准，学校的语文、思政、历史三门课程选用中等职业学校部分教材内容。

教师作为课程开发与实施的主体,要积极参加学本开发,持续性地丰富完善教学内容。学校管理者定期对选用教材与自编学本进行抽样核查,并及时将家长、学生对于教材质量问题的意见及时集中反馈给教师,督促其加强教材建设工作。同时建立教材建设工作的奖励机制,对于积极参与建设者给予物质支持与精神激励。

第四节　课程实施与课程评价

一、课程实施

课程实施是将课程方案付诸实践的过程,是落实课程目标的基本途径,为课程建设的重要环节。

（一）组织实施学校课程方案,加强课程的开发和建设

与课程的开发与建设相匹配,学校成立课程研究开发室、课程实施管理室、课程质量评估室、课程资源保障室(以下简称"四室"),"四室"各司其职,相互合作,促进课程有效实施。课程实施室根据学校课程方案,每学期牵头制定课程计划,其他室配合。鼓励教师积极参与学校课程的建设和开发,增强课程对学生的适应性,创造性地实施本课程方案。加强课程实施的过程管理,通过质量监控、专家咨询、课程评价、课程听政等多种途径,动态把握课程实施情况,并及时做出科学合理的调整。

（二）根据残疾学生的能力特点与生涯发展目标,合理选取课程内容

依据综合评估结果,根据残疾学生实际调整课程内容、教学进度与教学要求。公共基础课程内容的选取要考虑学段、学科等方面的衔接问题;专业课程内容的选取充分考虑残疾学生的学习基础、能力与特点,在专业技能训练的基础上采取任务或项目引领的形式,整合相关专业知识与技能,将专业理论知识学习与自我服务能力提升、职业技能训练紧密结合起来;个性拓展课程内容的选取应充分尊重残疾学生身心发展的个体性,依据其不同的生涯发展目标,为学生个体提升自我服务能力、掌握专业技能、适应社会起到铺垫、补充、巩固作用。学校为每位学生配备生涯导师,负责学生的个性化课程实施计划,为学生提供个性化的课程组合。

(三) 基于残疾学生身心发展规律,有效开展教育教学活动

从残疾学生身心发展的基本规律出发,教师可充分运用启发、互动、实践等多种教学方法(如情境模拟法、游戏互动法、角色扮演法等),灵活运用多种教学方式与手段开展特殊中职教育。根据学生不同特点和教学活动需要,采用集体教学、分层走班、小组学习、个别辅导等多种差异化教学形式,实施个性化教学。按需使用教具、辅助器具和现代信息技术,激发学生学习兴趣,丰富学生学习经历,改变学生学习方式。加强实践性学习,探索专业基础知识与专业技能实践一体化教学模式,借助企业资源积极开拓综合性实训项目,实施项目式教学。合理组织各类岗位实习,拓展实践机会,让学生在实践体验中提高教学成效。推行工学结合实习,实习安排以校企合作为基础,保证学生实习岗位与其所学专业的相关性。学校和实习单位按照专业培养目标要求和教学计划安排,共同制定实习计划和评价标准,组织开展专业教学和技能训练。学校加强残疾学生实习过程质量监控,指派专业教师跟进指导。

(四) 开发、利用校内外课程资源,创设有利于学生发展的生态环境

积极开发、利用校内外课程资源,促进学生健康成长。加强学校、家庭、社区的互动。学校应主动为家长提供参与学校教育的条件,积极利用家庭、社区、企业的教育资源,充分发挥家长和社区在教育中的重要作用,形成学校、家庭、社会教育的合力,发挥课程的整体效应。建立紧密的跨部门合作机制。与医疗康复机构、残疾人联合会、社区以及相关企事业单位合作共建,充分利用相关资源为残疾学生教育教学、康复训练、实习就业、融入社会等提供便利。为学生提供丰富、生动、适合他们发展需要的物质环境、有安全保障的支持性环境,创设宽松、和谐、健康的人文环境。

(五) 加强队伍建设与教学研究,提升教师开发和实施课程的能力

重视教师的职业素养与专业水平,通过各类培训进修和学校教师课程,加强教师队伍建设,提升教师的师德素养与专业能力,充分发挥教师开发与实施课程的主动性和创造性。加强教学研究,完善校本教研制度,运用集体力量培养教师的研究能力和创新能力,提升教师开发与实施课程的能力。加强同类学校的经验分享,针对在课程实施、教育教学中共同的重难点问题,联合开展专题教研。整合校内外各方面力量开展针对残疾学生的教学研究,探索提高

教学质量的有效途径。

二、课程评价

课程评价是课程的基本组成部分,在课程体系中起着重要的激励导向和质量监控作用。本校课程评价包括对学生的评价、对教师的评价和对课程教材的评价等。

(一)完善促进学生个性发展的多元发展性学业评价体系

注重多元评价,对学生基础文化知识、专业素养、情感态度价值观等方面进行多元评价,关注学生在课堂教学、实训操作、课后作业等教学环节中的表现。关注个体差异与潜能发展。坚持过程性评价与总结性评价相结合,运用观察、交谈、作业分析等方法,采用口试、笔试、操作演示等多种评价方式,关注学生在原有水平上的进步。积极完善个性化的学生成长记录册评价方式,将观察、交流、测量、操作、作品展示、自评和互评等多种评价方式与信息技术有机结合,并进一步加强评价的科学性,更科学有效地记录成长轨迹,全面衡量学生的发展状况。重视过程评价,要将评价作为学习活动的一个重要组成部分。评价时既要看学生的学业成绩,又要看学生的综合素质;既要看学生发展的现有水平,又要看学生的成长过程;既要看学生的全面发展,又要看学生某一方面的突出才能和表现;既要看学生存在的缺陷,又要看学生既有的长处。要指导学生充分利用过程评价中的客观记录,反思学习过程,改进学习方法,提高学习效率。参加学生学业评价的人员,除教师之外,还包括学校、学生、家长及社会人士(如职业技能认证人员、社区教育支持者、各企业单位人员等)。坚持自评与他评相结合,全面反映学生学习表现与成长轨迹。

(二)完善促进教师专业化发展的教学评价体系

从课程改革对教师素质和教育教学能力提出的要求出发,建立以促进教师专业化发展为目标的评价体系。重视对课程教学行为、态度和工作质量的评价,以切实提高师德修养、心理素质和专业水平,更新教育观念。鼓励教师积极参与课程开发,强调教师课程教学思想、教学态度、教学行为与教学效果的分析与反思。把学业质量、身心发展水平与师生关系、学习负担等指标相结合,丰富教师专业发展内涵。建立以教师自评为主,校长、教师、学生、家长共同参与的评价制度,鼓励教师探索进取,不断提高教学研究能力及课程设计能力。根据评价情况,有针对性地制定教师培训计划,开发和实施教师课程,为教师提供进修与学习的机会,促进教师的成长。

(三) 建立促进课程不断完善的课程评价机制

课程学本评价要促进课程设计和课程实施的有机结合,通过评价,促进课程学本质量的提高和教师教学水平的提高,促进学生的发展。参与此项评价的人员,除了上一级领导之外,还包括本校领导、教师、学生、家长及社会各界人士。以学生社会融合与职业适应为导向,评价课程设置的合理性、课程内容的适切性、课程目标的达成度等,促进学校课程质量的提高。课程内容应根据社会、经济、科技发展的变化及时予以修订。为此,学校主要由课程质量评估室牵头,全体教师参与,周期性地对各课程执行情况进行评估,并鼓励各课程负责人和教师在自评的基础上,诊断、发现课程设置与实施中的不足,发挥课程评价的反馈调节功能,及时调整课程内容和改进课程管理,形成课程不断改善和更新的机制。各类学本的评价必须依据相关文件及《课程教学指南》,并从学本的目标、内容特性、教学特性三方面拟定评价指标和标准,建立科学、简便、有效的评价体系。

第五节 课程领导、课程管理与课程保障

一、课程领导

课程领导旨在通过持续性的课程对话,建构新型的教师学习型组织文化,以确保学生学有所得,推进学校个性化课程的理想愿景,建立学校课程领导的运行机制。

变革学校组织结构,设置新型中层管理机构(即"四室");优化学校人际沟通,运用"金点子"方式促进学校内部民主对话,形成艺术性的校长课程领导风格;倡导学校共同体愿景,形成"生命共同体"的学校组织价值观;推动学校规划、教师规划的设计与实施,强化学校、教师、学生共享多赢的激励导向,建立"阳光教师奖章"的激励机制;建设学校教师合作文化,形成积极倡导精神文明好事的向上氛围;开发开放式的教师学习课程,建立网络合作学习机制;以教研小组建设为抓手,开展校本教研;引领校本课程与教学,加强对话意识、反思意识的载体化建设,完善教师全员参与课程开发、实施、评估的机制,持续发

展个性化课程;建立学校课程领导例会制度,促进教师、学生、家长、专家及社会人士等多方参与课程决策,积极推进个性化课程的发展与变革。

二、课程管理

学校课程的开发、实施及学本编写,按国家和上海市有关特殊中等职业教育学校(班)课程管理的规定和程序进行,主要由课程研究开发室牵头,联合其他三室,进行立体化管理。学校根据国家和上海市的总体要求,长宁区教育行政部门的规划及本校的实际情况,规划并落实学校课程的实施,接受区教育督导室对学校课程实施的指导、监督、检查和评估。各门课程的《课程教学指南》由各课程负责人组织编制,接受课程研究开发室审核。学本的审定由课程研究开发室负责,并统一由区教育行政部门组织送审。学校课程方案向学生家长公开,接受家长、社会的监督。

三、课程保障

学校将课程实施纳入整体工作,并通过"四室"运行,制定课程实施方案及相关制度,明确岗位职责及评价考核办法,为课程实施提供组织保障。建立吸引社会各界参与支持式课程开发与建设的机制,坚持民主参与、科学决策的原则,鼓励高校、科研院所的专家学者及广大教师积极投入课程改革的研究与实践。加强教师培训,加强校本教研活动,促进教师的专业发展,并在政策和制度上建立机制,鼓励教师自我进修和自我提高,优化教师的整体素质。对积极参加课程改革的教师,在试验期间提供评估、考试等方面的政策倾斜,为他们创造一个宽松的改革环境,对确有成效者给予表彰与奖励。设立课程改革专项资金,确保试验所需经费以及教学设备设施的对配备,并加强对专项资金使用的管理。加大对课程资源建设投入力度,加快课程资源建设步伐,并建立有效机制,实现优质课程资源的共享。加强学校各项后勤工作,为课程实施提供充足物质条件和良好学习环境。加强无障碍环境建设,为残疾学生提供便捷的生活与学习条件。根据残疾学生特点配备专业的设施设备、教学具与辅助器具等,完善实训室建设,为残疾学生的学习提供个性化的支持保障。全校教职工要接纳、尊重残疾学生,建立平等的师生关系。

第三章

生涯发展导向的个性化课程实施计划

　　个性化课程实施计划立足每一位特殊中职学生的生涯发展目标,根据其个性化学习需求,制定与实施过程处于一个"评估—需求—制定—实施—评估—需求—制定—实施—评估—……"的循环流程之中(如图 3-1 所示)。个性化课程实施计划经过不断调适,贴合学生能力特点与发展方向,为学生的个性化学习需求"量体裁衣",在学生的生涯发展中发挥越来越重要的作用。

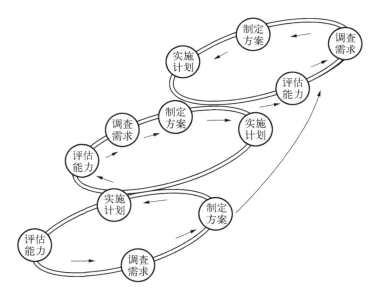

图 3-1　个性化课程方案流程图

第一节　个性化课程实施计划的制订

　　个性化课程实施计划作为开展特殊中职学生生涯发展教育的载体,以学生个体为本位,依据学生知识水平、生理特点和发展倾向,在生涯导师的引导下,在专业团队的支持下,由学生及其家长参与制定计划、选择课程,最终实现学生的个性化生涯发展目标。

一、个性化课程实施计划的意义

个性化课程实施计划是通过评估学生的能力,了解学生及其家长的发展意向,为学生提供合适的课程组合。即通过公共基础课程和专业课程培养特殊中职学生的基本素养与职业技能,在此基础上,根据学生及其家长的个性化需求选择其他个性拓展课程进行功能补偿或潜能开发,最终实现学生生涯发展目标。

根据以往的教育教学经验与学生的实际能力及发展需求,特殊中职学生的主要发展方向有三个:就业、升学和社区生活适应。其中,能力较强的学生以通过提升专业技能以促进最终就业为目标,有继续求学意愿的学生以通过学业辅导实现升学为目标,所有学生都能够通过课程教学提高基本生活能力,融入社区生活。

二、个性化课程实施计划的特点

个性化课程实施计划的特点和优势具体包含以下几个方面:

(1) 发展性。个性化课程通过对特殊中职学生心理和行为的评估分析,根据教育对象的能力特点、兴趣爱好和优势潜能,社会未来发展趋势和职业前景,以及家长(监护人)的目标与要求,为学生量身定制教学目标、课程计划、课程方案和执行管理系统,充分发展个人特长,补偿功能,为学生生涯发展服务。

(2) 全覆盖。所有的特殊中职学生都能够参与个性化课程的学习,在学习公共基础和专业课程之外,在一天之中同一时间段,依据自己的学习需求进入不同的教室,参加不同内容的个性化拓展课程。不同于以往的班级授课,学生无须因为能力弱在某一堂课离开自己的班级进行个训。一门课程的参加者可能来自不同的班级、年级,但是有着共同的学习需求。因此,个性化课程对所有的学生而言是机会均等、公平公正的。

(3) 多元化。主要体现在组织形式上的多元、参与人员的多元、课程内容的多元。个性化课程可以是个别教学、一对二或者一对多的小组教学,也有支持教师进课堂的形式。参与的人员除了特殊中职学生外,包括教师、家长、社会工作人员、志愿者等。因为课程是为需求服务的,任何资源都可以通过最优化配置,服务于学生个体。课程内容也根据学生个性需求而设,因此可以说是多样化的。

（4）参与性。个性化课程要求特殊中职学生或家长自己提出需求，注重学生与家长的参与。学生根据自己的能力特点、障碍特征、兴趣爱好、优势潜能等，思考个人发展目标、学习需求，选择或提出想要学习的课程内容，整个过程是培养特殊中职学生自主选择、自我决定能力的过程。个性化课程同时要尊重家长期望，个性化课程实施计划的制定需要家长参与。

三、个性化课程实施计划的要素

根据文献研究和实践经验总结，确定个性化课程实施计划的编制要素。学生的基本信息是计划制定的基础，综合评估结果是计划制定的依据，资源分析是计划制定的保障，学生发展目标是计划制定的核心，多方参加的协商会议是关键，个性化课程实施及评价是计划制定与实施的重点。五大要素相互联系，缺一不可。

（一）学生基本信息

学生基本信息主要用来了解学生个人及家庭基本情况、主要障碍表现、目前健康状况、学习经历、早期康复与治疗经历。在入学评估时由家长负责填写。如表3-1所示：

表3-1　学生基本信息表

一、学生基本信息
学生姓名：＿＿＿＿＿＿
性　　别：□男　　□女
出生日期：＿＿年＿＿月＿＿日
身高：＿＿ cm　体重：＿＿ kg
身份证号码：＿＿＿＿＿＿＿＿
户籍地址：＿＿＿＿＿＿＿＿＿　邮编：＿＿＿＿＿
通讯地址：＿＿区（县）＿＿路_1101弄＿＿号＿＿室　邮编：＿＿＿＿
家庭电话：＿＿＿＿＿移动电话：＿＿＿＿＿电子邮箱：＿＿＿＿
家庭经济状况：□良好　　□一般　　□差
残疾证情况：□无　□有
残疾类别：＿＿＿　残疾等级：□四级　　□三级　　□二级　　□一级
有何特长：＿＿＿＿＿＿＿＿＿＿＿＿＿

（续表）

目前健康状况：□良好　　□多病
　　　　　　　　□服药治疗中(疾病_____药品_____)

性格(可多选)_____　□任性　□温和　□活跃　□胆小　□多疑
□不合群　□少言　□爱发脾气　□其他

主要障碍表现：
□智障　□自闭症　□言语/语言障碍　□多动　□注意力缺陷　□学习
困难　□运动障碍　□多重障碍　□发育迟缓　□精神障碍　□癫痫
□脑性麻痹　□脑积水　□听障　□视障　□其他_____
障碍程度：□轻度　□中度　□重度
有以下习惯性行为(可多选)_____
□挑食　□厌食　□贪食　□咬指(趾)甲　□吸吮手指　□动作刻板或僵化
□不经意碰撞人或物　□口吃　□尿床　□贪睡　□失眠　□说谎
□偷东西　□骂人/说脏话　□打架　□逃学　□其他_____

学 习 经 历	
起 止 年 月	学 校

早期治疗康复/校外学习培训经历			
起止时间	机 构	治疗/学习内容	治疗效果/学习成果

主要家庭成员			
姓 名	关 系	联系电话	工作单位及岗位
紧急联络人			
专业意向	□中式烹饪　□中式面点　□花卉园艺　□餐厅服务　□家政服务		

(二) 综合评估

综合评估主要包含两方面评估。一是入学评估,包括语言沟通、认知、感知运动、作业、社会适应能力的评估及康复个训需求专家建议。入学评估当场录入学生电子档案系统,并将向家长反馈结果。二是个性化需求调查。个性化需求在入学后一个月左右确定。期间需要和家长沟通,向家长发放补偿型和特长型课程简介的手册,让学生及其家长了解学校相关课程资源,结合入学评估结果,做出这两大类课程具体的选择。学科教师、班主任通过日常观察,再结合学生及家长意愿,确定学生的个性化学习需求及支持方式。综合评估为制定与实施个性化课程实施计划提供依据。如表3-2所示:

表3-2 综合评估表

二、综合评估							
入学评估	得 分 率				个训需求专家建议		
	75%—100%	50%—74%	25%—49%	0—24%	不需要	需要	很需要
语言沟通能力							
认知能力							
感知运动能力							
作业能力							
社会适应能力							
个性化学习需求							

请选择需要配备支持教师的课程:
□公共基础课程(语文、数学、英语、信息技术)
□专业课程(中式烹饪、西式烹饪、中式面点、西式面点、餐厅服务、客房服务、会务服务、家政服务、商品服务、花卉园艺)
请选择需要参加的综合康复课程:
□心理康复(情绪管理) □言语沟通训练 □运动功能康复 □社会技能
□生活适应　　　其他:＿＿＿＿＿＿＿
请选择需要参加的潜能开发课程:
□创意西点　　□制皂　　□咖啡制作　　□计算机　　□特奥运动
□舞蹈　　□陶艺　　□绘画基础　　□摄像　　□书法
□串珠　　□尤克里里　　□创意拼豆　　□茶艺　　□摄影
□主持技巧　　□经典诵读　　□升学辅导　　其他:＿＿＿＿＿＿＿

（三）资源分析

生涯导师与家长电话或面谈，根据学生的个性化学习需求，对学校、家长、社区可提供的专业技能培训、康复、兴趣学习、实习就业等方面的支持资源进行分析，为个性化课程实施计划的实施提供保障。如表3-3所示：

表3-3　资源分析表

三、资源分析
社会资源： 社区资源：□专业技能培训　□康复训练资源　□兴趣学习培训　□推荐实习就业 　　　　　□提供经费支持 残联资源：□专业技能培训　□康复训练资源　□兴趣学习培训　□推荐实习就业 　　　　　□提供经费支持 其他资源：＿＿＿＿＿＿＿＿ **学校资源：** 　　　□个别化康复训练　　□课堂教育支持者 　　　□社团活动　　　　　□个性定制课程（学生个人工作室） 　　　□高复班学习　　　　□推荐实习就业 **家庭资源：** □有，具体是＿＿＿＿＿＿＿＿＿　　　　□无

（四）个性化课程实施计划会议

个性化课程实施计划会议主要任务是确定每位学生的发展方向，协商具体的课程学习计划。学校为每位学生配备一名生涯发展指导教师（简称导师或生涯导师），由导师主持协商会议，参会人员包括医学或特教专家，学校行政人员、学科教师、职业指导教师、班主任、家长、学生。主要有四个议程：（1）班主任、学科教师、家长介绍学生基本情况；（2）沟通综合评估结果、学生及其家庭个性化学习需求；（3）资源分析，参会人员对已有和可能寻求的资源进一步分析和明确；（4）大家本着开诚布公、尊重支持学生的原则积极沟通，协商确定发展目标（如考证就业、升学、生活适应三选一），课程学习计划（初拟），导师帮助家长及实施计划相关人员明确责任，确定个性化课程学习的内容和课程实施方式，最后所有与会人员签字确认。如表3-4所示：

表 3-4 个性化课程实施计划会议记录表

四、制定个性化课程实施计划会议记录			
时 间		地 点	
出 席 人 员			
姓 名	职 务	服 务 单 位	联 系 电 话
	行政		
	班主任		
	生涯导师		
	学科/康复教师		
	学科支持教师		
	父亲/母亲		
	学生		
会 议 过 程			
1. 介绍学生基本情况 2. 分析学生能力与个性化学习需求			

（续表）

会　议　过　程
3. 分析社区、学校、家庭资源   4. 讨论学生发展目标与个性化课程学习计划
会　议　决　议
1. 生涯发展目标 　□考证就业,具体方向：＿＿＿＿＿＿＿＿＿＿＿＿＿＿＿＿ 　□升学,具体方向：＿＿＿＿＿＿＿＿＿＿＿＿＿＿＿ 　□生活适应,具体方向：＿＿＿＿＿＿＿＿＿＿＿＿＿＿＿ 2. 课程学习计划(参照实施表)
参会人员同意并签名： 　　　　　　　　　　　　　　　　　　　　　　　　年　　月　　日

（五）个性化课程实施及评价

每学期记录学生所参与的课程、实施形式、学习内容以及目标达成与调整评价。其中主要包括学期个性化课程表、学期目标、具体实施及学期总评四个方面：

（1）个性化课程表：每学期1张学生个人课程表,学制4年共8张。该学期初由教务统一下发班级课程表,导师依据学生所在班级课程表,集体课注明支持教师进课堂、单独个性拓展课程时间注明课程名称,并与学生和家长沟通确认。

（2）学期目标：在完成一般基础型课程学期任务的基础上,还应达到个性化选修课程和有支持教师介入的基础型课程的学期学习目标。

（3）具体实施：每节课的实施情况可以参见个性化课程日常记录本,其中主要记录支持教师进课堂、个训、社团活动等形式的个性化课程的实施情况。

（4）学期总评：每学期结束,导师汇总个性化课程实施计划的落实情况与

学生评估结果,对下学期课程计划进行调整或提出建议,并需要家长签字确认。如表3-5所示:

表3-5 个性化课程实施及评价表

五、个性化课程实施及评价				
年级第 学期				
课程表 学年第 学期 班级: 班主任: 副班主任:				
时 间	星 期				
	一	二	三	四	五
	科 目				
8:00—8:20					
8:20—9:00					
9:10—9:50					
10:00—10:45					
10:55—11:35					
12:00—12:45	弹性时间				
12:45—13:25					
13:35—14:20					
14:30—15:10					
15:20—16:00					

其他时段学习训练课程(请填写)

课程内容一:＿＿＿＿＿＿＿＿＿＿＿ (如:舞蹈、绘画、康复训练)

上课时间:＿＿＿＿＿＿＿＿＿＿＿ (如:每周三 16:30—17:30)

上课地点:＿＿＿＿＿＿＿＿＿＿＿

课程内容二:＿＿＿＿＿＿＿＿＿＿＿

上课时间:＿＿＿＿＿＿＿＿＿＿＿

上课地点:＿＿＿＿＿＿＿＿＿＿＿

（续表）

学期目标
具体实施
学期总评 （实施效果总评、原因分析、改进意见、调整措施、努力方向）
发展目标调整 　　生涯发展目标是否有调整? 　　□否 　　□是 　　调整为：□考证就业,具体方向：＿＿＿＿＿＿＿＿＿＿＿＿ 　　　　　　□升学,具体方向：＿＿＿＿＿＿＿＿＿＿＿＿＿＿ 　　　　　　□生活适应,具体方向：＿＿＿＿＿＿＿＿＿＿
签名： 　　　　　　　　　　　　　　　　　　　　　　　　年　　月　　日

四、《个性化课程实施计划操作手册》

为了帮助每位导师在日常教学工作中更好地落实该实施计划,学校还特别编制了《个性化课程实施计划操作手册》(以下简称《操作手册》)与实施计划配套使用。《操作手册》与计划书的修订调整同步,也经历了多次试用与修订,主要包含三部分:填表说明、填表要求及填表样例。《操作手册》申明特殊中职学生个性化课程方案的重要性,对服务对象提出数量限制,强调填写人需经过培训,并对实施计划中每个表格的填写内容进行解释,包含完整实施说明,并提供填写样例。《操作手册》内容详见附录。

第二节　个性化课程实施计划的落实

个性化课程实施计划在科学评估的基础上,整合多方资源,借鉴多张课表与走班教学的经验并改进,打破班级、年级限制开展个性化课程,在集体教学中配备支持教师,做到每个学生每学期一张课程实施表,切实落实个别化教育目标,满足每一个学生的生涯发展需求。

一、个性化课程实施计划的实施流程

个性化课程实施计划贯穿特殊中等职业教育阶段,长达四年。整个过程中,需要联合医学或特教专家、校长及相关行政人员、班主任、学科教师、家长以及学生本人,共同为每个学生制定和实施个性化课程实施计划。其实施过程主要包含入学、计划制定、计划实施三个阶段(见图3-2)。

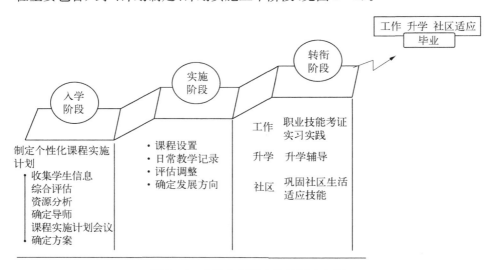

图3-2　个性化课程实施计划流程图

（一）入学阶段

在入学时收集特殊中职学生的基本信息、综合评估、个性化学习需求的调查，在此基础上，与家长沟通初步确定学生发展方向，为学生配备生涯导师，并在第一学期制定个性化课程实施计划，具体流程如图 3-3 所示：

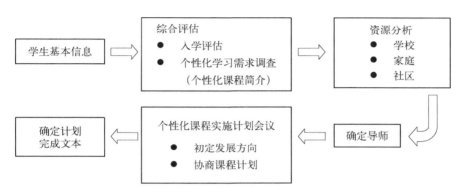

图 3-3　个性化课程实施计划制定流程图

（二）实施阶段

课程设置：根据学生的个性化课程实施计划设置课程，包括班级课程（是否需要支持教师）、个训课程、社团活动等，协商配备支持教师。

日常教学：导师与学科教师共同协商，确定学期目标，做好日常教学与记录，做好每节课的学习内容、学习过程、学习效果的记录。

评估调整：每学期进行两次评估，由生涯导师根据学生的学习成效进行计划的初步调整。期中主要是学科教师自评、调整。期末由行政人员、教研组长共同评估。

学期评估会议：每学期末举办一次过程性的学期评估会议，分班级进行，学校行政人员、学科教师、生涯导师等成员共同探讨每个学生的个性化课程实施计划的落实情况，了解需求并随时调整、调配资源。

确定发展方向：在实施中帮助学生及其家长确定最终的发展方向（考证就业、升学或生活适应）。基于不同的发展方向，考虑考证就业是否需要参加专业技能提升，升学是否需要参加升学辅导，以及是否需要参加综合康复等个性化课程。

具体如图 3-4 所示：

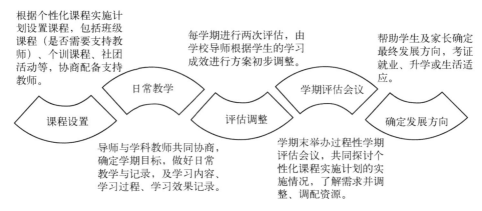

根据个性化课程实施计划设置课程,包括班级课程(是否需要支持教师)、个训课程、社团活动等,协商配备支持教师。

每学期进行两次评估,由学校导师根据学生的学习成效进行方案初步调整。

帮助学生及家长确定最终发展方向,考证就业、升学或生活适应。

日常教学

学期评估会议

课程设置

评估调整

确定发展方向

导师与学科教师共同协商,确定学期目标,做好日常教学与记录,及学习内容、学习过程、学习效果记录。

学期末举办过程性学期评估会议,共同探讨个性化课程实施计划的实施情况,了解需求并调整、调配资源。

图 3 - 4 个性化课程计划实施阶段流程图

(三)转衔阶段

特殊中职学生毕业前一年,根据不同发展方向,帮助学生参加职业技能考证、实习实践、升学辅导、巩固社区生活适应技能,为将来向工作、升学或者社区转衔做准备。

二、特殊中职学生个性化课程方案的实施方式

特殊中职学生个性化课程方案的实施主要采取三种方式:公共基础课程、专业课程引入支持教师;个性拓展课程采用走班;特殊个体提供定制课程。

(一)公共基础课程、专业课程引入支持教师

在日常班级集体教学中引入支持教师,帮助有困难的特殊学生参与班级学习活动。此种方式主要用于班级教学下的公共基础与专业课程学习,支持对象主要以中重度智障学生、自闭症学生等居多。由于师资的限制,目前主要参考家长、学生意愿,学科教师、班主任日常观察,为需要的学生提供支持,以其中一到两名学生为主要支持对象。对不同学科,学生对象可以不同。支持教师一般由从事本学科教学,且与主要教师课表无冲突的其他教师担任。根据学生障碍情况,设计学习内容,可以在支持教师的辅助下全程或部分参与班级学习活动,也可以根据学生能力,降低任务难度。支持教师进课堂能够促进所在班级学生特别是中重度智障学生与自闭症学生的班级融合,提高课堂参与度与学习成效。

(二)个性拓展课程采用走班

走班是指有相同个性化学习需求的学生打破班级、年级限制,进入同一个

教室,每周固定时间进行学习或训练,由教师为其提供个别化指导或小组教学。各类个性拓展课程均采取走班制模式。目前此类课程安排在每周下午第三节课,学生可以在周一、周三或周二、周四选择两门个性拓展课程,每周 4 个课时。

(三) 特殊个体提供定制课程

定制课程主要用于为特殊个体提供全方位支持,开设学生工作室,旨在帮助少数在某一领域有特殊才能的学生发挥优势。目前学校成立了王安舞蹈房、伟伟画室、施融摄影棚、磊磊漫画工作室、天立唱吧、晗晗书法社等九个工作室,指导工作室的师资主要由校外志愿者担任,学校为学生提供创作空间,或者向其提供助教岗位,获得帮助其他学生学习的机会。如唐氏综合征学生王安因为拥有英国国际教师舞蹈协会颁发的金奖证书,具备教授拉丁舞的资格。

第三节　个性化课程实施计划的支持保障

为保证个性化课程实施计划的有效落实,学校构建包含人员配置、制度建设以及监督与评价的支持保障系统。设立生涯导师,多学科团队、多方资源提供专业支持;在组织建设、经费支持、人员职责方面进行较为完善的制度建设,根据个性化课程实施计划的先后时间节点,采取不同的措施对实施计划的落实与效果进行监督与评价。

一、个性化课程实施计划的人员配置

个性化课程实施计划的具体落实需要以生涯导师为主,校长及相关行政人员、班主任、学科教师、家长及学生本人,联合医学或特教专家以及社会资源共同为特殊中职学生提供个性化的支持与服务。

(一) 以生涯导师为主的多学科教师团队

特殊中职学生的个性化课程实施计划实施导师负责制,即学生四年的个性化课程实施计划由一位生涯导师负责,一般由比较熟悉学生的学科教师承担。但是,一名特殊中职学生的所有的课程教学是由不同学科教师组成的团队共同完成的。在个性化课程计划的制定与实施中,以生涯导师为主的多学

科教师团队有着明确的分工,同时以导师为桥梁,共同合作,为学生提供个性化支持。

为了保障个性化课程实施计划的落实,学校教师全部参与其中,形成多学科教师团队,承担个性化课程教学,或者作为支持教师,或者固定时段承担个训工作。每学年初,课程实施室根据学生个性化学习需求调查的情况列出课程,教师根据自己的学科专长进行报名,承担个性拓展课程教学工作(见表3-6)。

表3-6 长宁区特殊职业技术学校2022学年第二学期个性拓展课程安排表

个性拓展课程(教室) (周一、周三)		人数	个性拓展课程(教室) (周二、周四)		人数
社会适应(一1班) 李贞	个训	2	社会适应(一1班) 李贞	个训	3
社会适应(二2班) 王晓源	个训	2	社会适应(二2班) 王晓源	个训	2
运动康复(一2班) 须芝燕	个训	3	烹饪(烹饪一) 苏晓平	社团	5
餐饮个训(中餐室) 徐叶	个训	2	烹饪个训(烹饪二) 朱家琛	社团	4
思维训练(二1班) 余琨	个训	2	主持(四1班) 丁翠	社团	4
言语康复(三1班) 赵静红	个训	2	图书整理(图书室) 施旎	社团	7
心理辅导(心理室) 赵子文	个训	2	摄影(一2班) 张红	社团	4
生活适应(家政室) 沈钧	社团	6	茶艺(茶艺室) 王丹平	社团	5
民乐表演(三2班) 李峰	社团	5	小报制作(机房) 颜明	社团	4
咖啡服务(咖啡室) 谢平萍	社团	7	非洲鼓(剧场) 梁健	社团	5

（续表）

个性拓展课程（教室） （周一、周三）		人数	个性拓展课程（教室） （周二、周四）		人数
3D打印（机房） 施光宇	社团	8	点心制作（大面点间） 顾妍蘋	社团	7
盘扣（会务室） 虞慧艳	社团	4	园艺（花房） 李峰	社团	5
舞蹈（舞蹈房） 庄佳怡	社团	4	创意涂鸦（美术室） 杨小文	社团	7
岗前培训（四2班） 童锡凤		7	岗前培训（四2班） 童锡凤		7

（二）邀请特殊中职学生及其家长共同参与

作为个性化课程实施计划的主体，特殊中职学生及其家长既是服务对象，又是重要的参与人员，在不同的阶段都有参与责任，因此，我们不仅要求家长签字，还需要家长的参与。

在个性化课程实施计划的制定中，家长需要提供关于学生的详尽资料，了解学生的综合评估结果，提供可用的家庭资源，参与探讨学生的未来发展方向以及如何接受最有效的教育服务。

在个性化课程实施计划的实施中，家长的参与是极其重要的。一是作为实施主体，家长应该要了解学生的学期目标，配合与辅助完成方案的实施，特别是学生需要在家中完成的生活自理能力的培养、社区生活的融入，以及技能的练习；二是作为评价与管理人员，及时与导师反馈学生在家中的训练学习情况，并对下一步的实施提供建议。

对于部分特殊中职学生而言，他们有能力表述自己的需求，个性化课程实施计划的制定与落实要充分尊重学生的个人意愿，发挥其主观能动性。比如可以提出自己的未来打算、兴趣爱好，参与目标制定、课程选择等内容的讨论，并在课程实施过程中随时与教师、家长进行沟通，积极参与训练和学习，这对个性化课程实施计划的制定与落实将是事半功倍的。

（三）组织学校行政管理人员

作为学校管理者，其参与对个性化课程实施计划的制定与落实极其重要。

主要职责包含：首先是组织制定个性化课程实施计划，统一组织学生能力评估、个性化学习需求评估；其次，统筹安排师资与课程，协调资源，保障学生个性化课程方案的实施；第三，从管理的角度监督个性化课程实施计划的落实过程，评估实施成效，并及时调整和响应需求。

（四）整合多方社会相关资源

尽管个性化课程实施计划的制定与实施主要是由学校教师完成的，但是由于学生的个性化需求比较多元，学校需要康复科医生、高校特教专家、社区工作人员、志愿者等的参与。他们对特殊需求学生的评估、康复训练、技能学习以及社会融合是不可或缺的。一方面能够保证个性化课程实施计划的专业性，另一方面可以弥补学校教育教学资源的不足。

二、个性化课程实施计划的制度建设

为保障个性化课程实施计划的落实，学校在组织建设、经费支持、人员职责方面进行了较为完善的制度建设。学校专门成立个性拓展课程教研组、支持教师教研组，并围绕个性化课程的实施进行主题式的校本教研。在经费方面，学校提供支持教师与主教教师相同的课时费，将个性化课程算作教师的课时量，并每月发给导师专项工作经费，对于承担个性化课程教师的外出培训也给予充足的经费支持。围绕着个性化课程的落实，学校在制度上重点明确了导师、支持教师、个训教师、社团教师的工作任务与要求。

（一）生涯导师

生涯导师工作主要包含以下几点：了解家长及学生的期望，确定四年发展目标；进行课堂观察，对课程内容与实施方式进行个性化重组；多方沟通，协调课程资源。学校制度规定，导师需要为1—3名学生提供个性化的生涯支持服务，具体要求如下：

（1）课程实施管理室开展导师选聘会议，明确导师服务对象；

（2）熟悉学生，召开多方会议，制定个性化课程实施计划；

（3）每学期完成个性化课程实施计划的文本填写；

（4）每学期完成指导学生的成长案例；

（5）每学期参与一次个性化课程实施计划实施交流会；

（6）每学期与家长至少进行一次面谈，及时调整实施计划；

（7）对特殊情况长时间病假的学生，每月电访一次；

（8）每学年进行一次家访；

（9）学生毕业前完成成长个案；

（10）每学期根据汇报情况和文本完成情况进行评估，对优秀导师进行奖励；

（11）根据绩效工资方案，按劳分配，每月进行绩效奖励。

（二）支持教师

支持教师主要承担公共基础与专业课程的支持教学。对于支持教师的工作职责，学校主要从学科、训练目标与内容、教学评估、主助教配合及家校联系等方面进行了具体的制度规定：

（1）根据所支持的学科，提前熟悉主教教师所制定的学科教学计划和教学内容；

（2）支持教师在熟悉教学内容后，要对班级学生总体情况、学生具体分层情况等方面进行深入了解；

（3）支持教师根据课程内容和个训对象的情况，制定训练目标和内容完成个别化训练手册；

（4）在明确训练目标和内容的基础上，制定期末评估的内容与标准，便于评估学生的发展；

（5）在日常教学过程中，协助主教教师，针对个别学生开展教学支持工作；

（6）课后及时完成支持教师课程教学日志的填写，反思不足，及时改进；

（7）日常对和主教教师沟通，相互促进各自的工作，为个别学生的融合和发展提供支持；

（8）积极主动地联系家长，了解家长对学生学习发展的需求，根据家长的意见和建议开展教师支持工作。

（三）个训教师

个训教师主要承担个性拓展课程中综合康复类课程的教学。对于个训教师的职责，学校主要从了解学生、训练方案、家长沟通与资源积累等方面进行了具体的制度规定：

（1）个训教师了解个训学生特点、能力基础、发展需求；

（2）根据学生现状制定个训课学期训练计划，确定训练内容；

（3）针对学生特点，撰写个别化训练方案；

（4）根据训练方案，对学生开展个别化训练；

（5）根据训练情况，教学过程中不断调整训练方案；

（6）主动和家长沟通，了解家长需求，根据家长要求进行针对性的资源开发；

（7）积极开发个训课程的相关课程资源的积累；

（8）乐于为学生服务，积极主动思考个训工作改进的方向。

（四）社团指导教师

社团指导教师主要承担特长型专业潜能类与艺体兴趣类课程的教学。对于社团指导老师的职责，学校主要从教学计划、比赛活动、学校评估与社团记录等方面进行了具体的制度规定：

（1）负责策划、安排本社团的一切活动，制定学期社团活动计划；

（2）做好教学计划表，认真填写个性化社团记录表；

（3）每周安排一次社团活动，并做好学生考勤；

（4）社团指导教师需带领学生参加学校及以上各级相关活动或比赛；

（5）学期末有学校评估团队进行考核；

（6）学期末做好社团活动展示成果或汇报表演；

（7）学期末上交个性化社团记录表；

（8）辅助完成学校社团相关过程性事务；

三、个性化课程实施计划的监督与评价

学生入校即开始个性化课程实施计划的准备工作，每位生涯导师将主要负责1—3名学生的个性化课程实施计划的制定与落实。根据个性化课程实施计划的先后时间节点，采取不同的措施对实施计划的落实与效果进行监督与评价。

（一）个性化课程实施计划的制定

主要开展对学生五项能力的入学评估；确定生涯导师，由导师召集家长、教师、相关人员参加的个性化课程实施计划协商会议；初步制定学生的发展目标，拟定计划，并进行计划备案。

（二）个性化课程实施计划的实施

伴随个性化课程实施计划的实施，要求相关的教师对学生的各门个性化课程实施情况做好记录。临近期末，这些材料将统一汇集到学校的课程评估室，由行政人员与教师共同评估，进行单项的个别化验收。

（三）总体评估与计划调整

围绕学生的个性化课表，每学期结束由学校课程实施室牵头，以班级为单位逐一讨论、反馈每个学生一个学期以来的总体评估结果，召集个性化课程实施计划学期会议。基于整个教师团队的建议与反馈，生涯导师汇总个性化课程的实施情况与各项个别化验收结果，对下学期课程计划进行调整或提出建议，并向家长沟通反馈，由家长签字确认个别化验收结果与调整建议。

第四章

特殊中职校生涯导师制的探索

　　生涯导师制以人为本,注重个体差异,关注个性发展,这与特殊教育中的个别化教育理念非常契合,同时对特殊中职生而言,其生涯发展正处在关键探索期,生涯发展教育需求极为迫切。特殊中职生的生理年龄大致处于 16—18 岁,马上面临就业,但由于内外因素的制约,对职业选择和社会迷茫,自主发展意识薄弱,自我决定能力不足,亟须科学指导。随着我校生源的不断变化,学生的障碍类型和特点越来越多元化,一名班主任面对一个班十几名特殊学生,完全关注到每一位学生的学习、生活、心理以及生涯发展并不现实,生涯导师制的实施就是通过生涯导师和学生一对一的互动接触,真正做到因材施教,对特殊中职学生做到个性化指导。

　　学校自 2016 年开始,在市级课题"智障学生个性化课程方案制定与实施的实践研究"的研究过程中,尝试启动并开展生涯导师工作,初步形成导师工作的基本运作程序。在推进生涯导师工作的问卷调查中,100％的家长和 98％的教师明确表示,需要学校提供个性化的生涯辅导,通过生涯导师全方位关心每一位学生的成长。

　　2020 年 12 月,全员导师制开始在上海市中小学范围内以区为单位分批试点开展。2021 年 1 月,上海市政府办公厅印发了《关于本市新时代推进普通高中育人方式改革的实施意见》,进一步明确要求"完善高中班主任与全员导师制相结合的高中学生成长服务机制"。2023 年 7 月,上海市教育委员会制定《上海市中小学生全员导师制工作方案》,全员导师制的实施范围为本市所有中小学校,覆盖全体中小学生,中等职业学校参照执行。全员导师制为特殊中职校开展生涯导师服务提供了师资保障。同时相比普通教育,特殊教育学校有更多的师资资源优势,通过全员导师制可以更好地保障生涯导师工作的开展。

　　在政策支持下,学校不断探索,为每名特殊学生配备生涯导师,并在导师的协调下为每名特殊学生制定了个性化课程实施计划,在学生的课程设计中发挥了导师的指导作用,还定期组织导师研讨会,针对学生的疑难问题集中研讨,在学生的生涯发展教育中发挥导师的引导作用。

第一节　生涯导师制的实施方案

特殊中职校生涯导师制是根据特殊中职生自主规划能力弱、个体差异性大等特点,由生涯导师辅导特殊中职学生正确认识自我、匹配个性化课程、规划生涯发展并付诸行动的个别化教育模式。生涯导师本身是一项专业性比较强的工作,加之特殊中职学生的特殊学情,使得特殊中职校的生涯导师工作难度加大。对此,一方面需要为教师提供专业的师资培训,重视生涯导师团队建设,一方面通过制定规章制度与实施方案、跟踪、督导和评估,保证导师制工作的开展和实施。为促进每一名特殊学生更好地学习和成长,构建全员、全程、全方位的育人工作体系,长宁特职校深入总结历年来的工作实践经验,从课程规划和育人发展两方面入手,完善全员导师制的目标与细则,制定《长宁区特殊职业技术学校全员导师制工作实施方案》。

一、明确生涯导师制的目标

在习近平总书记新时代中国特色社会主义思想的指导下,为全面贯彻党的教育方针,落实立德树人根本任务,学校依据《长宁区中小学全员导师制工作实施方案(试行)》,结合已有工作基础,积极开展并落实全员导师制。

通过建立"学生人人有导师、教师人人是导师"的制度体系,切实加强全体教师师德师风修养,切实增强全体教师的育人意识和能力。导师以"个性化课程实施计划"为抓手,深化班主任与学科、专业教师的协同合作,优化教师与家长之间的家校沟通,引导特殊学生进行生涯规划指导,打造"家—校—社"共育的良性教育环境。导师以心理谈话为方法,缓解特殊学生的学业压力和情感压力,疏导特殊学生家长的教育焦虑,提高学校育人工作的针对性和实效性。

二、组建生涯导师管理团队

(一) 组建领导小组团队

学校成立全员导师制工作的领导小组。校长、书记为第一责任人,校级分管领导负责明确学校各部门及导师工作,定期召开专题工作会议,组织研究学情、排摸重点对象、及时调配力量、开展分类指导,并带头做导师,确保各项工作落实到位;中层干部负责细化各项工作要求。学校把生涯导师工作作为学校新五年发展规划的重点项目,领导小组开展全员导师制的顶层设计,过程中不断完善各类细目要求。

(二)成立研究引领的工作小组团队

组建科研引领的全员导师制工作团队,成立生涯导师教研组,以课题为引领,全面了解和分析学生的学习和生活状况,共同研究疑难问题的解决办法,开展日常实践管理。工作小组团队由学校各年龄层次中的骨干教师组成,依托上海市长宁区特殊职业教育创新团队创建,深入推进学校生涯导师工作的开展。

三、建立师生选择匹配机制

(一)发挥教育资源优势,明确较高的师生配比要求

根据市教委对特殊学校师资1∶2.4的配比比率配备导师,学校生涯导师的配备基本按照"1∶2"的配备方案。"1"即生涯导师的人数,"2"指学生的人数。相比普通教育,特殊教育学校有更多的师资资源优势,可以更好地保障生涯导师队伍。

(二)基于学生全面评估,搭建有效的新生导师选聘平台

学校建立了学生与导师的匹配机制,以确保每个学生都能找到合适的导师。特殊学生不仅和普通孩子一样,需要发展自己的特长和爱好,但和普通孩子不一样的是,他们还需要缺陷补偿。基于前期的入学评估,学校全面了解学生的特点,通过问卷调查、家访面谈、入学观察等方式了解学生的需求和兴趣,然后与教师的特长、资源等进行匹配。一年级学生入校第一学期,需要召开新生导师选聘会,会上通过教师个体自荐与学校团队商讨相结合,选出最适合学生的生涯导师,满足不同学生的生涯发展需求。

(三)根据学生需求匹配导师,提供个性化的精准服务

生涯导师首先是一位对学生全方位关心并提供全面的支持保障的导师。基于前期对学生生涯发展需求以及导师特长的调查,导师大致可分为:A类升学辅导类,主要匹配的是有进一步升学意愿的学生;B类康复指导类,主要

匹配的是有康复需求的学生；C类专业技能类，主要匹配的是掌握一技之长并有就业需求的学生；D类心理辅导类，主要匹配的是有心理、情绪等方面疏导需求的学生。学校根据学生生涯发展三个方向——就业、升学、居家社区生活——开展研讨，形成阶段培养目标菜单供导师参考选择，制定精准的培养目标。

四、明确导师的职责和任务

（一）导师的基本职责

学校导师是一个承担全方位育人职责的教育者。导师要从生涯指导、德育引导双面入手，成为学生的"良师益友"，为每一名学生提供陪伴式关怀与指导。主要职责是做好学生的学业指导，协助学校做好个性化课程的匹配，协助学生做好生涯规划，协助学生进行自我认知，做好学生的心理辅导和德育工作。同时，要做好与所指导学生家长的家校沟通，建立陪伴支持、真诚互动、协同合作的家校关系，开展科学、有效的家校沟通和家庭教育指导。

（二）导师的基本任务

1. 在生涯指导层面，导师每学期需要做好"五个一"工作

（1）一份课程实施计划。每个学期，班主任联合导师与学生家长召开生涯导师沟通交流会议，共同商谈制定个性化课程实施计划，由导师完成文本的填写工作。当家长需求与导师建议之间存在差异时，双方需要通过协商达成一致，最终以学生及家长的意见为重。

（2）一个生涯指导案例。导师针对学生日常生活中与生涯发展相关联的事件进行指导，记录过程、方法及反思，形成一份案例文本。生涯导师针对不同年级学生不同的生涯发展需求，开展基于生涯发展的教育教学工作，过程中不断反思，将学生问题及处理方案进行分析，撰写叙事，为更好地支持学生生涯发展服务。

（3）一次家校面谈交流。每个学期，导师与家长至少进行一次面谈，做好顶层设计，制定学生的发展方向，过程中根据学生每学期的实际情况变化，导师需要和家长一起商讨，维持或调整学生的个性化课程实施计划。

（4）一场实施交流会。每个学期末，领导小组及工作团队集中召开导师交流会，结合学生指导案例交流工作成效，并根据导师指导效果适当调整后续指导方案。

（5）一份学生成长个案。学生毕业时，导师应配套个性化课程实施计划，形成学生生涯发展个案。以个性化课程实施计划为抓手，对学生进行心理、学业等方面的指导，全方面记录学生四年时间的成长，过程中也要开展学生成长影像的拍摄与制作。导师需要从生涯规划指导目标出发，结合自身学科特点以及学生个性化发展需要，有针对性地拍摄照片与视频，制作学生成长影像视频，通过非文本报告的形式，展现学生发展现状。最后，导师应根据指导工作积累的材料，形成一份突出学生变化与成长的个案文本，总结个案辅导的成功与不足，提出相应建议。

2. 在德育引导层面，导师做到"五个好"工作

（1）德育案例要撰写好。在日常教育教学过程中，导师需关注学生的思想和情感需求，寻找适合的教育契机，开展德育引导教育，记录关键事件，形成一份案例文本。

（2）家访工作要开展好。每个学年，导师联合班主任，对被指导学生开展一次家访工作，了解学生状况和需求，与家长交流家庭教育经验心得。为家庭有困难的学生搭建分享平台，争取互助资源。

（3）学校活动要陪伴好。在学校的各类大型活动，如"四杯"活动、校外实践活动中，导师带领学生积极参与，增进与学生的情感交流，保障活动安全，促进学生健康全面发展。

（4）学生情绪要疏导好。学校高中年龄段的大龄智障学生正处在青春期的叛逆阶段，家长智力上的障碍、学生情绪失控普遍存在，导师需要成为学生情绪的疏导者，开展心理谈话工作。

（5）家庭教育要指导好。父母是家庭教育的主体责任人，但由于教育对象的特殊性，从事特殊教育的导师必须承担好家庭教育指导的工作，用专业知识引导和感化家长，开展更好的家校协作，支持特殊学生成长。

五、制定评估与激励机制

生涯导师工作机制需要在实践中不断完善和优化，以学期为周期，开展生涯导师制的相关评估反馈及激励。

(一) 评估机制

制定评估机制，对生涯导师的工作进行评估和反馈。评估机制主要包括学生评估、导师评估等。

1. 学生评估

评估是提供针对性有效服务的前提,特殊教育的支持理念要求我们首先了解学生的需求,提供合适的支持服务。对学生的评估秉持"诊断性评估——形成性评估——总结性评估"的动态评估,时间跨度是从入学至毕业。

(1)诊断性评估

诊断性评估主要围绕言语、认知、运动、作业和社会适应五大领域。在学生入学前,学校邀请医生、专家和学校康复教师,开展入学评估,了解学生能力,为导师辅导学生学习、康复训练等铺垫基础。

(2)形成性评估

形成性评估涵盖了学生在特职生涯的整个学习阶段。我们采用多元评估方法,关注学生动态发展,关注学生智能的多元性,导师对学生的评估主要采用学生档案袋评估法。

档案袋评估法是教师依据学生学习目标,收集学生学习成果,以评定学生成长发展情况。档案袋评估法是重视过程、关注全面发展的评估方法,比纸笔评估获得更多的信息,具有连续性和相对全面性,可以提供学生学习进步的证据。特殊中职学生档案袋的形式是一本电子档案、两本手册(《特殊中职学生生涯发展支持手册》《学生发展手册》)、一份个性化课程实施计划。

电子档案涵盖了学生所有信息,包括"入学评估""个性化课程实施计划""个别化职业陶冶计划""个别化职业转衔计划""数字故事""学生发展手册""家校你我他合同""学生谈话"等项目。

《特殊中职学生生涯发展支持手册》从学生就业和融入社会的需求出发,从评估、规划、服务三个维度支持特职生生涯发展,提高特职生生涯规划能力。

《学生发展手册》是学校开发编制的成绩册,其中除了常规的基本情况、学习成绩的记录外,我们更关注学生的发展态势。各学科都配备学生学习的雷达图,呈现学生的学习过程。每学期记录一个学生发展案例以及2—4次的谈话,让家长了解孩子进步最快的一个方面。此外,我们将所有的分数以等第标注,取代了数字的直观性,给予孩子更多的鼓励。

个性化课程实施计划从学生个性化的学习需求出发,增设个性化课程,帮助他们最大限度地开发潜能,以适应职业和社会生活。

学期末,导师根据学生档案袋中的各类记录,对学生这一学期表现进行陈述性评价。

（3）总结性评估

总结性评估主要以转衔能力和专业能力评估为主。毕业前，学校对学生的专业技能水平进行评估，以此为依据为学生选择就业岗位和提供支持服务，然后开展转衔能力评估，帮助学生为职业转衔做好基本的职业准备。导师结合学生四年学习的总体情况，结合学生个案撰写，给予学生总结性的毕业评价。

2. 生涯导师评价

生涯导师评价以学期为单位，对导师进行考核评价，包括满意度评价、领导小组评价、教师互评。

（1）满意度评价

为检验生涯导师制的成效，每学期将进行导师满意度调查。学校通过问卷星编制满意度调查问卷，由班主任在班级群中发放，邀请学生及家长对导师的各项工作进行评价。

（2）领导小组评价

为推进与总结生涯辅导制的实践，导师开展案例撰写，主要通过叙事的方式反思、改进生涯辅导的教育工作，同时通过学生个案的选择、跟进、评估，撰写个案报告。学校领导小组通过教师撰写的案例、个案以及导师交流会上的交流，检验生涯导师工作成效。

（3）教师互评

导师交流会开展教师互评，各班级学生导师及正副班主任、学科教师、拓展课教师等共同参与，就上一学期学生案例开展交流，分享问题解决方法及教育教学相关经验。通过导师交流会，教师集体评价学生发展，同时通过了解彼此如何开展导师工作，并据此进行互评。

（二）激励机制

制定激励机制，对表现优秀的导师进行奖励和表彰，以提高导师的工作积极性和工作质量。设立专项津贴，把生涯导师工作机制作为重点项目推进。在项目推进过程中，完善优秀导师的绩效分配制度，对工作表现突出的优秀导师进行表彰，强化导师工作的激励保障。对生涯导师给予每月固定绩效工资，总结交流会中评价不合格者将整体扣除本学期已发放的津贴；对评选为"优秀导师"的教师进行表彰和奖励。

六、做好全方位的支持保障

(一) 思想引领保障

学校党支部在导师制工作推进过程中充分发挥党组织的战斗堡垒作用和党员教师的先锋模范作用,涌现出一大批"优秀导师",引领全体教师践行"立德树人"的教育职责。校长、书记全面落实本校全员导师制实施的领导责任,定期组织研究学情,排摸重点对象,及时调配力量,开展分类指导。

(二) 研训制度保障

根据导师需求,长宁特职校定期开展专家讲座、校本教研、班主任教研及导师会议,针对心理健康教育、青春期教育、家校沟通以及家庭教育指导等内容进行研习培训,通过案例研讨,提炼总结经验,为学校全员导师制及导师开展学生指导和家校沟通赋能。学校 2022 年立项区级重点课题"全员导师理念下特殊中职校开展生涯导师制的研究与实践",引领推动全员导师制在校内进一步探索、实践和完善。

第二节　生涯导师的工作流程

中职校生涯导师制是根据特殊中职生自主规划能力弱、个体差异性大等特点,由生涯导师辅导特殊中职生正确认识自我、匹配个性化课程、规划生涯发展并付诸行动的个别化教育模式。特殊中职校的生涯导师是一个承担全方位育人职责的教育者,学校导师从三个阶段(准备阶段、实施阶段、总结阶段)出发,认真落实生涯发展教育,助力学生生涯发展。

一、准备阶段

(一) 新生入学评估,明确发展需求

每位新生入校前,学校都会开展五项能力入学评估,包含语言沟通、认知、感知运动、作业、社会适应五大领域。导师通过评估资料,了解学生的基础能力水平,再根据学生的不同能力,规划学生发展方向——就业、升学、居家社区生活,为学生四年特职校学习与生活制定适切的发展目标,并提供有效的个别化学习支持。以下案例为小 S 同学入学评估分析,通过五大领域逐一评估,为学生个性化课程实施计划制定提供借鉴。

评估把脉，为学生选择适切的康复课程

新学期开始了，又一批的新生要来到特职校开始他们的职业学习生涯。为了能更好地了解学生能力，在开学初，首先对他们进行入学五项能力的评估。希望通过五项评估结果，能对学生有全面的了解，了解其具体发展水平，确定其个训需求，同时也希望能找到其优势智能，为之后开展个性化课程实施计划提供依据。

第一项是作业评估。小S对于要求他做的事情都是微笑面对，能做一些简单的动作如画线、翻页，但系鞋带就有些困难，让他去扫地，但由于他肢体有问题，没把垃圾扫进去，反而扫得到处都是。第二项是运动评估，这也是我最想让他参与的一个评估项目，因为这是有医生参与的，而我也想了解他的脑瘫程度，特别是了解他的手指情况。评估老师让他去拿一个水瓶，让他观察一下四周，这里包含着听力、视力、动手能力等评估。由于精细动作较难完成，小S抓握水瓶的动作不是很灵活，因而在这项评估上得分也不高。接下去是认知评估，评估人员由华师大的专家担任。评估开始后，他对评估人员询问的问题基本能较好地应对，而对于恒常性、概念推理等内容，还存在一些困难。综合看来，小S在认知方面能取得较好的得分，言语评估、社会适应评估等也进行得很顺利。

评估结果最终以雷达图的形式呈现，如图4-1所示。

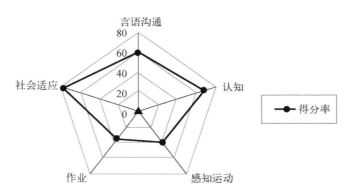

图4-1 小S入学评估雷达图

从图4-1的入学评估结果看，学生在感知运动及作业能力上较弱，需要进行相应的康复训练。在专家给出相关建议后，由负责制定该生个性化课程实施计划的生涯导师组织会议，针对学生具有发展潜力的弱势能力，选择最适合学生的康复课程。导师与家长、班主任进行协商后，最终确定具体的康复内容。考虑到学生由于脑瘫造成的运动障碍直接影响了其技能学习，因此确定

对该名学生先进行运动功能康复,后跟进作业训练。

沈　钧

（二）导师选聘会议,合理匹配导师

每学期初,导师团队召开选聘会议,新生班主任介绍学生基本情况及生涯发展需求,导师结合自身专长及学生特点,选择一到三名学生。原则上,班主任不选择带班学生作为被指导学生。选聘会议之前,开展新生生涯发展需求问卷调查,通过家长反馈,了解学生、家长对孩子生涯发展需求以及对导师指导重点的需求。教师观察新生日常学习、在校情况,在新生入校将近一个月的时间里,全校老师对学生的学习情况、行为习惯等进行观察了解。在学校了解学生能力水平、家长对孩子的发展需求,以及为期一个月的在校观察基础上,开展本学期的新生导师选聘会。

新生导师选聘会

生涯导师制是根据特殊中职生特点,由生涯导师辅导学生正确认识自我、匹配个性化课程、规划生涯发展并付诸行动的个别化教育模式。为促进每一名特殊学生更好地学习和成长,构建全员、全程、全方位的育人工作体系,长宁特职为每名特殊学生配备生涯导师,导师要从生涯指导、德育引导两方面入手,成为学生的良师益友,为每一个学生提供陪伴式关怀与指导。

9月28日,在学校导师工作领导小组的组织下开展新生导师选聘会,两位班主任一一介绍学生情况及个人特点,学校老师在听取班主任介绍后,结合家长问卷结果,考虑学生生涯发展方向需求(升学、就业、居家社区生活),以及学生未来希望获得的导师支持重点(认识自我、生涯规划、学业指导、生活自理能力、思想道德、心理健康等),根据自身与学生的关联度,如是否在该班级任教等,选择与自己相匹配的学生。

选聘过程中,也存在有些学生由多位老师一起竞选的情况。这时,由导师分别陈述选择该名学生的理由,并说明个人能够为学生提供的支持,最后由总负责老师和年级行政联系人现场商议决定。

须芝燕

（三）多方合作会议,制定实施计划

导师联合班主任与学生家长召开多方合作的个性化课程实施计划会议,

就学生发展方向听取多方意见,共同商讨学生的生涯规划方案。根据多方会议意见确定或调整学生的发展大方向,如毕业后居家、就业或参与大专学习。做好顶层设计,确定个性化课程实施计划。

导师结合家长和学生的意愿,对学生个性化课程的选择提供适当建议,如参与康复训练、潜能开发课程学习或高复班学习,然后和专业及学科教师沟通交流,将有支持需求的指导学生确定为课堂的支持对象。

以下案例为导师与学科教师、父母及学生本人交流,明确学生未来发展方向,制定个性化课程实施计划。

把准发展方向 共同助力成长

作为一名新生的导师,首要任务就是在了解孩子的基础上,尽快通过个性化课程实施计划会议,帮学生确立其未来的发展方向。如果学校的评估、家长的期待、学生的向往能达成统一,那就是一件非常美好的事情。但是由于疫情关系,不能及时召开多方会议,所以我通过多方访谈的形式,帮学生把准发展方向,共同助力她的成长。

1. 采访学科老师了解专业学习情况。为了更好了解小 T 在课堂上的表现,特别是专业课的学习情况,我也采访了几位小 T 喜欢的课程的老师。在面点课堂上,小 T 的参与度比较高,和同学也能和谐相处并乐于帮助同学,小 T 的乐观和阳光也深得老师的喜欢。在烹饪课上,小 T 也是属于能力较强的同学,尽管动手能力不是很强,但她能够服从老师在课堂上的安排,并积极地参与。可见她对专业课的学习还是比较喜欢的。

2. 连线父母深入了解父母期待目标。我就小 T 生涯发展与她的父母进行专题的探讨,提出学校学生有三个发展的方向:居家、就业、升学。就小 T 的能力来说,她完全可以选择就业或者升学。但小 T 妈妈表示小 T 文化课学习比较吃力,升学会给孩子带来更多的压力,就业会更加适合她。当被问及可能的就业方向时,妈妈表示应根据女儿的喜好做出决定。

3. 谈心谈话了解学生未来发展目标。为了进一步了解小 T 就业的职业倾向,我也找小 T 谈心,从简单的问题入手:"你喜欢现在学习的哪门专业?"小 T 表示她喜欢的是面点课。"那你喜欢今后从事面点方面的工作吗?比如点心师?"小 T 表示她喜欢做点心师。最后我鼓励小 T 好好学习面点,一步步朝着自己的职业目标努力。

小 T 最大的优点是善良、热情、开朗,喜欢和人沟通。不足是做事虎头蛇尾,做事细致程度方面需要提高,遇事会表现得比较慌张。喜欢面点课、喜欢唱歌。通过交流访谈,我逐步明晰了小 T 未来的生涯发展方向:她将来希望成为一名面点师。大家对她的评价和未来的期待也是比较一致的。能够如此快地达成共识,我也觉得非常欣慰。在明确了目标后,接下来就是逐步的朝着目标努力。

周颖芳

二、实践阶段

(一) 撰写指导案例记录学生成长

每个学期,生涯导师都会对学生日常生活中与生涯发展相关联的事件以及德育关键事件进行指导,并形成案例文本。撰写过程中,导师需明确目的和目标,确保内容的连贯性和一致性,并注意背景信息、学生简介、问题陈述、解决方案和结果等每部分都有清晰的主题和逻辑顺序。

在简要介绍包括学生的基本信息、家庭状况、学习信息的基础上,详细描述学生所面临的社交、心理健康等问题,以便全景式地展现学生的需求。在此基础上,提出针对学生所面临问题的解决策略和方法,并确保解决方案具有针对性和可行性,能有效地帮助学生解决问题。

记录案例过程后则是教师对整个辅导过程进行的反思和总结,包括但不限于对学生的成长过程、导师的角色、教学方法等方面的思考。这不仅有利于导师收集学生在学习期间的表现性学习材料,形成集群优势,还有助于导师对孩子的成长历程进行质性分析,便于自身在未来不断改进和提高指导工作。

撰写指导案例,也是评价的有效记录方式。"教学评一致性"需要教师在实施教育教学方法、帮助学生解决面临的困难过程中对实施的解决方案和过程进行有效评估,保证其既能连接需求,又能投射现实。确保评估结果客观、准确,并提供相应的证据支持。

小 Y 爱树叶

图书整理课上,我正领着班上同学整理书籍上架。一转身的功夫,小 Y 就冲到了教室门边。我急忙叫住了他,仔细一看,发现他手上原来的树叶已经被他玩得没剩几片了。显然,他是又要找借口到外面摘树叶了。小 Y 喜欢玩树叶由来已久,尽管老师们都进行过限制与干预,但是现在又旧态复萌。

被限制不能出去后，小Y有些烦躁，他拽着自己的头发，在教室里来回走动。

"小Y，来老师这里，这里有一本关于树叶的书，你来看看。"

我挑出一本绘本《风中的树叶》，领着小Y一起读起来。"在一根柳树枝上，长着十片各不相同的柳叶……"我轻声地读着绘本，小Y的情绪慢慢平复下来。

经过反复的观察和与小Y妈妈的沟通，我在心底接受了小Y玩树叶的爱好。但是之后，我教会了小Y两件事：一是上课不许去摘树叶，二是要及时清扫玩过的树叶碎片。在我的督促下，小Y逐渐养成了扫树叶的习惯行为。目前，虽然他偶尔还会想要摘树叶，但基本能够做到上课不去摘树叶。小Y玩树叶的事情，得到了较为理性而圆满的处理。

如何处理自闭症学生癖好的问题，我觉得可以做到以下三点：首先，尊重学生，接纳正当癖好；其次，倾听家长，达成共识；最后，基于学生兴趣，挖掘学习资源，拓展学生的知识与见识。对于自闭症学生癖好问题，一味地"堵"不是办法，应该加强家校沟通，采取正确的思路，并付诸有效的行动。

赵静红

(二) 搭建分享平台，争取互助资源

生涯导师应及时了解学生的生活状况，关心学生日常生活，为家庭有困难的学生搭建分享平台，争取学校或社会中的互助资源。

导师与学生及家长之间的紧密沟通已经"融入意识""融入制度""融入价值"。这种沟通不仅有助于学生学习和身心发展，还能为学校向学生提供的切实可行、精准指向帮助给予及时的反馈，以便采取相应的教育措施。导师与班主任以及任课老师分享关于学生表现的观察和评估结果，对学生的学习现状进行精准的定位与精到的阐释，为学生提供组织辅导课程、开展团队活动、提供个性化的学习资源等更有针对性的支持和指导。导师还应与家长保持密切联系，关切人心、关怀人性，确保家长了解学生在学校的表现和需求。此外，在学生学习遇到困难时，导师应与科任老师联系，搭建帮助学生融入更为宏阔的学习生活的平台。

一人一师的个别辅导

在全市推进全员导师制工作的背景下，我校在2016年先行试点，探索推

进,为每位学生配备了一对一的导师,全面关心学生的生涯发展。此次线上教学除了班主任和学科教师这两支主力军之外,又增加了一支新生力量,那就是生涯导师队伍。在线学习的过程中,每位导师都要适时关心学生的学习情况和心理健康,给予一对一的指导和鼓励。

在学生居家学习的过程中,充分发挥导师的作用。如此次"居家小能手"的活动,导师就全程参与其中。从确定内容,到制定计划,再到过程辅导,最后直至效果展示,都有导师参与的身影。在期中班级家长会上,每一位导师都介绍了学生的发展和进步情况,凸显了其中的导师的作用。

赵子文老师是小 D 和小 W 两位同学的导师。为了更好地辅导和支持两位学生的居家劳动,她制作了"如何使用电饭煲煮饭"的微课,一步步教他们学习煮饭,提升基本的生活能力。同时,作为心理教师,她发挥专业优势,"时刻"关注脾气暴躁的小 D,只要发现小 D 在学习群里面有情绪变化,都会及时回应,并给予积极引导,以帮助学生渡过这段特殊的时期。

苏晓平

(三) 学期交流评估,适时调整目标

每个学期末,导师工作团队集中召开总结交流会议。针对被指导学生的成长案例,导师阐述学生的指导情况以及自身工作成效。导师领导小组及工作团队全体成员对在场汇报的导师进行打分评价,评选得出优秀导师。

在一年级新生入学第一学期,教师们分析新生评估结果,确定学生生涯辅导需求及生涯发展目标,通过家校多方沟通,挖掘学生的优势和潜能,运用资源支持学生课程学习。二三年级教师聚焦学生生涯发展目标的维持或调整,开展基础课、专业课学习指导、青春期交友指导、情绪行为问题指导以及就医服药等方面的探讨,注重培养学生自我意识、职业意识、生活自理能力、特长发展。四年级学生已经开始慢慢迈入毕业阶段,有的学生在校开展项目式学习,有的学生外出实习实践,导师们最终确定学生生涯发展目标,开展学生实习就业指导、升学指导以及未来居家及社区适应指导,加强家校沟通,培养良好的行为习惯、人际交往能力、社会规则意识以及职业态度,帮助学生提高自我管理能力。

讲师生故事,促学生发展

我校开展 2022 学年第一学期导师工作交流会。两天的交流会上,老师们围绕本学期学生发展的关键教育事件、学生下学期拓展课程的建议、学生生涯规划发展方向以及学生在班级或校级层面需要共同关注的系列问题,展开了热烈的交流与讨论。

活动由周颖芳副校长主持,两位年级组长组织安排,各班级学生导师及正副班主任、学科教师、拓展课教师、行政人员、校级领导等共同参与,就上一学期学生案例开展交流,分享问题解决方法及教育教学相关经验。

通过交流活动,导师们也提出了一些凭借个人专业能力难以解决的问题,学校为支持教师开展导师活动,借助特职校创新团队建设,打造校内导师支持团队。团队成员需具备某一教育教学专业特长,如家庭教育指导、生涯规划指导、职业转衔指导、升学指导、学科指导、心理健康及行为矫正指导、生活自理能力指导、康复训练指导等。个人的能力是有限的,但团队的力量是无限的,导师在满足学生生涯发展需求、处理学生问题的过程中,可以求助导师支持团队的协助,合理调配资源,共同服务学生,促进学生生涯发展。

须芝燕

三、总结阶段

(一) 学生个案撰写,总结导师工作

学生在导师陪伴和指导度过了四年的学习时光。毕业时,导师需要撰写一份突出学生成长特点的个案。通过个案的撰写,导师回顾学生成长和自己作为生涯导师工作的得失。个案的撰写需要导师结合每学期案例的记录、每个学期目标的达成程度等,全面总结学生成长,记录学生成长中的关键事件和关键人物等,为下个阶段的导师工作提供经验借鉴。学校会组织导师对每位同学的成长进行交流分享。导师在总结交流分享过程中也不断进行自我反思和评价。借助自我反思与评价,导师为"一辈子做老师,一辈子学做老师"做了最好的诠释。

树立信心,沐浴阳光

(下文节选自关于小 E 同学的生涯指导个案报告的教师反思部分)

通过对小 E 四年的教育,我体会到只要我们认真分析那些特殊家庭的孩子所处的特殊的环境及由此所造成的心理因素,并能动之以情,晓之以理 ,给予他们更多的爱心和耐心,持之以恒,让他们重拾自信,培养他们的学习兴趣,

在我们的理解和关心下,在班集体的关怀下,他们同样可以成为身心健康、融入社会的人。

1. 坚持"以学生为本"的理念

用真挚的感情和实际行动感染他们,换位思考,本着"滴水穿石"的精神开展思想工作,设身处地为学生着想,了解真实的原因和学生的思想动态,采取积极有效的方法加以解决,帮助他们驱走前进路上的黑暗,提高他们的心理调适能力,促进他们健康、全面发展。

2. 建立成长档案,完善衔接机制

建立成长档案,将思想状况、行为习惯、学习成绩、身体素质等记录在册,为其升学、实习等提供相关的信息,这有利于对学生的继续教育引导,便于高校或就业单位可以提前采取有针对性的辅助措施。

3. 重视家庭教育,完善家长培训

许多学生,包括小 E,其心理不健康的形成原因都与不良家庭教育有关。因此,重视家庭教育,完善家长培训,是减少学生产生心理问题的关键。

李贞

(二) 学生材料归档,提供转衔支持

导师在指导期间产生的案例、个性化课程实施计划、照片等所有材料均进行归档,旨在为学生毕业后的转衔服务提供支持。

第三节　生涯导师的队伍培养

作为一所特殊中等职业教育学校,面对一群有智力残疾,并伴随脑瘫、自闭症等多重障碍的特殊学生,我校通过开展生涯发展教育,帮助学生进行生涯规划,有目的、有计划地学习,充分认识自己,客观了解社会环境,最大限度地开发潜能,更好地适应职业和社会生活,提高生活品质。学校建立了以专职教师为骨干,班主任、学科教师共同参与、互相配合的师资队伍,为每位学生配备了一名生涯导师,生涯导师跟随学生在校的四年,指导学生制定生涯发展规划,实施生涯发展教育内容,提供个别化学业指导和心理辅导。如何帮助特殊中职学生的生涯导师尽快适应导师工作要求,明确导师职责,提高自身的基本素质,开展特职生的生涯发展教育工作,是学校做好学生生涯发展教育工作的关键。

一、导师培养的意义

（一）满足特殊中职学生生涯发展需要，提升教师核心素养

在特殊中职校中，生涯发展教育也是教师核心素养提升的一个重要方面。生涯发展教育是指通过对学生个体的了解和指导，帮助他们树立正确的职业观念和职业规划，培养适应未来职业发展的能力和素质。在特殊中职校，生涯发展教育更加重要，因为学生存在更多的学习和职业发展方面的困难和挑战。因此，教师必须具备生涯发展教育的知识和技能，才能够为学生提供有效的指导和帮助。

学校积极响应上海市教委关于全员导师制的工作要求和学校生涯发展教育教师培养工作的目标，以市级课题为抓手，基于生涯导师队伍建设，探索特职校生涯导师培养方式，通过校本培训、导师评价等途径，着力打造一批高素养的生涯导师队伍。通过提升教师的核心素养，更好地满足学生的需求和未来职业发展的需要，提高特殊职业教育的质量和效果。

（二）主动满足特殊中职学生个性化生涯辅导需求，提高教师专业能力

特殊中职学生由于智力上的缺陷和能力上的不足，外部探索较少，面临较多的生涯发展困惑。在这一阶段，学生正处于生涯探索早期，生涯规划意识淡薄，形成正确的自我认知较为困难。这对特殊中职学生生涯导师提出了相对较高的要求。因此，需要通过教师培养，提高教师专业能力和基本素质，使之成为一名合格的生涯导师。同时，学校一项调查显示，导师们普遍认为生涯规划指导的能力是生涯导师需要具备的最重要的关键能力，师生沟通、心理辅导以及家校沟通能力也是比较重要的关键能力，其中师生沟通能力被普遍视作基础关键能力。有近半数导师坦言自己在辅导方面的部分能力不足，难以胜任辅导任务，且导师工作缺乏精准的评价机制。因此，教师普遍认为，为满足特职生个性化生涯辅导需求，需要建立导师激励机制，同时开展各类有针对性的教师培训，提高导师工作能力。

二、导师培养的实践探索

生涯导师是指在特殊中等职业学校，帮助特殊中职学生形成正确的自我认知，支持学生做好生涯发展规划，协助学校做好个性化课程匹配，一对一开展个别化学业辅导和心理关怀疏导等方面的特教教师。

基于相关文献的收集学习与学校已有的生涯发展教育经验,生涯导师的培养设想从理论研究、实践研究两方面入手。理论研究结合调研,明确特殊中等职业学校生涯导师必备的能力和素养。关于实践研究,项目组将通过《生涯导师指导手册》(以下简称《指导手册》)的编制和应用,从生涯导师队伍的管理和评价方面,探索生涯导师队伍培养的途径和方法。

(一)《指导手册》的编制

特殊中职校的生涯导师是一位承担全方位育人职责的教育者。学校依据教师需求,围绕生涯发展教育指导、教师基本能力和素养搭建框架,从教师如何成为一名生涯导师的角度编制《指导手册》,从而使教师能够做好学生学业、心理辅导,协助学生进行自我认知,做好生涯规划,协助学校完成个性化课程的匹配。

1. 内容

《指导手册》分为三个篇章,从生涯导师的职责与定位开始,帮助导师尽快了解特职生,指导导师制定课程计划,撰写案例,完成个案报告。《指导手册》的编制受市教委"中小学全员导师制"手册的启发,通过指导建议和案例的形式,帮助特职校教师尽快融入生涯导师的角色。

第一篇章"生涯导师定位"明确了特职校生涯导师的职责和要求,即生涯导师是一位承担全方位育人职责的教育者。生涯导师要从生涯指导、德育引导两方面入手,成为学生的良师益友,为每一名学生提供陪伴式关怀与指导。主要职责是做好学生的学业指导,协助学校做好个性化课程的匹配,协助学生做好生涯规划,协助学生进行自我认知,做好学生的心理辅导和德育工作。同时,导师要做好与所指导学生家长的家校沟通,建立陪伴支持、真诚互动、协同合作的家校关系,开展科学、有效的家校沟通和家庭教育指导。

第二篇章"走近特殊中职学生"帮助导师尽快了解所带教的学生,从学校五大领域入学评估结果中了解学生各领域的发展潜能与康复需求,为制定课程实施计划做准备,指导导师通过观察,与班主任、学科教师、家长沟通,进一步交流学生个性特点、行为习惯和兴趣爱好,为后续"走进"学生做好铺垫。特殊中职学生因智力缺陷,会产生各类问题行为,从而在个人成长过程中影响学业学习、人际交往,故而导师需要了解学生特点,摸清学生脾性,更快与学生建立友好的师生关系。

第三篇章"陪伴特殊中职学生"通过指导导师制定课程计划,撰写指导案例和个案研究报告,提高导师工作能力。导师应协助学校做好学生个性化课程的匹配,指导学生制定个人生涯发展规划,在学业指导过程中运用"代币"等教学策略提升学生学业水平,在"陪伴"学生成长的过程中,教育引导学生形成正确的自我认知,开展情绪疏导,指引学生形成正确的人生价值观。此外,导师应提高家校沟通能力。本篇中的家校沟通主要是指导师在开展家访和家校面谈时与家长沟通交流学生生涯发展现状、及时调整生涯规划的能力。其他家校沟通能力,如家校沟通技巧、家校沟通的原则、家校沟通的途径等以市教委"中小学全员导师制"手册为指导。

2. 形式

《指导手册》以建议、案例分析等方式呈现,使教师一目了然,印象深刻。如生涯指导建议,案例撰写内容的菜单等,同时提供课程计划样表和优秀案例,配以指导说明,帮助教师更快掌握相关内容。

(二)《指导手册》的应用

分为三个阶段:准备阶段,根据文献研究编制《指导手册》,开展教师培训,让教师了解生涯导师的工作任务,明确生涯导师的工作职责,学会制定生涯发展教育实施方案;实践阶段,通过《指导手册》,独立开展生涯发展教育辅导,撰写指导案例记录学生成长;总结阶段,召开教师座谈会,了解教师在《指导手册》使用过程中遇到的问题和建议,进一步修订和完善《指导手册》,完成项目总结报告。

为了帮助教师理解和使用《指导手册》,学校组织教师开展校本培训活动,由分管教学副校长和生涯导师工作的研究人员分别就特职生生涯导师工作的意义和学校生涯导师工作的岗位要求等进行专题培训,由学校师训负责人和优秀生涯导师就《指导手册》的使用和导师工作的开展做阐释和分享。在《指导手册》使用过程中,要落实两个方面。一是任务引领。根据"做中学"的原则,教师在担任生涯导师的过程中,通过完成导师工作的各项任务,不断提高导师能力。二是研修保障。生涯导师工作、班主任工作和教育教学都是教师基本技能,因此,应通过校本研修、小组研修等方式,不断提高教师专业水平。

(三)生涯导师队伍培养的途径和方法

在项目实践过程中,学校通过《指导手册》的编制与运用,进一步探索特殊中职校生涯导师队伍建设机制,从实施方法、组织管理和评价等方面,梳理生涯导师队伍培养的途径和方法。

1. 建立导师互动平台,进行经验分享

如导师提出问题,专业领域教师应给出专业建议,协助导师向生涯导师发展提供助力。交流平台成为导师信息互通的重要渠道,学生信息、优秀交流案例都可以快速精准传达,从而提高交流效率。

(1)导师交流会。每学期一次的导师交流会是教师之间分享生涯发展教育经验的机会。会上,每位导师汇报本学期个人辅导的经过与成效,与会导师对自己在辅导过程中出现的问题进行相互探讨,共同商议解决问题的办法,传递有效经验。同时,领导小组对导师辅导提出相关评价与建议,对部分较难处理的学生问题进行集体商讨。导师可以根据领导小组评价、教师互评的反馈,对个人导师工作进行反思与提升。

(2)网络论坛交流。学校教师网络论坛是教师培训的重要途径。每学期初,由学校领导小组及导师教研小组共同推荐与生涯发展教育相关的文献或案例,组织全体教师开展线上学习,每位教师进行线上发言,交流学习心得。每学期末,开展网络学习论坛交流会。由板块负责老师对相应主题的教师发言进行综述,教师代表结合个人辅导经验,交流学习体会,全校教师共同学习有关导师生涯发展教育辅导的优秀经验。

2. 提供专业培训,形式灵活多样

(1)外出培训。积极安排导师外出,参加各类与生涯发展教育相关的专业培训,如上海市中小学"生涯规划师"培训等。

(2)邀请专家讲座。我校积极邀请专家到学校开展与生涯发展教育相关的专业培训。如邀请华东师范大学特教系专家开展学生案例撰写及叙事研究的相关讲座;邀请区家庭教研员、心理学博士开展家庭教育指导培训,围绕学生心理危机干预与导师进行互动等。

(3)教研组培训。学校成立导师教研组,骨干教师开展相关的校本主题研究,结合学校导师工作,组织文献学习,将文献内容向学校全体教师分享。学期末教研汇报时,导师分享教研成果,学校邀请华东师范大学、上海市教育科学研究院等相关专家进行指导,全校教师共同参与学习。

3. 课题研究,推进生涯导师队伍发展

学校申请区级重点课题"全员导师理念下特殊中职校开展生涯导师制的研究与实践"、上海市陈鹤琴研究会课题"特殊职业教育开展生涯导师制的研究与实践",通过课题引领、专家指导,培养学校导师骨干教师。

三、导师培养的成效与反思

《指导手册》编制完成后,学校在线推送教师使用。教师们认为《指导手册》对自身开展工作有一定的帮助,尤其是《指导手册》中的建议和案例部分,明确了生涯导师工作如何开展,能够借鉴优秀导师的做法。教师们对《指导手册》的框架和内容较为肯定。在编制《指导手册》的同时,学校以生涯导师队伍建设的机制为抓手,梳理了学校生涯导师工作的实施管理、生涯导师辅导的流程和评价,总结了生涯导师的培养方式和途径。

学校注重规范化培训,以研修为载体,通过团队带教开展浸润式培训。我们遵循教师成长规律,根据特殊教育学科特点,以集体带教和优秀导师带教两种形式进行生涯导师培养,既注重团队的引领,又注重导师的榜样示范作用。学校在带教工作小组中增加生涯导师工作的内容,完善生涯导师带教工作制度,与生涯导师工作结合,落实带教活动。在带教活动中,以导师为主开展各类指导活动,同时指导教师与学校管理员、学科教研组长一起探讨培训情况,调整培训内容,有力推动导师工作顺利实施,支持教师专业化发展。

《指导手册》的编制与实施只有短短一年,在项目研修的过程中,我们克服了疫情带来的困难,通过在线交流方式开展研修,根据原定目标完成了项目。后续在《指导手册》的运用方面,我们还需要进一步围绕《指导手册》的使用成效展开进一步思考,让生涯导师工作提质增效。

第五章

生涯发展教育评估工具的编制与实施

对特殊中职学生进行职业生涯发展评估,是促进特殊学生生涯发展的重要手段。在针对特殊学生的职业生涯的评估上,虽然有如美国智能障碍协会的《支持强度量表》(Supports Intensity Scale,SIS),我国华东师范师大学主要针对自闭症的《广泛性发展障碍青少年自立能力评价量表》,以及台湾地区的《身心障碍学生一般转衔技能量表》,但是国内对于特殊学生职业生涯发展,特别是特殊中职学生从入校到就业这段较长的时间段内的评估较为缺乏,而评估又是一项重要又严谨的工作,需要对特殊学生内在问题及外在客观情况进行多方面了解与评价,对评估的内容、要素、周期等进行统筹考虑。

通过研究与实践,学校不仅形成了较完整的评估菜单,而且建立了相关评估制度,初步构建了全面评估特殊中职学生的职业生涯发展的体系。通过生涯发展教育评估工具的编制与实施,学校从学生的基本能力、一般职业能力、转衔能力、专业能力等多方面、多角度,从学生入学到毕业至工作四年时间进行分阶段的系统性评估。生涯发展教育评估不仅为特殊中职学生的职业生涯指明道路,同时也为特殊中职校的教育教学提供建议,促进学校的课程开发。

特职生职业生涯评估工具的编制,首先要了解现有特职校中的评估工具使用情况,以及对其他评估内容的需求,通过对特职校内各类教师进行访谈调查,能较好地帮助了解职业生涯评估的现状与需求,为之后的评估工具的编制提供意见与建议。

第一节　特殊中职学生职业生涯评估访谈调查

一、访谈目的和意义

（一）访谈目的

通过对教师的访谈，学校旨在了解老师对校内现有评估工具的了解与使用情况，并进一步分析讨论学生在其生涯发展中还需要的评估项目，最后根据教师们提出的问题及建议，对现有的评估表进行调整，希望用更适当的评估表为学生的生涯发展提供更好的服务。

（二）访谈意义

在访谈中，从现有评估表的使用情况以及对生涯发展所需内容进行访谈，更好地了解现有评估表的实用功能及其优缺点，同时也让教师能对学生的生涯发展做出更全面的分析，从而更全面地对学生今后的发展提出建议。

二、访谈设计

（一）访谈对象

对学校 12 名教师进行一对一深入访谈，并进行分析、归纳、总结，整理访谈记录。其中 8 名教师为班主任，2 名职后跟踪教师以及 2 名学校评估室教师。

（二）研究方法

在进行访谈之前，查阅文献并明确校内现有评估现状，在此基础之上设计符合研究需要的访谈提纲。依据半结构化访谈提纲进行访谈，根据访谈具体情况灵活调整访谈内容。在征求被访者许可后，通过记录要点、手机录音等收集信息，并将访谈记录整理成档。

（三）研究工具

拟定"特殊职业学校学生生涯评估访谈提纲"。访谈提纲主要包含学校已有评估工具使用情况以及不同阶段学生生涯发展、评估需求两方面内容。生涯发展有关评估需求内容，并结合不同在校阶段的学生的需求，开展访谈调查。

（四）信息处理

访谈信息回收后,对访谈记录进行逐字逐句分析,寻找被访谈者谈到的对学生的需求,对记录进行整理与分析,并得出初步结论。

三、结果与分析

（一）被访谈教师分析

在被访谈的 12 名教师中,分别对其性别、教龄等基本信息进行分析,具体信息见表 5-1。

表 5-1 访谈教师基本信息表

性别	男：2 名	女：10 名	
年龄	35 岁以下：1 名	35—45 岁：9 名	45 岁以上：2 名
从事工作时间	5 年以下：1 名	5—10 年：1 名	10 年以上：10 名
具体从事工作	班主任：8 名	职后跟踪组教师：2 名	评估室教师：2 名

学校教师主要年龄集中在 35 至 45 岁之间,教龄基本在 10 年以上,有着较丰富的教学经验,对学生的情况都较为熟悉。因此,访谈内容能较好反映现阶段学校职业生涯评估的现状以及学生需求。

（二）关于新生的评估现状与需求的访谈

有老师表示,入学评估表的结果可以让其了解到学生的能力,可以预先了解需要对哪些学生进行个别化的支持。但是,入学评估表相对简略,主要与其学习认知水平等有关,与其职业生涯的发展关联较小,可以对其日常生活能力以及对职业兴趣等进行评估,这样为他今后的发展提供参考。

另一名老师谈到是否可以在学生入学后做一个与专业选择有关的评估。有些学生比较内向,适合不需要频繁进行人际交往的工作,有的学生可能比较外向,适合需要广泛人际交往的工作。如果有一个预先的相关评估,了解学生的个性等相关情况,能更好帮助学生确定未来生涯发展方向。

从访谈中,可以了解到教师们可以通过入学五项评估的结果,初步了解一年级学生的情况,帮助他们确定学科支持的内容。但是对于学生的具体能力,如在个人生活、性格以及职业兴趣方面,教师们希望有一个更具体的了解,提出在学生入学之后增加一套评估,以了解学生的基本能力以及其与职业相关的能力,为其之后的专业选择提供更好的建议。

（三）关于在校学生的评估现状与需求的访谈

有老师谈到,在学生日常的评估中,有每学期末的综合考核,考核结果是优、良、合格与需努力四个等级。此外,专业课还涉及校内与校外的考证。但是,在学生其他与职业相关的能力方面,没有专业的评估表对他们进行有关的评估记录。

另一名老师谈到,日常评估主要依靠老师的观察记录,但由于不同的老师关注点不同,其观察记录的内容以每位老师的经验为主,主观性较强,缺少客观统一的评价指标,对于学生日常专业能力的发展,也缺少标准化的评估指标。

还有老师谈到,现在学校有《生涯发展支持手册》,主要的使用方式是学生自评,这对学生了解自身很有帮助,但考虑到学校的学生相对特殊,很多学生对自己的认识还不够全面,是否可以开展其他的评估方法,以更全面了解学生的职业生涯发展情况,并为老师与学生提供一些规划与发展的建议。

从访谈中可以了解到,学生在校期间的评估主要是学期末的综合测试、各专业的专业检核,日常以教师的观察评估记录为主,学生按《生涯发展支持手册》对自身进行评估。学生在校期间需要进行与职业生涯发展相关的评估,教师可以对其基本能力、职业能力等继续进行系统的评估,记录学生发展的情况,同时对其专业能力继续进行检核。

（四）关于毕业学生的评估现状与需求的访谈

对毕业班老师以及职后跟踪组老师进行访谈,询问现有评估内容使用情况,以及他们对职业生涯发展有关评估的需求。

毕业班老师谈到,学生即将毕业,要找工作、面试、实习等。这时候的学生、家长、老师都很焦虑,不确定离开学校后,面对外面的社会时是否能适应与习惯,现有的专业学习是否能满足就职的需要,现在的个人生活的基本能力是否能满足工作的需要。这不仅需要老师的观察与经验教导,也需要专业的评估支持。

职后跟踪的老师谈到,学生在毕业转衔时,会接受《个别化职业转衔服务计划》的综合评定,其中有医学的评估、一般转衔能力的评估、专业技能的评估。这一综合评定应该说是比较全面的,但在对学生职后跟踪的过程中,发现有时学生之前在专业上表现得很好,但是由于性格上可能不适合该专业,或者兴趣转向其他工作,会在工作一段时间之后要求调换工作。因此,如果能更精准了解学生的性格、兴趣,可以对学生之后的职业生涯起很大的作用。

从访谈中可以了解到,对毕业学生已经有较全面的评估支持。但是,我们还需要对学生在个性、兴趣等方面进行更深入的评估,以便更好地为其进行职业选择方面的指导。同时,在面对学生、家长的焦虑时,可以将学生的日常评估等信息及时反馈,使他们提前做准备,更早更全面地进行职业生涯规划。

四、意见与建议

通过访谈可以看出,学校现有的评估表的使用主要集中在新生入学时与学生毕业转衔时进行,在日常与职业生涯相关的评估表使用较少。尽管校内现有评估表的使用对学生的职业生涯发展起到了一定的作用,但这些评估表还较零散,主要是对学生在某一阶段的需求进行评估、提出建议,没有持续性为学生的职业生涯发展发挥更大的作用,如可以在学生入学后立即用一般转衔能力检核表进行检核,使学生在入学之后就为其职业生涯做更好的准备,发挥评估表对学生职业生涯规划的作用。

对于特殊学生的职业生涯发展评估应从入学开始,并贯彻整个在校期间。因此,需要在日常增加有关职业生涯的评估内容,进行持续跟踪,为学生生涯发展不断提供建议,帮助学生调整方向。在评估需求上,评估不仅限于学生专业技能,同时要围绕学生今后独自生活的基本能力,还要关注学生职业性格、兴趣、价值观等,关注学生的自主性,帮助学生结合自身特点,更好设计职业生涯规划。

第二节 特殊中职学生职业生涯评估工具的编制

学校依据学生在校不同时期的需要,同时根据学校的评估工具进行调整与结合,并纳入学生的身心健康等信息、五项能力评估、专业技能评估等,形成一套完整系统的评估菜单。该菜单明确了各项评估表在特殊学生职业生涯发展中的具体作用,使学生从入学开始伴随其在校四年的整体评估,对学生在不同时期不同需求进行评估,为其提供制定相应职业生涯规划的依据与建议。具体见表5-2:

表 5 - 2　职业生涯评估清单

评 估 项 目	评 估 内 容	评 估 目 的
身心健康评估表	学生生理心理基本信息,以及医疗史、教育史、康复史等	了解学生基本信息,检查生理心理等基本状况是否符合职业相关要求
五项能力评估检核表	言语沟通能力、认知能力、社会适应能力、作业能力以及感知运动能力	作为新生入学的初步筛选工具,确定学生的五项能力发展水平
一般职业评估表	职业兴趣测试、职业价值观测试	了解学生的兴趣爱好、职业价值观等,了解选择职业是否与其兴趣爱好等适合
一般转衔技能检核表	居家自理、金钱与生活管理、健康生活、读写算技能、社会化、问题解决、就业知识、职业技能、交通出行以及情绪行为与自我管理能力十项	了解学生的发展状况,适时调整学生的职业转衔相关个性化需求
专业技能评估表	校本考证考核:餐饮、会务、客房、面点、烹饪、花艺、园艺、商品、保洁等专业 岗位项目考核:厨工、餐厅服务、面点操作工、绿化工、保洁员、咖啡师、图书管理员等岗位	检验其是否达到该项专业或岗位所需的操作技能
《职业生涯发展支持评估手册》	职业能力、基础知识、转衔能力等	自评,了解自身发展状况,帮助提高自我认识

一、身心健康评估表

　　身心健康评估表包含学生的身体基本评估情况及其医疗史、教育史、康复史等信息,同时包含医学评估的内容。在日常如果发现学生出现问题,一般由具备专业医师资格证的专科医生或者学校医生对学生的身心健康情况进行评估,提出进一步诊断、康复治疗建议。智力一般由市精神卫生中心进行鉴定并出具鉴定报告。这些信息应及时输入学生身心健康表。

　　特殊学生的各种障碍会对职业的选择产生一定的影响。例如有部分学生的身高、体重都异于常人,会影响到其对一些职业的选择。因此,在学生入学时,学校就应对其身心健康情况有所掌握,同时学生常会在青春期出现一些新的健康问题,如精神状态异常或癫痫发作。这些信息都需要及时记入身心健康评估表。

通过身心健康评估表,学校可以了解学生的身心状态,判断其状态是否限制其从事特定工作,或是否需要进一步治疗或改善等,为其之后的职业选择提供基本依据。因此,身心健康评估表不仅是特殊学生职业生涯发展评估中最基础的内容,也是组成职业生涯发展评估菜单中首要的一部分。

二、五项能力评估表

五项能力评估表包含语言与沟通能力评估表、认知能力评估表、社会适应能力评估表、作业能力评估表、感知运动能力评估表五项。该表是于 2012 年开始建立入学评估组时,由学校评估组成员与华师大专家共同编制,主要评估学生的言语沟通能力、认知能力、社会适应能力、作业能力以及感知运动能力。学校已根据该评估表对入学学生进行了近十年的评估,五项能力评估已成为学校入学工作中一项重要组成部分。

通过对五项能力评估表的使用,学校可以快速了解入学新生在五项能力上的发展水平,对学生之后进行的专业技能学习或相关职业基本能力学习提供补偿训练或支持建议。在教师尚未熟悉学生、师生间还未互相了解时,评估表能提供较好的支持建议,为学生快速有效融入学校学习提供帮助。因此,五项能力评估表作为特殊学生职业生涯发展评估菜单中的一部分,主要负责了解掌握新入学学生的基本能力,为其之后的职业生涯提供发展建议。

三、一般职业评估表

一般职业评估表作为常见的心理测试表,通常是对普通人进行职业评估,了解他们的职业兴趣、职业价值观等。而对于特殊学生,由于今后面对的职业选择的局限,他们较少会关注个人的兴趣或价值观。但作为一名即将踏入职业生涯的特殊学生,学校也应当去了解他们潜在的兴趣价值观等,给予他们更多的尊重与平等的对待。虽然不能以此作为其今后职业生涯规划的主导意见,但可以为其职业生涯发展提供一定的参考意见。通过帮助学生正确认识自己的兴趣爱好、深入了解自己的职业价值观,学校能结合学生的个性特点,设计明确的学业规划和职业规划,促使学生将学习兴趣等与职业发展目标联系起来。

学校综合现有关于一般职业能力相关的评估问卷,依据特殊学生能力特点,选取霍兰德职业兴趣测试、舒伯职业价值观量表等量表,对学生进行评估。评估由学生本人进行回答,教师或家长可以给予适当的协助或指导。评估结果由学校评估组进行记录并得出评估结果,给出职业兴趣及职业价值观方面的结论,为之后的职业生涯发展规划提供建议。在学生毕业前,学校会再对学生进行一次一般职业评估,与入学的测试结果进行对比,可了解学生的变化,更好地让学生认识自身的兴趣爱好,更深入了解自己的职业价值观,为其职业规划提供建议。

一般职业评估表作为对普通人职业能力的测试量表,相比自编量表,有着相对的规范性与科学性。因此,一般职业评估表也是组成特殊学生职业生涯发展评估菜单中的一部分,可以用于了解特殊学生的职业能力,认识特殊学生的职业兴趣等,对其职业生涯的发展提供一定的帮助。

四、一般转衔技能检核表

一般转衔技能检核表是对特殊学生基本能力的检核,主要包含对居家自理、金钱与生活管理、健康生活、读写算技能、社会化、问题解决、就业知识、职业技能、交通出行以及情绪行为与自我管理能力共计十项转衔技能的评估。

研究组成员通过分析特职校现有的各项评估量表,以一般转衔能力检核表为主,选出其中与基本能力有关的八项指标;同时又参照自立能力评价量表、支持强度量表中的指标,将类似的内容进行重新调整,增添了对特殊学生今后进入职业生活所必需的两项指标。

评估方式主要由学生本人进行回答,教师或家长给予适当的协助或指导。若部分能力较弱学生若在协助下仍无法完成,由接触达三个月以上的检核者(如家长或教师)进行协助或指导。评估结果由学校评估组进行记录并得出评估结果。

一般转衔能力检核表原本主要在学生毕业前使用,用来确定学生独立生活、就业培训等方面需要的支持服务,为学生的顺利职业转衔提供相关指导和建议。但通过研究发现,转衔技能对特殊学生相当重要,因此可以提前到在学生入学时检核,知道学生还欠缺哪些技能,需要加强哪方面的训练,以帮助学生更早开始进行职业准备提供建议,让学生有更充足的准备进入职业生涯。同时通过训练后,根据技能提升的情况,对学生生涯发展方面进行相应的调整。因此,在日常也需要学校对学生进行评估,以了解学生基本能力的发展情况,给出后续职业基本能力方面的发展建议。在特殊学生毕业前可进行终期评估,通过对比学生四年来转衔技能的发展情况,确定学生是否具备相应的转衔能力,为其之后的职业生涯提出支持建议。

通过使用一般转衔技能检核表,可以帮助特殊学生更好地了解其基本能力的掌握情况,为之后顺利转衔到职业生活发挥了很好的桥梁作用。因此,一般转衔技能检核表是特殊学生职业生涯发展评估清单中重要的组成部分。

五、专业技能评估表

专业技能评估表主要分两个部分,一部分是校本考证检核表,是针对学生所学专业的技能检测,主要体现为专业技能的校本考证,另一部分是岗位项目检核表,对应的是学生毕业后可能就业的岗位,检核学生是否掌握该岗位的能力水平,主要体现在岗位项目课程考核。

对于校本考证检核,依据学校现有专业(餐饮、会务、客房、面点、烹饪、花艺、园艺、商品、保洁、制皂等),对每个专业制定相应的考核内容,并设置三套考核试题,对学生进行专业技能的检核。学生在学习完相应专业课程后,进行校本考证,抽取其中一套试题进行考核,考核通过后可获得相应证书。

对于岗位项目检核,学校之前就依据实际情况,编制了厨工、餐厅服务员、面点操作工、绿化工、保洁员五个岗位的评估检核表,检核学生是否达到之后可能选择的就业岗位的标准。每个量表包含专业知识基础、专业基本能力和专业操作技能三个模块。同时近几年随着新岗位的需求,学校近期又组织编写了四个岗位项目——咖啡制作、梦想餐厅、梦想花园、图书整理——的技能考核标准,检核学生是否达到相应岗位的标准,为其之后的入职做好准备。

专业技能评估表对应的是学生的专业能力,是其能否踏上职业生涯的重要依据,可以直观展示特殊学生能否胜任岗位工作。因此,专业技能评估表是特殊学生职业生涯发展评估清单中的重要组成部分。

六、生涯发展支持评估手册

《生涯发展支持评估手册》是学校为特殊学生提供的一份生态化评估系统,围绕评估、规划、服务维度,从职业评估、职业规划、职业技能、职业精神和职业实践五个方面,帮助学生进行生涯规划,使学生有目的、有计划地学习,最大限度地开发潜能,从而将来更好地适应职业和社会生活,提高生活品质。

《生涯发展支持手册》贯穿学生在校期间,是以学生自我评价的形式,让学生了解自己在职业能力、转衔能力方面的水平,是学生认识、选择、记录自己生涯发展故事和经历的"日记本",用以培养自我发展的责任意识和自主决策能力,同时为家长、教师及其他支持者提供真实详尽的信息和沟通载体。《生涯发展支持评估手册》的使用使特殊学生参与自我评估,使其提高自我生涯规划的意识,为其职业生涯目标的达成而有目的、有计划地去学习。

该手册由学生在不同阶段进行自评,了解自身发展状况。原有的评估手册只是让学生的自评,了解自我。现有手册会指导教师、专家将其对学生的各项评估结果反馈给学生,再让学生自评,使学生多方位了解自我后再进行自评。特殊学生的职业生涯发展评估不仅需要教师、专业人士对学生的评估,也同时需要学生的自评。而该手册能很好地帮助特殊学生提高对自我认识的能力,其评估内容正好补充了职业生涯评估中的自我评估这一内容。因此,《生涯发展支持评估手册》也是评估清单中不可缺少的一部分。

第三节　特殊中职学生职业生涯发展评估工具的实施

特殊中职学生从入校开始,就开始为其职业生涯做准备,因此特殊学生在校的整个时期都处于职业生涯的职业准备阶段。具体来看,学生入校的第一年为职业准备前期,学校主要对学生进行基本资料的收集、基本能力能力的评估,为其职业生涯的规划做前期准备。学生在入校第二年开始,进入职业准备中期,这一阶段的学生参与学校的专业技术课程、"人与社会"课程以及岗位体验课程等,学校培养学生基本的职业能力,了解各类职业要求,使特殊学生努力向满足这些职业要求靠近。这时需要学校对特殊学生继续进行基本能力的评估,同时对其所学专业技术进行检核,了解学生专业技术的掌握程度、学业掌握情况,确定学生是否具备相应的职业能力。进入四年级时,学生进入职业准备转衔期,这时学生开始参与校外实践,学校对其进行有针对性的以市场就业为导向的能力训练。这时需要学校评估学生的职业能力水平等,为其顺利转衔进入职业生涯的下一阶段提供最终的评估建议。详细的职业准备分级见图 5-1:

职业准备前期（入学第一年）

⬇ 信息收集，评估学生能力，为其职业生涯的
规划做前期准备

职业准备中期（二、三年级）

⬇ 了解学生职业能力的发展、专业技术的掌
握程度，为职业生涯的发展做准备

职业准备转衔期（四年级）

⬇ 评估学生的职业能力水平，为其顺利转衔，
进入职业生涯的下一阶段提供建议

毕业，进入职业生涯的下一阶段

图 5-1 职业准备期分级图

一、评估机制的形成

对于特殊中职学生的职业生涯发展评估，从学生入学开始，直至毕业，在学生在校的四年中都要持续开展；同时评估的内容较多，需要来自不同群体的评估人员在不同时间进行相应的反馈，因此在实施过程中，其流程的规范性、评估人员的配置、时间等都需要一个机制来保障。因此，针对职业生涯发展评估清单中评估的内容，要形成完善的评估机制。

由评估室牵头，组成评估组成员，纳入班主任、学科教师、评估室人员等，针对不同的评估内容，确定相应的评估时间以及评估人员，并在评估之后召开相应的评估反馈会议，进行相应的反馈，使评估结果与建议能获得相应的实施。具体见表 5-3：

表 5-3 职业生涯评估信息表

评估菜单	评估时间	评估人员	评估反馈
身心健康评估表	职业准备前期开始填写，之后在学生出现问题时及时补充调整	家长提供信息，班主任负责登记	资料汇总整理后交班主任，之后由班主任及时补充调整
五项能力评估检核表	职业准备前期	评估组人员及外请专家共同评估	得出评估结果后将建议告知班主任
一般职业评估表	职业准备前期职业准备转衔期	评估组人员与班主任对其共同评估	得出评估结果后召开会议，将建议告知班主任以及学生与家长

（续表）

评 估 菜 单	评 估 时 间	评 估 人 员	评 估 反 馈
一般转衔技能检核表	职业准备前期 职业准备中期 职业准备转衔期	评估组人员与班主任对其共同评估	得出评估结果后召开会议，将建议告知班主任以及学生与家长
专业技能评估表	职业准备中期 职业准备转衔期	专业学科教师以及外请专业人员	考核结果告知学生及家长
职业生涯发展支持评估手册	职业准备前期 职业准备中期 职业准备转衔期	学生自评	将评估信息下发，让学生自评

二、职业准备前期评估的实施

在每年五至六月招生面试时，对特殊学生的评估工作就开始了。在面试中，即让家长配合填写学生身心健康评估表。在学生入学后，班主任将学生基本资料进行整理，对其身心健康情况进行记录，并对其之后的情况进行及时的调整补充。

在入学面试中，由评估组成员以及外请专家共同对学生进行五项能力评估，了解学生五项能力以及支持需求。在9月学生正式入学后，其基本信息记录表以及五项能力评估结果及其支持建议等由评估室交由班主任了解。

例如某新生在入学后，学校对其五项评估结果如表5-4所示。

表5-4　某新生入学五项评估结果

入学五项评估							
入 学 评 估	得 分 率				个训需求专家建议		
	75%—100%	50%—74%	25%—49%	0—24%	不需要	需要	很需要
语言沟通能力	85				√		
认知能力		60				√	
感知运动能力	80				√		
作业能力	92				√		
社会适应能力		70				√	

（续表）

评估反馈：
　　学生总体能力较好,在语言沟通、感知运动以及作业能力上表现优秀,在认知能力及社会适应能力上表现一般。具体需要个别化训练的内容为认知能力与社会适应能力,建议对学生进行相应的个别化训练,以帮助其提升认知能力。

　　新生入学后即配备《生涯发展支持评估手册》,在由班主任告知学生入学五项能力评估结果后,学生应自行填入相应内容,了解自己的各项能力水平。该手册由学生自己保存。之后对相关的评估内容,学生可日常进行及时的评估,了解自己的能力水平。例如,学生可以对自己的五项能力同时进行评估,与老师的评估结果进行对比,对自己的能力进行打星,3颗星为"完全掌握",2颗星为"部分掌握",一颗星为"尚未掌握"。通过对能力的自我评估,学生可以更深入了解自身能力,从而为其生涯发展明确方向。图5-2显示是该手册中"言语能力评估自评"的具体内容。

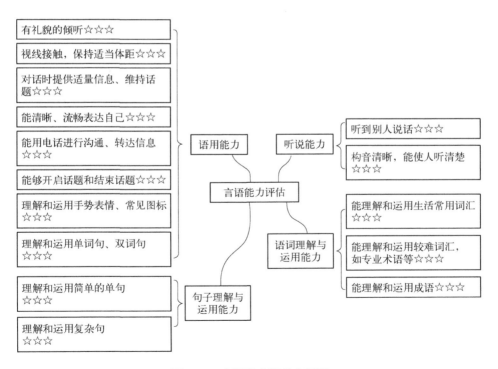

图 5-2　言语能力评估自评图

在入学三个月后,在对学生有了一定了解后,评估组安排学生进行一般转衔技能检核以及一般职业评估,了解学生在十项基本转衔能力与其职业兴趣或职业价值观,对评估结果进行分析后给出具体的建议与意见,之后召开评估反馈会议,对结果进行反馈。例如,某学生在职业准备初期的一般转衔技能检核结果见表5-5。

表5-5 某学生一般转衔技能检核表(职业准备初期)

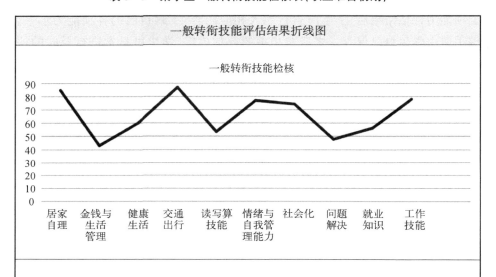

发展建议:

  学生在金钱与生活管理、问题解决以及就业知识上能力较弱,各项得分都低于60分,在居家自理、健康生活、交通出行、社会化以及工作技能上都有较好的水平,显示学生基本具备生活自理能力,只是由于对职业生活接触不多,因此部分能力还未掌握好。

  具体来看,得分较低的内容主要表现在:在储蓄、理财、消费购物等方面较生疏;问题解决中主要是对个人的权利与义务、今后的婚姻状况等还没有计划,以及对政府的福利措施等还不了解;在就业知识中对求职等内容还不熟悉,以及对之后工作中会遇到的突发状况还不知道如何应对。

对于学生的一般职业能力评估,现阶段主要使用的是霍兰德职业兴趣测试,如果学生对该测试无法理解或无法回答,也可以使用舒伯职业价值观量表等测试,了解学生的职业心理状态。例如,表5-6即某学生在职业准备初期的职业兴趣测试结果。

表 5 - 6　某学生霍兰德职业兴趣测试表(职业准备初期)

职业类型	现实型（R）	研究型（I）	艺术型（A）	社会型（S）	企业型（E）	常规型（C）
得分	13	5	9	14	7	12
排名	2	6	4	1	5	3
结果	SRC					
适合职业	护理员、护理助理、医院勤杂工、理发师、学校儿童服务人员					
说明	S: 喜欢与人交往,不断结交新的朋友,善言谈,愿意教导别人。关心社会问题,渴望发挥自己的社会作用。寻求广泛的人际关系,比较看重社会义务和社会道德					
	R: 愿意使用工具从事操作性工作,动手能力强,做事手脚灵活,动作协调。偏好具体任务,不善言辞,做事保守,较为谦虚。缺乏社交能力,通常喜欢独立做事					
	C: 尊重权威和规章制度,喜欢按计划办事,细心、有条理,习惯接受他人的指挥和领导,自己不谋求领导职务。喜欢关注实际和细节情况,通常较为谨慎和保守,缺乏创造性,不喜欢冒险和竞争,富有自我牺牲精神					

在特殊中职学生职业准备前期,除了科学运用通用的评估工具之外,还需要针对其障碍程度与类型,通过医教结合进行个别化的专项评估。以下即学生小 H 在职业准备前期的一个评估案例:

医教结合评估引领小 H 的运动康复之路

小 H,1995 年 7 月 13 日出生,出生后存在运动功能障碍,但是由于家长疏忽,并没有及时发现和治疗。7 岁时,在体育老师的提醒下,家长发现孩子存在走路容易摔倒、行走不平稳、不能走直线等各种问题。经过新华医院诊断,病因为脑积水。医院对小 H 进行了脑积水腹腔引流手术,至今引流管仍在小 H 体内。10 岁时,针对右脚进行了去痉挛手术,右踝关节背曲及外旋情况有所改善。但是,两次手术之后均没有采取后续的康复措施。

由于脑积水会引起肢体瘫痪及智能障碍,小 H 的各项能力均受影响:生活自理能力差,不能上蹲厕,不会自己系鞋带;平时体育课部分项目不能参与,很难完成广播操;园艺课难以下蹲翻盆;烹饪课长时间站立会有脚底痛的现象。

小 H 属于轻度智力障碍,自身各项能力较弱,整体自我意识水平较低,对于肢体障碍可能会带来的就业问题也没有充分的预见性,虽然愿意参加康复,但主动性不够。

在了解小 H 的基本情况后,大家觉得在开展康复训练之前,有必要进行进一步的专项评估工作。

一、医生与教师合作评估

首先,在收集了学生的基本资料后,医生从医学角度对小 H 同学双脚踝关节背曲、踝关节内旋及外旋进行了一系列的测量,测量数据如表1所示。结果发现小 H 同学双脚踝关节不能背曲,情况比较严重,这直接导致她不能徒手下蹲。同时,存在右脚外旋、左脚内旋情况,导致她不能直线行走,走动姿势异于常人。

表 1　医学评估表

项　　目	测 量 数 据
右踝关节外旋	30°
左踝关节内旋	15°
左脚踝关节背曲	0
右脚踝关节背曲	0
踝关节背曲充分(踝关节背曲角度达20°以上,踝背曲有力) 踝关节背曲不充分(踝关节背曲角度0~20°,踝背曲无力)	

学校老师也对她对进行了教育方面的观察评估,主要通过观察一些直观的影响学生日常学习与生活的功能,记录相关数据,评价其身上的问题。首先,学生在进行园艺课翻盆学习时难以下蹲,需要双手借助外力蹲下,随后又难以独立站直;其他课上站立时间不能过长,容易引起脚痛。数据如表2所示。

表 2　教育观察评估表

项　　目	测 量 数 据
上下蹲(双手借助外力)	2分钟/次
充分下蹲时臀部离地高度	35 厘米

二、家校医共同制订康复内容及目标

通过教师与医生之间的合作评估，教师结合家长意见，为学生制定康复内容及目标。

1. 踝关节背曲训练

背曲训练是指足趾尽力回勾，也就是脚用力回勾到极限位置。由于小 H 同学踝关节背曲功能不足，导致难以下蹲，影响走姿。医生希望通过各类背曲训练帮助学生增大踝关节背曲角度，使之尽量能够不借助外力独立下蹲。教师希望训练能够让学生顺利通过园艺考试中的下蹲翻盆项目。家长也希望孩子能够在下蹲方面得到进一步的锻炼，有能力上外面的公厕，进一步提高自己的生活质量。

2. 踝关节内外旋训练

脑性瘫痪是神经科常见的疾病，致残率极高，而踝足内外旋（翻）是常见的体征之一，会导致患者站立不稳，行走时异常姿势等。小 H 同学右脚曾经做过相应的手术，踝关节外旋情况有所改善，但相比左脚仍稍差，走路姿势不稳，需要进行右踝关节外旋及左踝关节内旋的矫正训练。医生希望能够矫正右踝关节外旋、左踝关节内旋，教师希望能够帮助学生获得正确的站姿和步态，家长希望孩子走路能够好看一些，增强孩子的自信心。

3. 物理治疗

物理治疗是把天然或人工物理因子作用于人体，并通过人体神经、体液、内分泌和免疫等生理调节机制，达到保健、预防、治疗和康复目的的方法。对小 H 同学主要采用中频电疗，即干扰波治疗，主要目的是治疗周围性神经麻痹及肌肉萎缩，或用于增强肌力锻炼。小 H 同学的左臀肌肌肉紧张，医生希望通过刺激左臀肌肉群，帮助左臀经脉活络，达到放松肌肉、增强肌力的作用，这有助于学生后续训练及走姿矫正。

三、家校医共同实施康复训练

1. 个别化运动康复流程

首先，医生、教师、家长共同对小 H 同学进行初期评估。医生发现小 H 同学肢体功能障碍，指导教师评估；教师了解学生心理特点，结合对家长的现场访谈，对小 H 同学进行全面评估。随后，康复教师根据评估资料，结合医生建议及家长期望，确定小 H 同学需要康复的内容，为学生制定康复长短期目标，确定具体的实施方法。接着，康复教师实施康复方案，并在过程中进行文本以及非文本（照片、视频）的记录，每周反馈给家长，家长也在家中协助小 H 同学训练并记录训练情况,每周反馈给教师。过程中结合实践,对方案进行过程性评估,从而优化调整。最后,康复教师根据康复长短期目标,结合医生评估及过程性的观察,对小 H 同学的进步情况进行总体评价。

在实施康复训练的过程中,首先签订家校医合作协议,开展家校医合作例会,协同评估学生现状,制定家校医合作的实施方案,开展运动康复实践,评估实践效果,形成紧密的家校医合作形式。

(1)家校医合作协议

为帮助学生更好地进行医教结合的康复,加强训练成效,由小 H 同学及家长、康复教师、康复医生共同签订家校医合作协议,共同制定康复方案及日常训练规则,四方均需积极履行自己的职责,完成相应任务。四方均需要在了解协议意义的基础上签名承诺,致力于提高学生运动康复成效。小 H 同学家长愿意签订合作协议,帮助孩子在家中进行康复。

(2)家校医合作例会

每周五下午,医生、教师、学生、家长一起围坐一圈,开展医教结合例会。教师、学生和家长将学生每周训练的具体情况反馈给医生,告诉医生训练的内容、时间以及频率。医生结合自己对学生的诊断,提出建议,或维持训练项目,或更改训练内容。例会结束后,教师带学生进入康复室训练,医生在旁指导,给予教师、家长意见与建议。邀请小 H 同学家长参与其中,协同实施康复,但家长似乎比较忙,基本不参加合作例会。

(3)家校医合作实践

医生、教师协同评估并制定方案,协同进行康复。医生参与时间为每周一次 90 分钟;教师参与时间为每周 3 次,共 160 分钟;家长参与时间为每周每天 30 分钟,共 210 分钟。

由于小 H 同学家长参与程度较低,只能周五例会结束,康复教师与家长取得联系后,将医生建议的训练方法提供给家长,让学生在回家之后也能够进行康复训练。同时,教师和家长可以通过日常记录进行书面交流,相互沟通学生训练的实际情况。在寒暑假期间,教师制定假期康复内容,让学生在学校放假期间也能够在家长的配合下,完成一部分的康复内容,巩固训练效果。

2. 个别化运动康复方法

(1)借助器械训练

● 被动训练

物理治疗:采用干涉波疼痛治疗仪,进入治疗模式,强度为 3 级,时间 20

分钟。干涉波疼痛治疗仪可以促使肌肉产生各种不同程度的收缩,有效地增加组织营养及促进循环代谢,使肌肉组织运动,达到运动、活化及治疗保健的功效。

踝关节背曲训练:采用下肢关节康复器,对学生的踝关节背曲进行被动的机械训练,调试被动背曲范围为 90 度,10 分钟一次。由于左脚背曲问题较为严重,适量增加训练强度。

● 主动训练

踝关节背曲训练:45 度斜板训练,主要让学生站立在 45 度斜板上进行主动训练,双脚站直,脚尖向前,主动将身体前倾,加大踝关节背曲训练的力度,使小腿尽量靠近脚背。5 分钟一次,训练 2 次。

踝关节内外旋训练:平行杠行走,平行杠由 2 块有 30 度斜角的长木板拼成,中间夹一长条木板,赤脚(也可穿袜)在平行杠上缓慢行走,来回 2 次为一组,每次训练 5 组。

(2)徒手训练

● 主动徒手训练

踝关节背曲训练:学生对镜下蹲训练,脚尖向前,身体挺直,看镜中的自己,抓住扶手,缓慢下蹲,缓慢起立,加大踝关节背曲训练的强度。上下蹲练习 10 次一组,每组约 10 分钟。

踝关节内外旋训练:学生双脚并拢站立,脚尖向前,身体挺直站立,5 分钟一组,每次训练 2 组。

● 被动徒手训练

医生或教师徒手帮助学生进行脚部肌肉的按摩放松;对踝关节进行被动按压,增加关节背曲度以及踝关节左右活动度。此类训练一般 10 分钟。

四、运动康复训练结果

1. 家校医合作现状

通过日常电话交流和书面反馈,家长和教师能够合作帮助学生进行康复,但由于家长忙于工作,康复训练主要还是靠学生自觉性。在医生与教师的合作方面,医生每周指导教师对学生进行康复,教师日常帮助学生进行持续训练。在教师与学生的合作中,学生对教师较为信任,两者建立了较为亲近的关系,学生能够按照教师的嘱咐坚持训练。医生与学生关系也比较好,医生对学生的康复保持乐观态度,经常鼓励学生坚持训练,及时表扬学生点滴进步,学生对医生保持尊敬,能够认真听取医生建议。

2. 运动康复成效

综合康复一年半后,医生对小 H 同学的运动功能进行再次评估,医学评估结果见表 3。

表 3　医学康复评估表

项　　目	第一次	第二次	第三次	第四次
右踝关节外旋	30°	15°	15°	10°
左踝关节内旋	15°	10°	5°	5°
左脚掌背曲	0	5°	5°	5°
右脚掌背曲	0	5°	10°	10°

教师对学生进行了观察性记录与评估,结果见表 4。

表 4　教育观察评估表

项　　目	第一次	第二次	第三次	第四次
上下蹲	2 分钟/次 (双手借助外力下蹲)	1 分钟/次 (双手借助外力下蹲)	20 秒/次 (徒手下蹲后撑地)	13 秒/次 (徒手下蹲后撑地)
充分下蹲臀部离地高度	35 cm	33 cm	30 cm	25 cm

综合两表数据,可见学生通过一系列的康复训练,运动功能得到了改善,在脚踝关节背曲、踝关节内外旋、肌力等多方面都取得了一定的进步,能够进行单腿站立的时间有延长,在下蹲方面从不能下蹲到能够借助一点手部支撑下蹲。

另外,学生肢体方面取得的点滴进步反映在其日常学习与生活中。在生活自理方面,学生能够不借助外力,缓慢下蹲,自己上公共厕所;在适应学校生活方面,学生能够解决专业考证中的下蹲操作困难,顺利考出园艺专业证书;在适应社会生活方面,以往很少出门的她,能够做到自己乘公交,行走上下学,并开始注意自己的对外形象;心理自信方面有所进步,学生从起先的不愿意参加训练,通过家长和老师的鼓励,练习的积极性得到提高,能够做到自主练习,有目标有想法,自己提出训练的目标,是一个很大的进步。

须芝燕

三、职业准备中期评估的实施

学生在进入二年级之后,作为职业准备中期的学生,需要对日常的身心健康信息进行补充调整,例如有的学生会进行残疾证的申请,对其残疾类型进行补充或调整,有的学生在青春期时会出现癫痫等症状,有的甚至会出现精神问题等,这些都需要班主任及时对学生的生理与心理状况等进行了解与记录。

关于每学年的专业技能学习情况,学校会进行校内评估,评估由各专业教研组长和外请专家共同进行,评估通过者可获得该专业考核证书。例如学生俞某在二年级时通过园艺专业学习之后,进行了花卉园艺工的专业技能检核,在技能鉴定后,获得该专业的校本考证合格证书。在校本考证之外,还需要运用专业性较强的技能检核表对学生的专业素养进行进一步的深度剖析、准确定位,具体见下面的案例。

深度剖析,准确定位

——运用面点技能检核表考察学生专业素养

随着同学们参加学校的专业技能考核结束,同学们对自己的专业能力有了很大的信心,但对于他们今后的职业生涯,特别是具体的就业意向,我们还要进一步考核。

"老师,我面点证书考出来了,我要去找面点相关的工作。"小 N 表现得很急切。

"老师,我也考出证书来了,我要去面包房工作。"小 A 也信心满满。

虽然他们都通过了面点初级的考证,但是考证的内容是抽签决定的,有一定的偶然性,不能很准确地评判实际的操作能力。另外,考证仅涉及技能实操,基础知识、基本能力等方面也都是问号。仓促地满足他们的愿望,给予就业推荐,将来万一不胜任,结果可大可小。一来智障孩子身心不健全,好不容易建立起来的自信就会瞬间被摧毁。另外对用人单位来说,学校的推荐人选不符合他们的要求,对学校的信任度会大打折扣。

怎么办呢? 先前设计的面点技能检核表,这个时候终于可以有用武之地了。

"给你们检测一下,按照老师的要求来一次大考察,看一看你们对面点专业到底知多少。"

由于是学校老师自己考核,也因为已经参加过技能考证,小 N 和小 A 也显得很从容。

······

"结果出来了,小 N,你的得分率是 90％,小 A,你是 76％。"考核结束后,经过测算,我告诉他们结果。

"根据结果,小 N,你很适合参加面点相关工作。小 A,你需要通过适度努力,才能从事面点相关工作。"根据检核表的参照标准,我给出反馈。

针对小 N 和小 A 的各模块、各维度的实际情况,我绘制了一份雷达图。发现小 N 在各方面是基本符合要求的。小 A 由于在西点专业知识上的空白,所以总体成绩相对较差。"那我到底能不能去面包房工作啊?"小 A 很是着急。

"你需要补习一下西点的基础知识,还是有从事这方面工作的可能。"我语重心长地告诉他。

根据面点技能检核表及操作手册的运用,建议小 N 可以选择面点专业作为第一就业意向,小 A 可以把面点专业作为第二就业意向。

根据面点技能检核表,考查学生专业素养,深度剖析、准确定位他们的就业意向,做到对他们的就业负责,也为他们踏入社会的第一步负责,是我们特殊教育教师的一份责任。责任重大,使命光荣。

邵志明

在学生进入三年级时,学校再次对学生的一般转衔技能进行检核,比较此次的检核结果与初次入校时的检核结果,了解学生在各项能力上的进步情况,对学生生涯发展所需能力提供下一阶段的指导意见,以期学生在之后的学习中能得到有针对性的指导,为其之后的职业生涯做更好的准备。

在职业准备中期,学生继续填写《生涯发展支持手册》中的相关内容,教师将其学习结果与各项评估结果告知后,学生对自己的各项能力进行自评,并与教师告知的信息进行对照,让其进一步了解自身的发展状况,加深对自身的了解,也为之后的学习寻找方向。

四、职业准备转衔期评估的实施

在学生进入第四年,即职业准备转衔期,学校需要对学生的整体评估进行完善,首先是完善身心健康评估表,如核对学生现在的生理心理状况、残疾证信息等。

同时要对学生的一般转衔技能、一般职业能力等再次进行评估,并与之前的评估进行比较,观察学生的发展情况,分析学生的职业生涯发展的需求,帮助学生为其之后的职业生涯做好充分的准备,并提供有力的支持。

同时,在这最后一年,学校还要针对学生的专业能力,进行相关专业的岗位学习,并进行考核。考核通过可获得该岗位项目的结业证书,使学生的专业学习与之后的职业生涯有效衔接。

在本研究开始实施时,部分已入校的学生在职业准备前期或中期的评估内容没有进行,但学校通过收集之前的相关资料,后期评估内容基本完成,得到了学生初步的职业生涯发展的评估数据,为学生之后的职业生涯发展提供了有力的支持。

对于职业准备转衔期的小葛同学来说,通过运用各项评估工具制定与实施的个别化职业转衔计划,为她指引了她未来的道路。

小 G 的路该怎么走?
——运用评估工具制定与实施个别化职业转衔计划

新学期来临,大家都喜气洋洋地来上学了,可是,小 G 是一名特职校四年级即将毕业的学生,却时时皱着眉头,一副忧愁的模样。原本的她性格开朗,待人热情,心思单纯,活泼天真。她比较善于表达,在校期间一直担任升旗仪式主持人,言行举止落落大方,非常乐于帮助同学,一直是大家的好伙伴、老师的小帮手。当时即将踏入社会的她对今后的生活很迷茫,不知自己以后可以做什么,而她的父母也一直在担心着小 G 毕了业能做什么工作,学校学的专业有用吗,可以去工作了吗?

为了让小 G 今后能有正确的规划,我校评估组为小 G 召开了职业转衔会议,制定个别化转衔计划,并对小 G 进行了包含医学评估、一般转衔技能评估、专业技能评估等多项评估。根据综合评估结果,结合相关岗位要求,职业指导教师向小 G 的家长建议较具可行性的职业转衔目标,为下一步个别化教育计划的制定和实施提供依据,为职业方向的最终确定做准备。

而小 G 在各项评估中也获知了自己的优点与不足。通过医学评估,由专业医师对小 G 的智商与身心健康情况进行检查。小 G 的身体状况良好,不过医师也对出现的问题提出了进一步诊断、康复治疗建议,以及为职业技能的学习和就业提供了参考性建议。通过一般转衔技能评估,由熟悉学生的班主任老师进行,通过与小G本人、家长沟通,了解学生居家自理、个人理财、健康安全、读写算、社会适应和问题解决等方面目前的能力水平,以此为依据在计划的制定与实施中确定学生独立生活、自我照料、就业培训等方面中需要的支持服务与具体负责人。小G的得分率为70%。其中个人生活方面的居家自理和健康生活的能力方面较好,但是她在工作生活方面的就业知识和职业技能的掌握都比较薄弱,主要对求职具体过程不熟悉,对求职与工作中的问题还不知道应变,较多的为接受已安排的内容。对出现的问题不会自己主动解决,对自己的权利与义务还不清楚,并对自己的今后生活还未形成具体的计划与目标。而专业技能评估主要由专业技术教师进行评测,关注与学生职业理想相关的专业技能的能力水平,以了解学生是否可以胜任相关工作。由于小G的职业理想是从事酒店服务方面的工作,因此教师对小G进行了餐厅服务员的职业能力的评估。餐厅服务技能评估总得分率为40%。专业知识基础得分率100%,说明小G仪表仪容等自身条件较好。专业基本能力得分率62%,说明小G基本具备了专业基本能力。专业操作技能得分率22%,说明小G在专业操作技能的掌握上非常欠缺。因此,如果小G真有从事餐厅服务工作的设想,建议花一定时间进行餐厅服务技能的培训,特别是专业操作技能方面的学习和培训,假以时日还是有从事该工种的可能。

通过多方位的评估,学校、家长及小G本人对其个人生活、工作生活及社会生活三方面的情况都有所了解。评估也较清晰地显示了小G在各方面的技能掌握情况,为制定个别化职业转衔服务计划提供依据。为小G的职业转衔作出相关指导建议,从而帮助小G顺利进行职业转衔。

主要领域	目 标	重要技能或学习项目
1. 独立生活	学会简单居家自立的基本技能	1. 能够识别食品的有效期 2. 合理安排生活作息,不影响上学(上班) 3. 为自己制定周末、暑期等计划,并能实行自己所做的计划
2. 健康与安全	学会表达病痛并能寻求医疗协助,能配合医生指示	1. 知道自己身体不舒服,有病痛时能够提出并表达哪里不适 2. 知道就医基本常识,如看病先要带医保卡等,能了解看病需要挂号、诊治、拿药等基本就医过程

（续表）

主要领域	目　标	重要技能或学习项目
3. 交通与行动	学会独立出行	1. 了解住家附近的主要交通路线 2. 了解各类交通路线,如轨道交通线、公交线 3. 能够经过一次引路或经过问路,到达目的地
4. 社会交往	学会以适当的方式表达心中的感受	1. 同学之间能和睦共处,互帮互助 2. 与别人交往时能够控制自己的情绪;如不在公共场合随意发泄愤怒、不满等情绪 3. 有一定的理解力,足以应对一般场合,比如走亲访友;同学交往时,能适时赞美别人等
5. 休闲娱乐	学会合理安排业余时间的娱乐活动	1. 能合理安排健康的休闲活动,如看书、看电影等 2. 能主动参与社区活动
6. 理财	知道理财的重要性,学会一定的理财技能	1. 知道如何在银行 ATM 机上使用银行卡存取钱 2. 会简单规划与使用零花钱、压岁钱等
7. 终身学习能力	学会制定一些适合自己的学习计划,提高综合能力与知识面	1. 制定计划进行相关工作技能的培训 2. 了解职业中可能会遇到的关于权利、义务的相关内容(法律相关)
8. 职业教育与训练	学会各种就业技能,为就业做好充分的准备	1. 掌握就业基本技能,如填写履历表、自我介绍等 2. 积极参与日常专业课技能培训,并考出相关职业资格证书 3. 了解今后工作的一些安全常识 4. 知道工作场所应该需要保持安全的重要性
9. 实践与实习	培养正确的工作意识与态度	1. 知道各种求职渠道,比如通过报纸、网络了解求职信息等 2. 找工作时,正确定位,莫要眼高手低 3. 了解如何保持与同事、上级之间的良好关系 4. 知道实践活动是累计工作经验的开始 5. 能够保持工作良好的工作态度
10. 职业规划与决策	提高进一步参加职业训练的兴趣	1. 对自己今后的职业道路有基本的认识,如知道自己想要从事的职业 2. 在工作方面,对自己有更高的要求,如想要获得更好的职位等

有了详细的目标与计划,小 G 终于不再迷茫,又露出了笑容,她知道她今后的路该怎么走了。

金花、沈钧

五、实践反思

(一)评估工具需与时俱进

现有的评估工具中对专业技能的评估主要集中在学校原有的专业技能课程上,但是现在社会日新月异,学校的专业设置也在不断地更新与发展;同时,即使是相同的专业,随着时间的变化,其考核的要求也有所不同,因此即使现有的专业技能已配备了完善的评估表,也要随着时代的发展进行不断地更新。同时对于一些新兴的专业,学校还要及时补充相应的评估检核工具,使学生能获得更全面与更适合的评估。同时对用于学生自评的支持评估手册,学校也要进行相应的调整,使学生的自评能与其他评估更好地对应。

(二)评估人员需要多方面的协作

针对学生的职业生涯发展,学校在现阶段成立了由评估室牵头的评估小组,但评估人员主要是校内老师,虽然有部分评估也邀请了华师大专家、医生等,但这部分力量还需要加强,例如前期对于特殊学生生理与心理的健康与疾病的医生评估,更需要医生的专业评估。同时在评估表的制定方面,例如在职业转衔期内对学生岗位能力的评估,现有的评估内容主要由学校专业教师制定,校外岗位专业人员只是协助评定,如能让其共同参与评估表的制定,对学生的岗位项目考核能更贴合实际岗位,也能使学生的专业技能评估更贴合岗位的需求。

(三)评估结果的反馈要有更完善的机制

评估是为了学生更好的发展,评估结果不仅是为了了解学生能力情况,同时也是为了更好地支持学生,为学生的生涯发展服务。虽然现在初步形成了评估制度,但还需进一步地完善。对于评估结果要充分利用,应定期召开相关会议,将评估结果反馈给学生本人、教师、家长等,同时也要及时与学校相关管理人员进行沟通,之后对学生的教育教学能及时调整,更好地为学生的生涯发展服务。

（四）家长的参与可进一步提高

家长作为特殊学生的第一监护人，对特殊学生的生涯发展起着决定性的作用。由于评估中有很多内容还需要家长的助力，家长的参与非常重要。但在现在的评估过程中，家长的作用不大，更多的是提供学生的信息与资料，对学生的评估起的作用还不够。下一步可对家长做进一步的培训，使家长能更多地参与学生的职业生涯发展评估。

第六章

家校合作推进生涯发展教育

生涯发展教育旨在帮助学生了解自己的兴趣、价值观和能力,从而作出更理智、合理的职业选择。特殊中职学生在学习和发展方面面临认知能力、沟通能力、社交技能等方面的诸多挑战。在制定生涯发展教育个性化课程实施计划时,教师需要了解学生的学习能力、兴趣和目标,在充分评估学生需求的基础上,设定合理、现实和具有挑战性的目标;在制订个性化课程实施计划时,教师应充分预设学生在职业生涯中可能会遇到的问题,为学生量身定制合适的学习计划,为其提供更加贴合的教学内容和方法。而在教师制定与实施生涯发展教育的过程中,家校合作起着至关重要的作用。

第一节 家校合作推进生涯发展教育的意义

生涯发展教育贯穿学生在校四年,学校已开展多年的个别化职业转衔服务计划(Individualized Vocational Transition Service Plan,IVTSP)的研究与实践,并开设了专门的职业指导课、"一人一岗"、职场演练、校外实践等。在此基础上,学校立足学生特点与就业需求,通过职业陶冶教育内容体系的构建,制定与实施个别化职业陶冶教育支持计划,提升其职业意识,为支持性就业奠定基础。通过家校合作,密切联系家长,形成家校合力,和家长共同体味职业陶冶教育相关的理念和方法,更准确地了解学生的特点和需求,支持他们的学习和生活,提升协同效能。

一、特殊中职生有职业陶冶教育的现实需求,亟须整合家长的资源。

就业是特殊中职生立足社会的根本所在。国家非常重视残疾人职业教育,《国家中长期教育改革和发展规划纲要(2010—2020年)》明确提出"加快发展残疾人高中阶段教育,加强残疾学生职业技能和就业能力培养"。国家《特殊教育提升计划(2014—2016年)》提出,要以培养就业能力为导向,大力发展以职业教育为主的残疾人高中阶段教育,进一步加强对残疾学生的就业指导。特教学校应立足于智力障碍学生就业需求,从培养基本职业人格与劳动能力出发,探索智力障碍学生职业陶冶教育,帮助他们成功就业,以实现平等参与社会的公民权利。职业陶冶教育是职业教育的重要组成部分,是对智力障碍学生职业生涯认知的培养,让他们了解职业与社会、职业与人生等相关的社会知识,了解社会中职业发展的现状与未来的发展趋势,掌握职业发展对人才素质发展的要求,科学地认识自我。这也是智力障碍学生认识社会、参与社会,甚至进行康复训练的重要手段。职业陶冶教育很早就受到普通学校职业教育的重视,在特教学校中也有应用,支持性就业是在充分考虑残障人士的能力、兴趣并保障其选择权利的前提下,将他们安置在常态就业环境中,得到正常工作同行持续支持的就业形式。智力障碍学生由于身心缺陷,在认知、动作、情感控制、生活自理等方面都远远落后于正常儿童,他们的生活空间狭小,除了学校就是家庭,所以他们的发展必须要依赖家庭参与。诚如1994年6月,在世界特殊教育大会上通过的《萨拉曼卡宣言》中提到的:"家长和教师应共同分担有特殊教育需求儿童的教育。"

二、家校合力有利于职业陶冶教育的有效开展,但缺乏具体可行的职业陶冶家庭教育指导载体。

学校教育并不能完全取代家庭的功能,家长作为孩子的第一任老师,具有对孩子进行的教育权利,这种权利是亲权所赋予的自然权,其应该担任培养儿童健康发展的责任。学校作为全国家庭教育实验基地,历来重视家庭教育指导工作,在班主任的角色定位中就提出了"家庭教育的指导者",进一步明确了学校教育要延伸到家庭中,让家长承担其中的重要支持力量,从而让智力障碍学生的学习效果得到长足的巩固,达到事半功倍的效果。在家校互动合作的途径中,不断探索新的方式,考虑到智力障碍学生来源复杂,家庭教育意识和能力差异较大。具体来说,绝大多数的智力障碍学生家长在如何教育特殊儿童的问题上可以借鉴的经验和知识比较少,家长容易溺爱孩子、放任孩子,或者对孩子严苛,对孩子的家庭教育缺乏针对性和有效性,许多家长由于自身的问题,缺乏参与学校教育的积极性、主动性,且对学校教育不是十分了解。传统的家校互动模式引导家长走进校园了解职业陶冶教育的重要性以及方法等均存在很大的局限性。如何基于家庭的特殊情况收集他们的问题?编制相关的手册,发挥家庭教育指导宣传品作用,有其独特的优势。手册可以让家长更加清晰了解学校职业陶冶教育的目标、内容、操作方式,从而加强学校与家庭之间的有机互动,提高职业陶冶教育的有效性。手册的编制可以进一步满足家校合作的需要,破解传统家校互动模式的弊端。

从职业陶冶教育的相关文献来看,相关研究与文献并不是很丰富,国内特殊中职学生的个别化职业陶冶教育更是刚刚起步。如何做到既立足特殊中职学生的个体差异特点,又做到较好适应市场经济背景下不断变化的就业需求,培养他们的可靠、忠诚、合作的工作人格与扎实的基本能力显得尤其重要。开展特殊中职学生职业陶冶教育的实践研究,具有重要的理论和实践价值。职业陶冶教育属于职业生涯教育的一部分,对于具体如何开展特殊中职学生职业陶冶教育,我们既需要继承我国职业陶冶教育的宝贵经验,又需要借鉴国际"人人享有支持"的特教理念,为特殊中职学生提供有尊严、人性化的职业陶冶教育。为此,我们明确了基本的研究思路:首先,充分了解特殊中职学生的身心特点与个体差异,建立匹配的职业样本及相应的职业陶冶教育内容体系;其次,编制、实施《职业陶冶教育家长指导手册》,全面实施职业陶冶目标与内容;此外,基于特殊中职学生具有显著个体差异性,家长所需要的职业陶冶教育指导需求是不同的,需要满足家长普遍性和个性化的需求,方便家长在遇到问题或闲暇之余阅读,不断提高家校教育合力,提高家长开展职业陶冶教育的能力或技巧,进一步丰富特殊学校家庭教育指导方面的研究方式。

我校家校合作开展特职生职业陶冶教育,立足于学生的实际就业需求和家长支持需求,编制《职业陶冶教育家长指导手册》,通过多种人员共同参与编制、运用、评价、修订,帮助家长了解学生特点,普及职业陶冶教育知识,掌握家庭中开展职业陶冶教育相关技巧,从而通过家校合力,帮助学生提高自我决定、职业人格、职业能力、独立生活的能力,为支持性就业奠定基础。

第二节　特殊中职学生职业意识现状调查

特殊中职生职业意识培养应侧重学生的职业素养和职业技能,使他们能够更好地适应职业生涯。这与学生的生涯发展教育是相辅相成、双生双促的。首先,生涯发展教育是前提,可以塑造学生正确的职业观念。而职业意识则可以使学生在实际工作中更加得心应手。其次,生涯发展教育为特殊中职生提供了更广泛的职业选择和发展空间,帮助其找到适合自己的职业道路。特殊中职生所具备的职业意识是存续，促使其更关注自己的职业发展，从而实现生涯规划的目标。因此，为了实现生涯发展教育和特殊中职学生职业意识的有机融合，双向赋能，了解特殊中职生职业意识现状则显得尤为重要。

一、特殊中职学生职业意识现状的问卷调查

（一）调查设计

为了更好地了解特殊中职学生的自我决定、职业人格、职业能力及独立生活能力的现状，以提供适合家长与学校协同开展职业陶冶教育的内容，从而提供职业陶冶教育，提高学生职业能力，促进学生就业。学校通过问卷调查，了解学校学生职业意识现状。该研究采用自编的特殊中职学生职业意识现状调查问卷，共有选择题 20 题，皆为单选，内容分别涉及职业意向、职业兴趣、职业价值、职业素养、时间管理以及职业交往六个方面（具体见表 6‐1）。调查对象为从学校一、二、三年级中随机抽取的 74 名学生，症状包括智力障碍、视力障碍、自闭症等。

表 6‐1　问卷内容

调查项目	调 查 内 容	题　号
职业意向	职业认识、职业定位、职业兴趣	1—4
职业价值	职业认同、职业成就	5、6
职业素养	职业道德、职业态度、职业韧性、职业责任	7—12
时间管理	时间规划、时间分配、时间调整、遵守时间	13—17
职业交往	顾客沟通、上级沟通、同级沟通	18—20

此问卷由职业指导教师发放给学生，学生带回家填写完成后交给班主任回收。共发放问卷 74 份，收回 69 份，回收率为 93%。问卷收齐之后，教师对数据进行了整理和分析，形成特殊中职学生职业意识现状调查报告。

（二）调查结果

学生的职业兴趣、意向、价值认识不高，需要正确引导；学生职业素养的韧

性不足,需要自我调适;学生的时间管理能力较弱,需要更多培养;学生的职业交往能力欠缺,需要技巧学习。

1. 学生职业意向不明确,需要整体加强职业意识培养。

职业意向有 3 道题,主要包括职业认识、职业定位。调查的是学生对今后从事某项职业的倾向。职业意向可以直接影响学生对职业的选择,进而影响人的整个生活。

表 6 - 2 职业认识

问　　题	选　　　　项	人　数	比　例
1. 毕业后,你想找工作吗?	A. 不想	2	3％
	B. 没想好	9	13％
	C. 非常想	43	62％
	D. 继续更高阶段的学习（学历、技能）	15	22％

由上表可以看出,想工作的学生占了大部分,另外有 22％的学生有更高的要求,想继续进修下一阶段的学历或技能证书等,只有 16％的学生没想好或不想工作。这说明学生对于就业还是很向往的,有较强的就业欲望。

表 6 - 3 职业定位

问　　题	选　　　　项	人　数	比　例
2. 未来你最想要从事的是什么工作?	A. 办公室文员	11	16％
	B. 推销员	4	6％
	C. 服务性人员（如连锁餐饮、社会餐饮、星级酒店、大型卖场、影院、客服等服务性人员）	31	45％
	D. 随便什么工作	18	26％
	E. 其他（请注明）	5	7％

表 6 - 4 　职业定位

问　　题	选　　项	人　数	比　例
3. 你最希望自己进入下列哪一类性质的单位工作?	A. 国有企业	35	51%
	B. 私营企业	14	20%
	C. 外商投资企业	14	20%
	D. 机关企事业单位	2	3%
	E. 其他(请注明)	4	3%

由上述两表可以看出,45%的学生选择服务性行业的工作,51%和20%的学生选择国有企业以及外商投资企业,这都是比较符合学校目前能推荐的工作范畴,大部分学生的定位较为清晰,有少部分学生对自己有过高的期待,没有充分认识自己的实际工作能力尚未与工作要求匹配,仍存在一些差距。

从调查数据可以看出目前大部分学生对工作还是很向往的,但是同时他们又不能很好地自我定位。想工作,但同时又想做轻松或者"高级"的工作,这是一种矛盾。如果学生不能正确定位,即使有美好的向往也是枉然,想要继续学习也只是逃避现实的一种方法而已。

在职业兴趣方面,从智障学生对待工作的态度、热情度,可以看出其是否有从事相关工作的愿望和兴趣,拥有职业兴趣将增加个人的工作满意度、职业稳定性和职业成就感。因此,此题旨在发掘学生是否对目前工作感兴趣。

表 6 - 5 　职业热情

问　　题	选　　项	人　数	比　例
4. 你喜欢参加学校一人一岗(或单位工作)吗?	A. 很积极工作	27	39%
	B. 一般,有工作就做	29	42%
	C. 不是很感兴趣,最好不做	7	10%
	D. 不想参与"一人一岗"(或不想工作)	6	9%

由分析调查数据可以看出,学生对工作的热情度并不是十分高,他们对于真正的工作或"一人一岗"并不是十分向往,因此相对比较"随遇而安",没有将工作或"一人一岗"放在首位,导致在实际的工作或"一人一岗"中职业态度散漫。而这样的状态是职场中所忌讳的,会影响特殊中职学生就业的稳定度。

学生对整体的职业认识不高,需要培养职业意识。学生未来可以有三种选择:居家,定期参加"阳光之家"活动;升学,通过成人高考复习班学习,考入业余大学,获得大专文凭;就业,通过学校推荐,进单位实习,表现良好后单位留用。能力较弱的学生,大多在申领残疾证后居家生活;能力较强的学生在升学和就业之间徘徊,很多人会选择升学,一方面可以让自己有更好的未来就业资本,另一方面也有逃避就业的想法。由于家长存在对孩子残障的愧疚感以及对独生子女的宠溺心,双重影响下很多人会有让孩子活得更轻松的想法。如何处理这些影响学生认识的因素,需要进一步思考。

2. 学生职业价值认识不足,需要培养工作品质。

特殊中职学生也有个人的职业价值观,而职业价值观则决定了他们的职业期望、职业认同感以及成就感,从而影响特殊中职学生对职业价值的判断,这将决定他们今后就业后的工作态度和劳动绩效水平,也就决定了特殊中职学生的在职业中的发展情况。因此,问卷中设计了两题相关职业认同与职业成就的内容。

表 6-6 职业认同

问 题	选 项	人 数	比 例
5. 你认为自己在学校"一人一岗"(或工作单位)的表现是否得到认可?	A. 仅自己觉得工作表现很好	11	16%
	B. 老师同学(或同事)认可自己的工作表现	29	42%
	C. 说不清楚	21	30%
	D. 不在乎	8	12%

从上表可以看出,有近六成的学生认为自己的工作获得了自己和他人的认可,还有四成的学生对是否得到认可说不清楚或不在乎。这说明每位学生对职业的认识和态度以及对职业目标的追求和向往都是不一样的。

表 6 - 7　职业成就

问　　　题	选　　　项	人　数	比　例
6. 你觉得在"一人一岗"(或单位工作)怎样才算有成就感?	A. 获得更多的"金护照"章(赚钱多的)	20	29％
	B. 能够成为岗位明星(获得更多人的肯定)	27	39％
	C. 能成为检查员(工作中成为领导者、组长等)	17	25％
	D. 其他(请注明)	5	7％

从上表可以看出,有 29％的学生更注重实际,39％的学生注重精神鼓励,25％的学生则是需要获得更高一级的晋升来获得成就感。这说明绝大部分的学生都渴求不同层次的职业成就,只是由于职业价值观不同,因此不同的学生对职业意义的认识、对职业成就感的需求是不同的。

由调查问卷的数据分析得出,有四成具有不同职业价值观的学生群体。那些对自己认识不清、认同度不高的态度,其实是一种不自信的表现。然而在工作中获得同事或自身的认可是必不可少的,拥有一定的自信,才能更好地在职场中有产出。因此,学校需要培养学生提高学生工作品质,关注工作质量,正确开展自我评价。

3. 学生的职业韧性不足,需要培养工作人格。

职业素养是每位特殊中职学生在就业过程需要遵守的行为规范。职业态度是职业素养的核心,而职业韧性、道德和责任感是必备的。因此,问卷中设计了有关职业态度、职业韧性、职业道德和职业责任的 6 道题,以此了解学生职业素养的实际情况。

表 6 - 8　职业态度

问　　　题	选　　　项	人　数	比　例
7. 如果将来让你做和自己本专业没有关系的工作,你愿意吗?	A. 愿意	39	57％
	B. 不愿意	8	12％
	C. 说不清楚	21	30％
	D. 其他(请注明)	1	1％

表 6-9 职业态度

问 题	选 项	人 数	比 例
8. 你喜欢目前自己的"一人一岗"岗位(或单位安排工作岗位)吗?	A. 不喜欢	6	9%
	B. 一般	23	33%
	C. 喜欢	40	58%

从表 6-8 可以看出,大部分学生即使将来所做的工作不是自己本专业的工作,也会继续从事该项工作;另外,从表 6-9 可以看出,大部分学生喜欢目前的工作安排。好的职业态度能促使学生更负责、积极工作,因此态度是决定成败的关键因素。

表 6-10 职业道德

问 题	选 项	人 数	比 例
9. 当你发现周边的同学(或同事)有违反工作规章制度时,你会怎么办?	A. 劝导	47	68%
	B. 与自己无关,漠不关心	12	17%
	C. 告诉领导	9	13%
	D. 其他(请注明)	1	1%

由上表可以看出,有 68% 的学生都会劝导违反工作规章制度的同事,还有 13% 的学生会告诉领导,这说明绝大多数的学生有是非观念,体现了良好的职业道德。

表 6-11 职业韧性

问 题	选 项	人 数	比 例
10. 如果你的工作很累、很辛苦,你会怎么办?	A. 立刻辞职	22	32%
	B. 请教别人,寻找窍门	18	26%
	C. 抱怨工作太辛苦	8	12%
	D. 继续默默地工作	5	7%
	E. 找到更轻松的工作就辞职	16	23%

根据表 6－11 的选项数据可以看出，有 32％的学生选择立刻辞职，其他近70％的学生会坚持自己的工作岗位，用不同的方法调适自己，减缓工作压力，解决工作中的困难。这部分具有更多职业韧性的学生在缓解、调适自己的过程中会达到一个更高认知水平，在调适过后会获得更多职场经验。

表 6－12　职业责任

问　　题	选　　项	人　数	比　例
11. 你觉得你是一位有责任心的人吗？	A. 非常有责任心	22	32％
	B. 基本上是	33	48％
	C. 有些不够	12	17％
	D. 差很远	2	3％

表 6－13　职业责任

问　　题	选　　项	人　数	比　例
12. 在"一人一岗"（或工作）中遇到挫折时，你会怎么办？	A. 毫不犹豫地放弃	9	13％
	B. 想放弃又不甘心	20	29％
	C. 迎难而上	40	58％

由上表可以看出，八成学生认为自己是有责任心的，仅两成学生认为自己不太有责任心；另外只有一成多的学生在遇到困难时会直接放弃工作。从以上数据可以看出，大部分学生还是有较强的职业责任心，只有少部分学生有所欠缺。

由上述数据可以分析得出，有近五成的学生不喜欢将来的工作与专业不符，这说明学生的职业态度并不是最理想的，因为在现实中往往大家所从事的都是与专业不符的工作。另外，一般来说，好的职业态度能促使个体更负责、积极地工作。如果学生不能扭转自己的态度，将来很难愉快地工作，因此，态度是决定成败的关键因素。最后，这部分的职业韧性与职业责任也是很重要的，有很多学生直接选择辞职来应对工作中的辛苦，殊不知任何工作有其特性，都是辛苦的，都需要付出努力。直接选择辞职很有可能是不能吃苦，无法在工作之外缓冲或调适自己的心态，这部分学生无论在哪个岗位都会用辞职来逃避。但是如果学会适当地舒压,那学生在缓解、调适自己的过程中会达到一个更高的认知水平,在调适过后会具有更多职场经验。

职业素养中较为关键的是职业韧性,学生是否能够坚持在工作岗位,面对逆境时进行自我调适,需要这种素养。但部分学生在这一方面能力较弱,经常表现出容易放弃的态度。教师要通过各种形式让学生明白"坚持就是胜利",任何一个工作岗位都不可能一帆风顺,也不可能总是充满乐趣,需要在简单、枯燥、辛苦的工作环境中坚持并不断寻求进步。因此,需要培养学生工作人格,提高学生责任感、竞争心、专注力,使之能够适应改变、忍受挫折、克服压力,更好地坚持在工作岗位上。

4. 学生时间管理能力较弱,需要培养工作常规及习惯。

如何做好时间管理,合理安排运用时间是工作中的一项重要内容。如安排不好每天的时间日程,会影响工作完成的效率和质量。因此,问卷设计了以下 5 道题,科学地调查学生在工作中的时间管理情况。

表 6-14　时间规划

问　　题	选　　　项	人　数	比　例
13. 当你接到几项工作任务时,你会如何规划?	A. 几项工作同时做	7	10%
	B. 一项一项地完成	33	48%
	C. 按照工作的轻重缓急排序后再做	24	35%
	D. 其他(请注明)	5	7%

此题中有 35% 的学生能按照工作的轻重缓急排序后再做,这些学生有思考工作的重要性,48% 和 10% 的学生选择一项一项完成或几项工作同时开始,表现为按部就班工作,并不合理。

表 6-15　时间分配

问　　题	选　　　项	人　数	比　例
14. 当你接到几项工作任务时,你会如何处理?	A. 紧急的工作先做	21	30%
	B. 简单的工作先做	20	29%

（续表）

问　　题	选　　项	人　数	比　例
14. 当你接到几项工作任务时,你会如何处理?	C. 难度大的工作先做	7	10％
	D. 重要的工作先做	21	30％

由上表数据发现,30％的学生选择紧急的工作先做,30％的学生选择重要的工作先做,另外29％的学生选择了简单的工作先做,还有10％的学生选择难度大的工作先做。由这些数据可以看出,有些学生并不知道如何合理分配时间来处理工作,从而使得自己工作起来能游刃有余。

表6-16　时间调整

问　　题	选　　项	人　数	比　例
15. 当你接到一项紧急的工作任务时,你会怎么做?	A. 立刻去完成	58	84％
	B. 等会再做	5	7％
	C. 放到最后做	4	6％
	D. 其他(请注明)	2	3％
16. 下班了,你今天有一项需要很长时间才能完成的工作任务没有完成,会怎么做?	A. 加班完成	38	55％
	B. 与领导沟通后决定加班还是明天做	21	30％
	C. 交给别人做	6	9％
	D. 其他(请注明)	4	6％

有6％的学生在遇到紧急工作时,依然会将紧急工作任务放在最后完成或等会儿再做;另外有55％的学生会选择加班完成工作。时间调整是综合能力的体现,这对于特殊中职学生来说,难度相对较大。

另外,由下表数据可以看出,51％的学生能在工作中坚持不迟到,遵守时间,不过还是有48％的学生经常或偶尔迟到。这说明很多学生在遵守时间上还有些欠缺。

表 6-17　遵守时间

问　　题	选　　项	人　数	比　例
17. 你能否在"一人一岗"(工作)中,按时到岗,不迟到?	A. 从不迟到	35	51%
	B. 经常迟到	4	6%
	C. 偶尔迟到	29	42%
	D. 其他(请注明)	1	1%

　　由上述的数据可以看出,智障学生在这部分还是相对较弱的,因为时间调整是综合能力的体现。对于特殊中职学生来说,要制定一个合理的工作计划,把每项工作分解到具体时间段,或根据完成日期计划各项工作的完成时间,并列出工作清单,另外预计临时性工作等,都是有很大难度的。因为他们并不懂得合理利用时间,安排得当,使得工作更快、更好地完成。在之后跟踪的过程中也印证了这一点,大部分学生都不能自己独立安排好工作,合理地分配时间,一般都需要通过别人的指导才能知悉有方法更有效率地完成工作。但同时,高效率地完成工作又是必备的工作技巧,如何教会学生合理安排工作时间,需要较多的时间、方法等。

　　"合理地管理时间可以让你成为一位高效的职业人。"学校需要培养学生工作常规及习惯,让学生能够合理安排时间,在按时到岗等方面有所进步。

　　5. 学生职业交往能力欠缺,需要培养工作人际。

　　职业交往是客观存在的,是不可避免的,求职过程中协调和利用各种职业交往,才能有和谐的工作氛围,提高工作效率。这部分设计了三道题,分别从与顾客、上级以及同级沟通中探讨学生在职业交往中存在的问题。

表 6-18　顾客沟通

问　　题	选　　项	人　数	比　例
18. 在工作中遇到需要与顾客沟通的时候,你会怎么办?	A. 最好不要自己去沟通	10	14.5%
	B. 自己认真沟通,满足客人的合理需求	49	71%
	C. 客人说什么就是什么	10	14.5%
	D. 其他(请注明)	0	0

此题中71％的学生都能通过自己的认真沟通,满足顾客的需求,但是还是有29％的学生不敢沟通或随意沟通,这表明这部分学生不善于与顾客沟通。

表 6－19　上级沟通

问　题	选　项	人　数	比　例
19. 在工作中遇到需要与领导沟通的时候,你会怎么办?	A. 诚惶诚恐,不知道怎么和领导沟通	15	22％
	B. 和领导沟通很愉快,能解决问题	48	69％
	C. 害怕和领导沟通,最好不要和领导接触	4	6％
	D. 其他(请注明)	2	3％

此题中有69％的学生能够有效地与上级沟通,但也有一部分的学生不会处理与上级的关系,不知道如何与上级作有效的沟通。

表 6－20　同级沟通

问　题	选　项	人　数	比　例
20. 在工作中遇到需要与同事沟通的时候,你会怎么办?	A. 主动询问与同事沟通	57	83％
	B. 各不相干,我做我的,他做他的	5	7％
	C. 愁眉苦脸,等待同事帮助	4	6％
	D. 其他(请注明)	3	4％

此题中83％的学生会主动与同事沟通,但还有17％的学生相对比较被动,等待别人主动交流,这并不是最好的交流方式。

由调查报告的数据可以看出,特殊中职学生在职业交往这方面还是比较欠缺的,也与之后跟踪中的实际情况相符。在职场中,无论学生与哪种人群交流,都存在着一定的障碍,可能是学生本身性格问题,如胆子较小;可能是学生本身的障碍,如语言表达不佳、不畅;也有可能是学生自卑、不太自信,导致不敢与人交流等;当然还有可能的是同事之间的排斥。但是职场的人际交往是必不可少的,掌握某些交际技巧会提高就业的成功率。在职场中利用各种人际关系获取职业信息,可以比较轻松地解决工作中的"疑难杂症",会有一个较为和谐的就业环境。学生如果想要就业,那么必须克服各种困难,踏出职业交往的第一步。

特殊中职学生语言沟通能力较弱,对人际交往缺乏主动性,难以应对他人。因此,学校需要培养他们合理处理工作中的各类交往情况,拥有良好的人际关系。

二、家长访谈调查

学校通过座谈,了解家长对特殊中职学生职业陶冶的内容和目标,乃至对孩子未来的就业出路的认识都比较模糊,不知道如何下手,渴望有了解的途径,以促进孩子的支持性就业。具体来说,家长在职业陶冶能力方面主要存在着以下问题:

(一)家长对孩子的职业定位意识不清

由访谈可以看出,家长普遍对自己孩子的就业存在高期待,认为自己的孩子能够胜任较高要求的工作,没有从实际出发,思考自己孩子的能力是否匹配;也有的家长考虑的是实际收入的高低来评定一份工作的好坏。因此,学校需要在手册中编入相关内容,引导家长正确定位孩子的能力,正确选择职业与工作岗位。

(二)家长对当前的就业形势尚不清晰

学校发现,有部分家长认为就业形势十分乐观。但是当前就业形势的不确定性因素很多,导致整体市场需求层次降低,需求量总体减少。因此,总体来说,当前就业形势还是比较严峻的。

难以决定的方向

"金老师,我想我们家孩子最好将来能够去星级宾馆做服务员,我知道你们有学生去实习的,到好一点的单位,以后才能找到更好的单位。像小餐厅的服务员应该比较累吧,档次也不够高,我觉得没有什么做头。"

"其实每个岗位都有它的优势,当然就少不了劣势,对吧? 事物总是有两面性的。你的考虑蛮好的,虹桥希尔顿酒店的工作人员相对层次较高,接触的眼界也不一样,但是对学生的要求比较高,需要学生具备英文语言表达的能力，获得面试的机会较小；在小餐厅工作就会比较忙一点，但是可以学习一些在学校没有学过的技能，也算是一种专业对口了，而且现在意向单位比较确认，将来成功就业的机会较大，大家的学历起步都较低，以后获得晋升的机会也比较大。"

"老师你们比较专业，你们说孩子去哪好就去哪好。不过我们总归希望他能够往高处走。"

虽然现在只是一个讨论学生未来发展方向的职业陶冶教育会议，但是我想，从刚才家长的话语中，不难看出家长还是有比较高的要求。家长都希望自己的孩子能去好的单位工作，但往往没有很好地衡量自己孩子的实际情况是否符合工作岗位要求，一味地考虑好的单位、有名气的单位，这样反而阻碍了孩子的发展。我们也希望家长理性看待孩子的能力，为孩子未来发展提出自己的意见，这次会议的本意就是想通过各方的商讨，决定适合学生的发展方向。因此，与家长的交流沟通最为重要。

金老师口述

在手册中，我们将会分析当前的就业形势，以及学校目前合作的就业单位，帮助家长一起合理分析资源，寻找最适合的单位或岗位，让学生就业。

（三）家长对孩子的职业准备还未十分了解

职业准备是就职前十分关键的一个环节，做好万全的准备，才能以不变应万变。但是从访谈来看，家长还是有很多不了解的地方，有必要在手册中罗列相关内容，以供家长参考。

第三节　《职业陶冶家长指导手册》的编制

《职业陶冶家长指导手册》是面向家长，针对特殊中职学生职业陶冶方面所存在的困惑、具体问题的解决提供操作性建议的一本手册。主要目的是帮助家长更好地了解孩子的兴趣、特长和潜能，为孩子提供更有针对性的教育和培养。家长通过阅读《职业陶冶家长指导手册》，及时更新、调整自己的教育方式，更好地理解孩子的需求和期望，进而在家庭教育中给予更有针对性的指导和支持。

手册中蕴含着"关注孩子的长期发展，帮助他们建立正确的职业观念和规划,为未来的职业生涯做好准备"的理念,这一理念和生涯发展教育在很大程度上是互补的,两者共同促进孩子的成长和发展。家长在指导孩子的过程中,也可以借助生涯发展教育的理念和方法,帮助孩子树立正确的职业观念,培养自主选择和规划的能力。

一、选定职业陶冶代表性的四类职业样本

基于前期分析,在《职业陶冶家长指导手册》的编制时,从特殊中职学生特点出发,对学校历年来学生就业所涉及的各类工种进行了讨论与分析,形成了综合的职业样本分析。最后,选择有代表性的、就业较多的厨工、面点师、餐厅服务员、花卉工四类职业样本。

(一) 厨工

星级宾馆、酒店厨工:负责兼管水台工作,砧板切配、腌制、盘边装饰,以及冰箱及冷库卫生管理,还需要负责炖汤、配调调料、蒸箱管理、排菜、传菜等;对学生的外貌没有特别要求,可以学以致用,专业对口;在用餐高峰期的工作强度大,此类工作比较忙、累。

连锁超市熟食切配员:接待顾客的咨询,了解顾客的需求并负责称重、初加工、装袋,并做好所负责区域的卫生清洁工作。

(二) 面点师

能够根据不同点心的规格标准,制作宴会所需的各式点心,保证出品及时;还需要负责开餐前各项原料的准备工作,及餐后食品收藏及用具的保管;收餐后对食品进行收藏,做好厨具的保养维护工作。对学生的外貌没有特别要求,可以学以致用,专业对口。这对于学生来讲是比较难的一项工作,学生所学的点心不足以应付餐厅的需求,个别能力强的学生才能通过努力胜任。

(三) 餐厅服务员

宾馆员工餐厅服务员:负责员工餐厅的清洁,将餐桌上的残渣擦掉,回收餐盘,并将剩余食物分类处理;或为前来用餐的员工打饭、分菜、盛汤等。

连锁快餐店后场服务员:主要负责单一的工作,如炸薯条、冲饮料,需要掌握油温,控制炸的脆硬度等,冲饮料时需要看准刻度与用量,不能影响食物

的品质；这个岗位主要是在肯德基、麦当劳内，由于客流量大，工作量也大，对学生身体素质要求较高，需要长时间站立工作。

连锁快餐店前场服务员：负责餐厅的整洁及盥洗室的清洁，需要将餐桌上的残渣擦掉，将餐盘中的食物倒掉，擦干净餐盘，整齐摆放在规定位置，并将垃圾整理打包放置餐厅后门，等待丢弃；在规定时间内，将盥洗室清理干净，保持洗手台无水渍、地面无水迹等。这个岗位需要学生自己掌握清理的时间与频率，这对轻度智障学生是一种考验。

（四）花卉工

掌握绿化知识和技术，精心管理花卉，按工作规范进行日常管理。正确使用园林机械，工作时必须注意安全和自身保护，防止事故发生。花卉及时修剪、浇水、上肥、防治病虫害，使花卉长势良好，无病虫害，株形丰满、美观整齐，按要求控制花期。工作结束后及时清理场所，不得偷工减料，不得将公共器材（包括花卉）占为己有。工具使用完后，应清理干净，及时交仓库，不得私自外借。严格考勤制度，按要求完成移栽草花任务。此工种对特殊中职学生来说有一定难度，学生在日常管理中可以进行花卉种植、花枝修剪、浇水、上肥，清理场所等简单工作。

二、与职业样本相对应的职业陶冶教育内容

学校参考《职业教育课程评量表》，将职业意识划分五个领域：工作常规、工作习惯、工作人格、工作品质、工作人际。

工作常规包括出席、准时、有始有终、按时完工、安全习惯、收拾习惯。

工作习惯包括卫生习惯、习癖。

工作人格包括礼貌、愉快、诚实、友善、动机、努力、创意、自信、谨慎、节约、竞争心、责任感、可靠性、专注力、洞察力、决断力、适应改变、接受批评、忍受挫折、克服压力。

工作品质包括工作质量、自我评价。

工作人际包括独立作业、小组合作、服从上司、请求协助。

学校根据厨工、面点师、餐厅服务员、花卉工四类职业自身工种的职业需求，对这些项目进行微调，以使之更适合学生。以厨工为例，以下是学校制定的基于厨工的职业陶冶教育内容项目（见表 6 - 21）。

表 6 - 21　职业陶冶教育内容体系(厨工)

主要领域	分领域	具 体 内 容
职业意识	工作常规	☐1. 出席　　　☐2. 准时　　　☐3. 有始有终 ☐4. 按时完工　☐5. 安全习惯 ☐6. 收拾习惯　☐7. 劳逸结合
	工作习惯	☐1. 卫生习惯　　☐2. 习癖　　　☐3. 规范
	工作人格	☐1. 礼貌　　　☐2. 愉快　　　☐3. 诚实　　　☐4. 友善 ☐5. 动机　　　☐6. 努力　　　☐7. 创意　　　☐8. 自信 ☐9. 谨慎　　　☐10. 节约　　☐11. 竞争心　☐12. 责任感 ☐13. 可靠性　☐14. 专注力　☐15. 洞察力　☐16. 决断力 ☐17. 适应改变　☐18. 接受批评　☐19. 忍受挫折　☐20. 克服压力 ☐21. 谦虚　　☐22. 勤快　　☐23. 灵活性
	工作品质	☐1. 工作质量　☐2. 自我评价
	工作人际	☐1. 独立作业　☐2. 小组合作　☐3. 服从上司 ☐4. 请求协助

通过对每一项职业陶冶教育项目的细化,学校使得陶冶教育变得更具有可操作性。

(一) 工作常规

出席:上班出勤认真,不无故缺席、旷工;有事提前请假,获准后才缺席;即使临时有事,也会设法告知领导;加班情况下也能出席。

准时:每天在规定的时间内准时上下班,不迟到早退;上班能提前到岗,留出时间换好工作服;在工作的休息时段(如吃饭、如厕、午休)后,均能准时返回工作岗位。

有始有终:对于交付的工作任务能努力完成,有始有终;碰到困难的任务,也会及时请教,寻求帮助,不会中途退缩、放弃;遇到不能完成的任务,也会及时说明,不会拖延误事。

按时完工:能准时完成各时段的工作任务(如领料、开档、收档),符合要求;能接受临时性安排的各项工作任务,努力维持工作进度;交付的工作任务能第一时间完成,然后再开展后一项任务,做事有条理,不随意拖延。

安全习惯：工作中具有高度的安全意识，知道厨房中容易发生的安全事故（如跌伤、烫伤、切伤等）；工作过程中严格遵守安全操作规定；能察觉工作中的危险状况，并预先做防范；能养成良好的安全操作习惯，用刀、用电、用气能遵守规范。

收拾习惯：工作开始前，确认各工具、设备的位置，不到位的事先摆好；操作过程中，养成随做随收的好习惯；工作过后或告一段落时，有收拾现场的习惯；有借用或取用的物品及时归还或物归原位的习惯。

劳逸结合：在完成工作任务的前提下，可以适当休息调整；上中班的可以利用好午休的时间，好好休息；在下班后和休息天的时间，要好好休息，养精蓄锐。

（二）工作习惯

卫生习惯：外表整洁，头发、胡须、指甲及衣着等符合餐饮行业、单位要求；牙齿清洁无口臭，勤于沐浴、洗头、身体无异味；每天勤换工作服，脏了之后及时更换；操作时戴好工作帽，冷菜间需要戴一次性口罩和手套，保证卫生；工作过程中勤洗手，使用的抹布及时搓洗和消毒。

习癖：没有不自觉的或难以控制的习癖动作或语言（如咬手指头、口头禅、晃动身体、出怪声等）。

规范：工作中的各项操作严格按照操作规范的要求进行；各项操作任务、成果符合操作标准；工作中严格规范自己的言行，不贪吃，不贪拿单位物品。

（三）工作人格

礼貌：上班、下班都能够主动和单位领导、同事打招呼、问好；上班过程中，遇到客人能够主动打招呼、问候；工作过程中和同事发生摩擦能够主动礼让，包容他人；工作中对领导和同事的意见、建议，能够虚心接受，尊重他人。

愉快：工作中始终保持一颗积极、乐观、开朗的心；工作中不管顺境还是逆境都能从容应对，保持情绪稳定。

诚实：工作中对人真诚，说实话，不欺骗别人；面对错误能坦承相对，不说谎、逃避；对于工作伙伴给予信任感，营造诚实守信的工作氛围。

友善：工作中能够友善地对待每一个同事，没有分别；面对新来的同事能够接纳，不排斥和轻视；面对别人的批评能够欣然接受，不攻击、诋毁对方。

动机：能了解工作的意义与酬劳的关系，知道自食其力的重要性；具有工作意愿，喜欢有事做，知道"啃老族"的不可取；会主动追求工作机会，积极找工作；找到工作后，会努力保有此项工作。

努力：工作时全力去做，表现积极用心的态度；碰到难题也会积极应对，不会让人有应付了事、敷衍的感觉；工作空余时间多向同行、前辈学习，给人以虚心求教的感觉。

创意：在工作中，能够机智地表现创造性的能力，操作灵活、有变通能力；通过变化、创新，促使工作不断改进、产品获得提升；不时对自己的工作提出改进的意见，并为工作单位所认同。

自信：对自己的能力有足够信心，对面对的任务不会犹豫不决；若无特殊理由，对新给予的机会乐于尝试，不会逃避；对于不熟悉的工作，能够主动学习，不断提高，增强自信。

谨慎：在工作中随时细心地确保工作的安全，工作质量得以保证；一举一动、一言一行不会有粗鲁莽撞的表现；对待工作和同事能够谨言慎行，始终保持少说多做的准则。

节约：在原材料的使用上，能够合理用料，不浪费材料；在时间控制上，严守工作程序，专心做事不拖延；在金钱使用上，不花费无谓的金钱，勤俭节约；在体力节省上，不浪费无谓的体力，为工作储备好能量。

竞争心：工作中具有适当追求成功或比他人优秀的上进心；当工作伙伴表现优秀时，有向其看齐并奋起追赶的决心；在工作中能够不断反思自身不足，不断改进不足，提升竞争力。

责任感：对于交付的工作任务能时时挂在心底，设法按时完成；遇到困难时会寻找解决的途径，不会任其放置；即使面对无法完成的工作任务，亦能及时交代清楚，不耽误工作；会提醒他人应该完成的工作任务。

可靠性：能信守承诺，完成上面交付的各种工作任务；能够给人以可靠的感觉，不必让人担心自己会有忘记、反悔、中途变卦、缺席等不可靠的表现；交付的工作即便是比较难的，也能够尽力完成；对于即使不能完成的任务，也能够提前交代，妥善处理。

专注力：具有一定的注意力，能专注地完成工作，不受其他因素干扰；工作进行中，能专心工作（不说闲话、喋喋不休、与人争执等）以维持工作质量与效率；坚守自己的工作岗位，不随意离开工作岗位；自始至终完成工作，不中途离开去做与工作无关之事。

洞察力：对他人面部表情所蕴含的意义（如喜、怒、哀、乐等），能做正确的察觉；对他人的声音表情（抑、扬、顿、挫等）所蕴含的意义，能做正确的察觉；对他人的肢体动作所蕴含的意义,能做正确的察觉;能够察言观色,领会师傅的意图,及时配合完成各项任务。

决断力:在工作时对若干需做判断的两难情境,都能作出恰当的反应;当面临选择的情境时,能做有利的判断;当面临要决断的情境时,能在一定期限内做明快的决定。

适应改变:变更工作场所、工作程序或内容时,能照常工作,不影响工作效率;当改变工作常规时,仍能维持正确的态度,不会发脾气、退缩、降低工作品质等;即使所改变的常规对其有不利的影响,仍能维持强烈的工作意愿;改变常规后能在最短时间内恢复工作的常规动作。

接受批评:对他人合理的批评能接受;能够针对他人合理的批评,设法改善自己;对他人的批评,没有情绪性反弹,如哭闹、沉默、对抗;主动针对他人批评,请教如何改善的方法,态度诚恳;即使面对不合理或不正确的批评,亦能以委婉的态度接受以及诚恳地说明。

忍受挫折:当工作失败、不顺利时,会立即有灰心、沮丧、退缩、闹脾气、攻击等负面反应;在与同事人际关系上不顺利时,仍能保持正常反应;当面临挫折时,表现出克制、忍耐;当面临挫折时,能主动地采取各种缓和挫折的措施(如积极救助、努力研究解除方法)。

克服压力:当在压力下工作时(如连续加班、赶工),仍能维持心理平和与工作品质,不致因压力而立即产生情绪的负面反应;在高难度的工作压力下,能表现出努力克服的行为反应。

谦虚:在工作中能够保持谦虚谨慎的工作态度和作风;在工作中碰到问题能够及时提问、请教;在工作中能够积极地学习新的知识和技能,不断提升自我;在工作中能够和同事进行工作上的切磋和互动,交流工作,不断提高。

勤快:工作过程中,能够在第一时间内完成手头的各项工作,无拖拉的情况;工作中能够主动做好各项准备工作,不用师傅提醒;工作中能够不时地清洁和擦拭工作台面,保持整洁干净,不用提醒;工作中在当下没有任务的前提下,能够自己找事情做,主动勤快地做好各项配合工作。

灵活性:工作中能够适应本职工作,碰到问题能够灵活变通;在工作中能够察言观色,灵活应对各项人事关系。

(四) 工作品质

工作质量:工作中有质量意识,并努力保证成品质量;工作中能够时刻检查质量问题,确保工作质量,杜绝只求速度、不求质量的事情发生;对自己所完成的各项工作任务,质量要满足操作要求,品质有保障;若质量发生问题,能够分析、寻找原因,知道失败的因素,并成功改进。

自我评价:在工作前能正确地判断自己是否可胜任该项工作,对自己能力有一个清晰的认识;工作后对成品品质能作出准确的自我评价。

(五)工作人际

独立作业:在工作过程中能够独立完成分内的工作,不会要求他人帮忙或提供非必要的协助,有一定的独立性;工作中不必依靠他人不停的提醒、督促或需要有工作伙伴才能进行工作。

小组合作:工作中能与工作伙伴合力完成特定的工作,有合作意识;当伙伴要求配合时,能立即作出积极反应,合作过程有始有终;能主动与他人寻求合作机会,完成较难的工作任务;遇不良的合作伙伴时,能以宽容的心态完成合作任务,不卑不亢;对新的工作伙伴,亦能表现出合作的态度,能够经常表现出助人的行为。

服从上司:对上司的要求(如工作安排、步骤指导等),无论口头上还是在行动上,均乐意听从;对上司提出的个人的问题和不足,能欣然接受,并尽可能改正错误;对于上级的要求,即使是不合理或对自己不利的,亦能配合遵守、完成;对于新任上司能立即合作,接纳与服从。

请求协助:面对工作上的困难时,能诚恳、适当地请教工作伙伴或上司,不会任由困难存在而耽搁工作;能以适当的方法,有效地请求协助,同时当别人给予协助时,能适当地表达谢意。

三、《职业陶冶教育家长指导手册》编写原则

第一,指导性原则。《职业陶冶教育家长指导手册》的设计需借鉴有关普通学校家庭教育的普及性读物,并结合学校的职业教育课程,手册应具备一定的理论与实践的基础,由多人员参与编写,这对于特殊中职学生家长如何联动学校开展职业陶冶教育工作有很好的指导性意义。

第二,实用性原则。在手册编制过程中,源于特殊中职学生所遇到的职业陶冶方面所存在的困惑,提供解决问题的操作性建议。

第三,生动性原则。考虑手册的服务对象是特殊中职学生的家长,在编制过程中,依托前期收集的问题,采用"一问一答"的案例式、情境性的讨论,以家

长的口吻陈述问题,尽量用较为通俗易懂的语气,图文并茂、增加可读性、理解性。手册中选用了一些真实的职场案例(见表 6-22),希望学生、家长在看到他人的案例后受到一定的启迪,进而能客观、理智地对待问题,或者在看到案例后能防患于未然。

表 6-22　从他人的案例中我们看到了什么

常 见 案 例	案 例 寓 意
案例1:他又一次名落孙山	良好的礼仪是面试成功的关键要素之一,即将外出面试前,应做到:面试举止要大方,第一印象很重要;职业身份要明了,选择服装要适宜。
案例2:不耐烦的表情	参加社会实习单位面试时,我们要注意:理想与现实有距离,认清自我很重要;言谈举止要得体,调整心态找工作。
案例3:诚意通向成功	在面试的过程中,我们应当展现出自己最好的一面:说话彬彬有礼,态度落落大方;展现自身诚意,努力走向成功。
案例5:恼人的水泡	当进入某单位部门工作时,我们应该要意识到:我们都是职业人,难免有事需请假;请假对象要搞清,信息畅通很重要。
案例7:"五一"期限	面对他人的不满,我们要做到:遇事不要斤斤计较,工作不要马马虎虎;与人相处和和睦睦,工作实习快快乐乐
案例4:保证书	在实习工作岗位上,我们要做到:工作机会要珍惜,失去工作不易找;摆正心态很重要,天下没有后悔药。
案例6:惰性是绊脚石	当体验到工作的辛苦时,我们应该要意识到:长辈会老去;生活靠自己;坚持来工作,惰性要克服。
案例8:我想"脱帽"	作为一名拥有残疾证的毕业生,我们应该要意识到:虽然拥有残疾证,自卑心理要不得;认真努力来工作,残疾青年当自强。
案例9:我想当经理	在日常工作中,我们应该要意识到:工作时间少幻想,踏实干活勤努力;经验积累是基础,理想抱负得实现。
案例10:不切实际的想法	面对社会上各种各样的工作,在选择时应该要意识到:人生十字路口前,何去何从要谨慎;选择工作不盲目,联系实际很重要。

第四,反思性原则。特殊中职学生家长在家庭教育过程中会遇到很多问题,每个孩子都是不一样的,差异性很大,学校在编制手册的过程中强调反思

自己的教育理念、教育方法,希望家长也是带着这样的反思,改进自己的家庭教育方法。

四、《职业陶冶教育家长指导手册》内容安排

根据以上四个编写原则,学校召开家长工作室专题会议,了解家长困惑和需求,确定框架,编制《职业陶冶教育家长指导手册》。整个手册主要分为四个部分,第一部分"职业陶冶前你需要了解的岗位要求",主要就四类工种进行了讨论(厨工、面点师、餐厅服务员、花卉工),明确岗位要求,第二部分"职业陶冶中你需要评估孩子的相应能力",主要是通过简易的量表,了解自身孩子所存在的优势和不足,第三部分"职业陶冶中你需要与教师的合作",主要是通过家校合作的方式共同解决孩子在职业陶冶中所遇到的个性化问题;第四部分"职业陶冶中一般会遇到哪些困惑"如采用职业陶冶小贴士的形式,通过一问一答的方式解答困惑。

如职前准备阶段的学生、家长主要对面试的细节不太了解,会较为频繁地咨询相关问题;家长会对自己的孩子具体选择什么职业,到底想要做些什么的比较犹豫不决,进而需要来咨询职业指导教师。因此,在此阶段主要罗列了一下十个相关问题,以供参考(见表6-23)。

表6-23 职前我们该准备些什么

常见问题	通用回答
问题一:求职面试时有哪些细节需要注意的?	回答:面试时首先要注意仪容、仪表是否干净整洁,第二,态度是否谦虚有礼貌,保证以上两点可以给面试官留下较好的第一印象。另外,填写履历表时,注意不能做太多涂改,不要有书写错误等;还有,在面试的地点需要注意自己的言行举止是否文明。
问题二:在就业前需要准备哪些证件(资料)?	回答:必备证件包括身份证、健康证、毕业证(实习生学校会出具实习证明),其他证件资料包括残疾证、照片。
问题三:学校能否办理残疾证?	回答:残疾证办理需先在户籍所在居委会或街道残疾人管理部门领取相关申请表,再去区精神卫生中心进行各类残疾类别的测试(如智商测试),待测试结果送至区残联后,残联会为由资格申请残疾证的人员办理相关手续,并通知其领取残疾证。

（续表）

常 见 问 题	通 用 回 答
问题四：学校提供的单位（岗位）有哪些？	回答：学校提供的单位岗位根据每年就业形势变化会有一些不同，但主要是服务性行业，如星级宾馆、连锁餐饮、面包房、大型卖场等服务性行业所提供的厨工、餐厅服务员、点心师、收营员、生鲜熟食切配员、水吧服务员等。
问题五：有残疾证能好到好工作吗？	回答：有残疾证就多了一个就业的渠道，某些用人单位需要有残疾证的学生，但也需要面试，若不能通过试用期，也不能签录用合同。因此，找好工作需要个人付出努力，并非光靠残疾证就能解决所有的问题。
问题六：如何选择适合自己的单位（岗位）？	回答：选择适合自己的单位（岗位）很重要，在选择单位（岗位）的时候莫要眼高手低，需看清自己的能力，慎重选择工作（岗位）。
问题七：读大专（高复班）也要参加实习吗？	回答：有几种选择仅仅供参考：第一，单选实习，在规定时间内完成实习活动；第二，单选大专（高复），可以不参加实习活动，但需向学校提出申请并经学校讨论通过；第三，选择实习的同时进行大专的学习，需要注意时间的合理安排，在不影响工作的前提下完成大专（高复）的学习，学校仅提供单位考试（高复统考）请假证明。
问题八：不参加学校的实习活动可以吗？	回答：可以不参加学校的实习活动，但是需要向学校提出申请，并填写自行实习申请表，学校讨论通过即可。实习生可不参加学校安排的实习活动，但仍然需要自行完成实习活动，并完成实习手册的填写，方可毕业。
问题九：实习有工资吗？	回答：实习没有与正式员工一样的工资待遇，但是用人单位会发放一定的实习津贴，但每个单位的标准会有些不一样。学校建议用人单位按照上海市最低工资标准发放，但用人单位是否采纳此建议，还需商榷。
问题十：实习了还要来学校吗？	回答：一般情况下，实习生直接去推荐单位进行实习活动，无须到学校报到。如果学校有重要活动需要实习生参加，且非休息时间，学校会统一向单位人事部出具请假证明，此时实习生即可回校参加活动。

在学生就业过程中，会出现许多的问题，手册主要罗列的是较为常见的几个方面的问题，如实习报到需要提交的材料，以及在实习过程中该遵守的规章制度和在实习过程非常重要的职业意识和人际关系的维系（见表 6-24）。

表 6-24 就业过程中我们该注意什么

常见问题	通 用 回 答
问题一：到实习报到时需要带什么东西？	回答：到不同实习单位报到时所需携带的资料各不相同，在报到前各单位会提前将所需携带材料下发到位，按照通知单上的内容准备材料即可。一般需要携带的是健康证、身份证、学校开具的实习证明、无犯罪记录、1 寸或 2 寸照片、银行卡等。
问题二：实习时需要请假怎么办？	回答：在实习时，由于私人原因需要请假时，一般由实习生自行请假，并说明缘由。若遇到特殊情况(学校要求实习生回校参与学校活动、考试、比赛等)需要请假时，学校将统一出具请假证明。
问题三：如果不能适应工作怎么办？	回答：在新的工作环境，如遇到不适应的情况，是很正常的。首先，不要冲动行事，不应直接放弃工作、与人争吵等；第二，寻找不适应的原因；第三，调试心情；第四，主动认识朋友；第五，信任自己。
问题四：单位分配的岗位与面试时的岗位不符时怎么办？	回答：虽然与面试时有所出入，原因：可能是新员工上岗，因此很多岗位都要参加训练，最终再分配适合的岗位；也可能是发现有更适合的岗位可以提供；也可能是此岗位竞争的人较多，有其他员工更适合此岗位。无论何种原因，其实专业(岗位)之间有相通和互补的作用，合适的工作岗位未必一定会跟专业对口。因此不必耿耿于怀岗位是否匹配，关键在于是否用心工作，在岗位上学习到本领与技能。
问题五：被同事欺负怎么办？怎么建立同事间的良好关系？	回答：同事不会无缘无故欺负实习生，要弄清是否有误会，同事相处要真诚、保持谦虚有礼、相互尊重、诚实守信，要有团队合作精神。
问题六：实习了还能再换其他工作吗？	回答：在实习的过程中，需要首先提出申请放弃学校推荐工作，说明合理缘由，待由学校同意后，方可离职，更换工作(岗位)。另外自行寻找工作后，仍然需要完成实习指导手册和保持实习的连续性，不可闲荡在家，否则将视情节严重予以处罚。
问题七：住家离单位很远能否住单位宿舍吗？	回答：学校不允许实习生自行租借房屋或住宿单位，违者将视情节严重予以处罚。
问题八：在单位实习无事可干时怎么办？	回答：实习生可能被安排的工作较为简单，在完成自己规定的工作任务后，可以自主询问是否还有其他工作可安排的，切忌无所事事，玩手机，大声聊天。在实习期间主动意识非常重要，别指望大家都会手把手的指导。要培养自己自学的能力，善于发现问题，不要等着别人教你。

（续表）

常 见 问 题	通 用 回 答
问题九：单位排班不是自己最想要的班时，学校能帮忙说情吗？	回答：学校不干涉实习单位的日常工作安排，实习生以单位工作安排为准。如有实际困难，可自行向排班领导说明情况，合理理由，一般都能被采纳。但为了不影响排班，一般都会提前提出请假或申请换班。
问题十：在单位里受到委屈了怎么办？	回答：第一，不要在单位里大声抱怨；第二，想想自己身上是否有什么问题导致别人的误会；第三，真受到委屈也需要说出来，纾解心情；第四，切忌莫要冲动行事，与人发生冲突；第五，寻找老师、家长商量寻找原因。

　　手册中还尽可能列出学生身边与就业、学习、阳光之家等安置方式相关的信息资料，供学生、家长参考（见表6-25）。

表6-25　我们身边有哪些资源

常 见 问 题	通 用 回 答
问题一：除了实习（就业）我们还能做什么？	回答：如果不想参加工作，可以选择读大专（高复），也可以选择去阳光之家。
问题二：长宁区的"阳光之家"在哪里？	十个街镇分别安排各自"阳光之家"的地点。（具体见附页）
问题三："阳光基地"是什么，在哪里？	回答：这是残联为残疾人就业提供的一个具有一定庇护性的就业渠道，为有就业意愿但尚未找到就业单位或能力相对较弱的残疾人提供的一个中转的就业方式。一般"阳光基地"会设立在某个"阳光之家"，或者在残联指定的地点，具体地点以残联为准。
问题四：残联就业促进办公室在哪里？	回答：此机构在双流路327号，一楼有咨询窗口，详情可咨询残联相关人员，可获得较为清晰的残疾人就业相关政策及就业资讯等。
问题五：还有哪些地方可以提供就业服务？	回答：1. 户籍所在地的各个街道（居委会）都有相关的办公室提供就业服务；2. 户口所在区职业指导与就业促进中心。
问题六：还有什么网站可提供就业指导相关服务？	回答：全国人社政务服务平台网可以提供政府补贴职业培训；58同城网、前程无忧网等都有求职找工作的功能，但是网上找工作切忌诈骗，需要押金的工作莫要信。

第四节 家校合作的生涯发展教育辅导案例

生涯发展教育的具体实施离不开班主任老师的悉心指导与指引。在对特殊中职生生涯发展教育指导过程中,班主任通过观察学生的行为、表情和语言,了解他们的心理状态和需求,长善救失,锻炼了其职业观察力;与学生建立良好的沟通关系,了解学生家长以及用人单位的想法和感受,帮助他们解决问题,提升了其沟通能力;根据学生的个体差异和教育计划,选择适合的教学方法、评价方式等。班主任需要强有力的决策能力,不断尝试新的生涯发展教育教学方法和教育理念,以提高教育的有效性,班主任需要不竭的创生能力。

生涯发展教育的具体实施过程,凝结了班主任教师的智慧。班主任探索了如何结合班级特殊中职学生的个体情况以及家长的职业陶冶教育能力和需求,利用《职业陶冶教育家长手册》之外,进行了有针对性的家庭教育指导,形成了一些有价值的辅导案例。

提高能力,拥抱生活

特职三(2)班

特职三(2)班有成员4名,其中女生1名,男生3名。4名学生中C层2名,A层2名,C层学生中一名随班就读学生,一名辅读学校学生,A层学生中一名唐氏综合征,一名脑瘫,班级个体差异非常大。在班级管理中,家庭教育在家校合作中起到了非常重要的作用,特别是在特殊教育中,家校合作的重要性现在也越来越受到重视,在班级管理中也需要家长的配合。其实家长不只是特殊学生的监护人,更是特殊教育工作的合作伙伴,也应成为特殊教育工作的决策者和监督者之一。

由于智力障碍学生的特殊性,学生的自制力往往较差,不能很好地管理自己,特别是父母不在家,自己一个人往往不知道怎么照顾自己的生活,有的学生连自己穿衣吃饭都成问题。特殊学生的成长离不开家庭生活,家庭成员要在学生学习、生活以及工作中给予他们心灵的慰藉、支持,家庭成员要在亲密互动中锻炼其基本能力,为今后的职业以及适应社会做准备。

一、共同监督养成卫生习惯

班级中学生在个人卫生、衣着、大小便等方面表现出来的情况,实在是令人头疼。每周的班会课上会着重提出卫生问题,但特殊学生在个人卫生上不能做到自觉清理,因此与家长的沟通就特别重要,学校需要与家长共同监督学生的个人卫生问题,长期保持养成良好的习惯。班级中的小 X,手指甲长长的,而且嵌着黑黑的泥巴,头发经常是油的,还带有异味,衣服也是长时间不更换,带有异味,还有无意识的尿湿裤子的情况。学校上个学期针对小 X 的个人卫生问题,制定了家校合同,并取得了一定的效果,本学期在此基础上加强了与家长的沟通,通过每月的电话沟通在校的卫生问题。比如刚开学时,小 X 的指甲一直很长很脏,在提醒小 X 几次后她也不能按时剪指甲,还有小便不能控制的问题,刚开学时经常发生尿湿裤子,没有干净裤子可换的情况。于是,学校在电访过程中与其母亲、外婆沟通了上述问题,让家长在家督促学生剪手指甲,督促她及时带来干净的备用裤子,并且通过家校联系册反馈每周的情况。此后一学期中,小 X 每周都能够按时剪指甲,保持手部的整洁,备好干净的裤子,在个人卫生方面得到了一定的提高。

二、合作培养独立生活能力

特殊学生独自在家的时候应当学会基本自我照顾能力,包括简单的烹饪技能、洗衣服或使用洗衣机、简单扫地、拖地以及安全使用电器用品等能力。

这个学期小 I 的父亲经常出差,在出差之前小 I 父亲也与我进行了电话沟通,小 I 父亲只是给小 I 的饭卡里充好钱,支付宝里打了五百块钱就出门了。在小 I 父亲出差的三周里发生了很多事情,比如小崔钥匙没带进不去家门,每天吃外卖,两个星期里花光了父亲给他的所有的钱,手指被刀划破血流不止。没带钥匙的小 I 不敢打电话告诉父亲,自己去菜场找了开锁的小贩,虽然门打开了,但是被骗了两百块钱,花光钱的小 I 只能去吃食堂,并且想着自己做菜,导致手被刀划伤,自己摸索去医院包扎了手指。小 I 按照家校合同的要求每天给父亲打一个电话,小 I 父亲可能因为小 I 发生的错误而责怪小 I,并且在电话里不说话。小 I 父亲出差回来后,我和他面谈了一次,沟通了这次他出差期间发生的事情,他也意识都自己对小 I 的教育方式有些问题,首先需要改变自己对小 I 的态度,虽然对小 I 期望比较高,但是还是需要有耐心,通过每次发生的事教会小 I 如何处理,小 I 父亲接受了我的建议,也试图改变自己的态度。

三、家长指导学习就医技能

独立就医的能力对特殊学生来说也是很重要的一项内容,特殊学生在发生一些突发状况时往往不知道如何处理,家长的指导在这个时候就很重要了。小 I 这个学期在父亲出差期间就受伤了两次,通过这两次受伤,他也学会了如何去医院看病。第一次小 I 在家里削土豆,把手削了一个口子,血流不止,他害怕父亲责骂他,第一时间打了电话给我,我了解情况后还是让他求助父亲,同时也与小Ⅰ的父亲通了电话，让小崔父亲在电话里指导小Ⅰ如何去医院看病。后来小Ⅰ父亲在电话里告诉他如何看病的流程，他带好医保卡自己到医院挂号，看医生，包扎，最后叫了车回家。第二天小Ⅰ来到学校，却没有带医生给他开的药，他认为在家吃过就可以了，不懂一天三次的医嘱。

经过这件事，小Ⅰ应该是掌握了如何去看病就医，因为第二次父亲出差，小Ⅰ又因为洗刀划伤了手指，这次小Ⅰ复制了上次的做法，成功到医院处理好伤口，并且向我请假在家休息一天。

学生的教育不能脱离家庭，学校要和家庭通力配合，让家庭真正发挥支撑作用，共同做好智障学生生活适应能力的培养工作。家庭和社会是学生最终的落脚点，学生习得的成果需要在家庭和社会中得到检验。接下来我们会通过各种类型的活动对学生进行职业认识和职业价值观教育，培养职业个性和良好的工作习惯，使其具有基本的职业能力，我相信我们这个班级会建设得越来越好。

童锡凤

第五节　家校合作的生涯发展教育成效

生涯发展教育是综合的，是发展的，在家校合作之下，在职业陶冶的过程中，学生、家长、教师都得到了长足发展。

一、学生发展

从班主任借助《职业陶冶教育家长手册》开展家庭教育指导的过程中，学生的职业素养有了一定的提高，职业认知、职业意识、职业规划的相关能力均有所发展。职业认知方面，个案由过去职业认知浅显发展到初步认识职业的价值，对各种职业有了比较具体的了解。

例如，职业意识方面，小祺同学能够在家长、老师的辅助下，简单说出自己的兴趣：种植花草。也在家长的影响下，具备了适当的职业观念，职业态度和习惯经过训练有所改善。职业规划方面，家长在认识到孩子虽然是残疾，但应该有从事职业的必须性，故家长有意识地让孩子简单了解从事职业要做的准备和做好工作的要求，如今，学生能够在家长、教师的指导下选择自己的职业方向——花店员工。

在职业能力方面，小祺有很大的进步，能够在教师的指导下完成相关劳动岗位的基础劳动要求,同时在职业态度方面也有了很明显的转变,积极参与岗位实践态度,在生活方面,经过家校共育,他提高了生活自理能力,通过家长的引导,形成健康的生活和休闲的观念,养成良好的卫生习惯,通过生涯发展的规划,提升了学业水平,为将来的职业的发展奠定基础。

二、家长的发展

此外,家长们都对自己孩子的未来发展方向有了较为清晰的认识。家长对于让孩子尽早体验职业课程,培养职业意识和能力的观念也发生了变化。

许多原来在生活上样样包办的家长都开始愿意放手,让孩子学着独立上下学,参与力所能及的家务劳动。在生活能力方面也得到了提高,比如小孙同学是比较严重的自闭症学生,据他妈妈说在进校之前从来不吃学校的饭,家境较好,诸事包办,父母总是迁就他,每天睡到自然醒,在9点多给他吃早饭等。学校首先和家长沟通,要求家长如果想放手,让孩子能够独立学习,就必须要配合,如早饭得在8点之前吃完,同时,在班级每天午饭的进食由老师指导,在指导过程中,小孙其实也不是都不吃,他就是不吃混杂的餐饭,在掌握他的喜好后,老师让他先吃蔬菜才可以吃肉,经过天天的"逼围",小孙慢慢能够自己吃饭。据妈妈说,小孙在家也好多了,现在还爱上了在学校读报,情绪也好多了。

三、教师的发展

参与研究的教师编制了厨工、面点师、餐厅服务员、花卉工四类职业样本的职业陶冶教育内容,并通过编制家长手册的形式指导家长开展职业陶冶教育,撰写相关的案例,进一步提升家庭教育指导的能力。

第七章

基于生涯发展教育的个性化课程实施个案

　　根据教育教学经验与学生的实际能力及发展需求,特殊中等职业学校学生的主要发展方向有三个：就业、升学和居家社区生活。其中,能力较强的学生,以专业技能的提升,促进最终就业为目标;有继续求学愿望的学生通过学业辅导,以实现升学为目标;所有学生都能够通过课程教学,提高基本生活能力,部分不能升学就业的学生,以实现居家社区生活的融入为目标。

　　基于生涯发展教育,教师们从学生生涯发展需求出发,分析学生基本情况,制定生涯发展目标,通过个性化课程实施计划的实践,帮助学生学习专业知识与技能,提升基础知识水平,改善身心障碍,提高生活自理能力,获得就业、升学及居家社区生活适应的长效发展。

第一节　以就业为发展方向的个案

　　虽然特殊中等职业学校的学生普遍存在各种身心障碍,如智力障碍、自闭症、脑瘫、情绪行为障碍等,但是,大部分学生还是以就业为目标,希望通过学校的职业教育获得一技之长,未来能够自食其力。针对这些学生,导师需要通过家访、电访与家长建立联系,明确未来发展目标,形成合力;通过与学生的倾心沟通,建立良好的师生关系,帮助学生克服情绪行为问题;通过职业教育,提升专业知识与技能,培养职业素养,促进其实现就业目标。

个案一　亲其师,信其道
——小 F 个性化课程实施计划的制定与实施

生涯指导教师：周颖芳

　　作为老师,最让学生欣赏、佩服、敬重的主要还是正直的人品和过硬的素质。要吸引学生,老师必须有扎实的学术功底、过硬的教学基本功。小 F 同学是个存在严重情绪障碍的自闭症学生,老师通过"亲其师,信其道",帮助他从喜欢这个老师而开始喜欢老师所教授的科目,并且在老师的引导下,努力克服自己的情绪障碍,把专业知识学好,积极融入班级集体。

一、个案研究的背景

2016 年小 F 同学初中毕业到我校进行中职特殊职业教育的学习。学生除了学业的困难,最大的问题是情绪的障碍。个案的健康问题出于以下三个原因:

1. 学生频繁的情绪问题的发生

虽然学校在预知学生情况后给出了让家长陪读的建议,但还是没能控制住学生经常性的情绪爆发的情况。学生的情绪问题不仅影响了个人正常学习,还影响了班级同学的正常学习,有时不当的情绪反应之后的攻击性行为还危及了班级其他同学的人身安全。所以,个案的及时干预刻不容缓。

2. 家长在学生问题上认识的偏颇

小 F 的家庭教养问题一直是母亲负责。其母是某知名大学的心理系教授。按照常理,母亲在家庭教育方面有很多的优势,但是由于母亲的角色造成了她对自己儿子在情绪问题上认识不够理性,或者不敢直面孩子存在的问题的情绪心理,这影响了她的专业判断和理性思考。通过个案的辅导,学校也希望母亲有一个更加理性的认识,更好的帮助孩子解决情绪问题。

3. 学校导师制项目的全面开展

导师负责制是智障学生个性化课程方案运作机制的核心,以导师为主的多学科团队是个性化课程方案制定与实施的主体。导师作为这一团队的主要组织者、协调者与责任人,必须要立足智障学生的长远发展,全面思考个性化课程方案所涉及的所有课程,包括课程设置、目标、内容、实施方式以及学生学习成效。

笔者和这位小 F 同学成了导师制中的一组。通过关心,笔者提升了小 F 的个性,发挥他的能力,制定个性化的生涯发展目标,解决生涯发展支持不足的问题。

1. 健康情形

小 F 身高 179 cm,体重 85 kg,身体健康,有近视,佩戴眼镜。

2. 学校生活

小 F 在随班就读班级中属于 A 层学生中能力最弱的,入学后不能很好地适应职业教育生活,总向往普通高中的学习,对于特殊学校有抵触心理,再加上情绪障碍,需要家长陪读。

3. 性格特点

由于学业上的障碍,小 F 表现为不够自信,有好奇心,知识面较广。情绪变化非常微妙,易产生不良的情绪反应,暴躁并有破坏性行为。

4. 社会生活

小 F 交往的范围基本局限于自己的父母亲友、学校的老师和同班同学,基本无外部的社交活动,这也是特殊学生普遍的情况。

5. 休闲生活

父母对他喜爱的文体活动,都能给予大力的支持。他参加网球、游泳等运动,也参加过钢琴、架子鼓的培训班。家庭中也固定安排了学业辅导的老师。

6. 家庭生活

他的家庭是一个温馨和睦的五口之家。一家人与爷爷奶奶同住,他日常受到爷爷、奶奶的照顾。家庭中父母也都是高级知识分子,对孩子教养问题思想较统一。

二、个案基本资料

小 F,男,2000 年 2 月出生,独生子女,是某区一重点中学毕业的随班就读学生,初中毕业转至我校,属于轻度智力障碍的自闭症且伴有较为严重的情绪障碍的学生。经学校入学评估测定,该生语言沟通能力 85.7%,认知能力 70%,感知运动能力 88.7%,作业能力 92%,社会适应能力 82%。

三、个案研究的方法

1. 直接观察法

直接观察学生的学习与实践,发现问题,参与班主任的指导或处理。

2. 个别会谈法

在观察学生的行为,发现线索后,通过谈话,探究学生所处环境的情形和形成这些反应的原因。从而了解真相,发现产生问题的原因。

3. 访谈法

根据学生存在的问题行为,和家庭、班主任、学科老师等与学生有密切关系的人员进行访谈,从侧面了解学生产生问题行为的原因。

四、个案的辅导过程

(一) 深入家访促成家校教育同盟

自从和小 F 有缘结对，去一次家访是一直萦绕在我心中的一桩心事，在与班主任沟通后的我终于如愿和两位班主任一起走访。

家访，对我们教师来说，并不是一个陌生的词。作为联系家庭与学校的一条纽带，它发挥了无可替代的作用。家访，说到底是学校与家庭共同教育好孩子的一道不可或缺的桥梁。通过家访，教师能及时了解学生学习和生活的情况以及思想动态，让每一个学生不在学校却继续享受学校给予的关爱，耐心倾听家长对我们工作的反馈和建议，不仅能取得了家长对学校和教师的理解和支持，同时还可以加深教师与家长的情感联结。作为一名学生的生涯导师，只有近距离走近孩子才能更完整的了解他。

这么多年的班主任工作经验告诉我，面对面促膝交谈与电话里的听声不见面相比，那感觉和效果就是不一样的。小 F 同学的家在市中心的一栋新式的小区里，我们准时敲开了他家的家门。小 F 的父母热情地招呼我们入座，还有乖乖站在一旁对我们的来访一脸期待的小 F 同学，今天的他感觉非常羞涩。

在和小 F 父母、外婆的坐聊中，我进一步了解了孩子的兴趣爱好。父母给作为独生子女的他创造了一个非常好的生活条件和学习条件。自己有独立的小空间，休闲、阅读、运动都可以兼顾。他喜欢阅读、打鼓，说起打鼓，他还得意地露了一手，我们连连鼓掌。听妈妈介绍，课余时间家里请了音乐老师教他，到现在还坚持着。孩子也喜欢阅读，喜欢问问题，父母文化层次较高，总是努力解答他各式各样的问题，我想这也是他的知识面如此广的原因吧。

我们和家长一起从小 F 点滴的进步谈起，客观地去分析小 F 取得的进步和还需克服的缺点，肯定了孩子在上学期取得的进步。孩子听着老师们对他的夸赞，他也非常开心。我们也在轻松融洽的气氛中和孩子一起探讨他还存在的问题，共同商量、探讨教育措施，使学生心服口服，家长也欣然配合。教师、家长、学生三者共处一室，促膝谈心，拉近了彼此的心理距离。

这次家访让我受益匪浅，和学生家长相互了解情况，交流各方面的信息，沟通感情，既使家长了解学生在校各方面的表现和学校对学生的要求，又使我了解学生家庭各方面的情况及学生在家庭中的表现，并且同学生家长共同研究，在教育学生的内容和方法等方面达成一致意见。

这次家访，家长和学生感受到老师的关注和重视。家长充分肯定了学校上学期孩子课程设置以及任课老师的调整，为小 F 同学各方面的进步奠定了很好的基础。我想这次家访不是一次普通的家访,更是对小 F 所取得的进步的一次肯定、一种激励,对家长也是一个触动。

在这次家访过程中,我深刻体会到,作为生涯导师,我们要积极地指导家长,同时多进行交流,如果家长和教师相互学习,相互信任,相互合作,结成一个家庭学校的教育同盟,那么我们的学校教育会获得更大的成功。

(二)无条件接纳让学生获得学习自信

由于岗位的关系,我一学期可以听到很多老师的随堂课。凡是听小 F 班级的课,我都细心观察他在课堂上的表现,这学期我惊讶地发现他在课堂中取得的进步是可圈可点的。他俨然从一位游离在课堂之外的可有可无的孩子,渐渐成了课堂中的活跃分子,他在课堂中找到了自信。

美国作家爱默生说:"自信是成功的第一秘诀。"人们常常把自信比作发挥主观能动性的闸门、启动聪明才智的马达,这是很有道理的。帮助能力弱的孩子确立自信心,就需要老师评价他,发现他的长处,肯定他的能力。学生一旦会正确地评价自己,就会用自信心来为自己领航,找到打开成功大门的钥匙。

举手看起来是一件很容易的事情,可是对于一些缺乏自信心的孩子来说,那手似乎有千斤的重量,他们更多的是选择低头不语。对于动手能力非常弱的小 F 而言,更是无法参与,总是远远地离开班级集体,任由支持教师怎么努力,小 F 不发脾气地独自在一旁消磨课堂的无聊时间,已经算是最佳的状况了。

这个学期我看到小 F 可喜的进步,在一节服务课上,当任课老师问:"哪位同学愿意尝试一下操作?"小 F 高高地举起了他的手,并急切地招呼老师:"我来!我来!"这样的镜头我不仅在专业课、基础课上,更在外地老师的试教课上看到了。我想这应该是一种常态。不管他的回答或者操作演示是正确的还是错误的,老师和同学们都会把赞美的掌声送给他。有时甚至是回答之前同学和老师已经给予了他掌声,让他感受到同学和老师的信任,让他有足够的勇气去回答问题。即使他回答得并不完美,也要从他的回答里去找一些可以表扬的因素,去表扬他,让他觉得举手回答问题并不会让老师责备自己,反而可以树立自己在老师和同学们心目中的美好形象。当学生喜滋滋地坐下时,自信的"芽儿"已经开始在他的心里萌发。

要让每个孩子都抬起头来走路。"抬起头来"意味着对自己、未来、所要做的事情充满信心。任何一个人,当他昂首挺胸、大步前进的时候,在他的心里有诸多的潜台词——"我能行""我的目标一定能达到""我会干得很好的""小小的挫折对我来说不算什么"……假如每一个学生都有这样的心态,肯定能不断进步,让我们把自信播撒在每一位特殊孩子的心中。

(三) 教师搭建个性化的展示平台让学生获得成功体验

每年一届的金职杯技能比赛一直受到全校师生的重视。参赛的选手更是从本专业学习的佼佼者中选拔。学生们都为能成为比赛中的一员而感到高兴和自豪。在今年的参赛队伍中,我意外发现了小 F 的身影。

苏老师在班级烹饪初赛中按照比赛程序选拔了一些烹饪技能掌握出色的同学,作为金职杯正式的参赛队员。从他的眼神中,苏老师读出了他对金职杯比赛的渴望。考虑到小 F 同学本学期在烹饪课堂上的努力和进步,苏老师决定额外给小 F 同学在金职杯上一个展示的机会,作为金职杯参赛队员中非常特殊的一员,他也非常珍惜和努力。临近比赛的他在课堂中表现得更加专注,对椒盐排条这道菜的烹饪,他学得格外认真,努力记下每一步的操作步骤,希望自己在金职杯上有好的表现。

比赛那天他同样也穿上了烹饪比赛的正式服装,在老师的帮助下严格按照这道菜的烹饪要求和程序用心烹制,他阳光自信的样子让人真的很难想象,这是一年前从不肯参与技能操作、时常情绪狂躁的小 F。当他的作品得到专家和来宾的好评时更是流露出了从未有过的自信。他的这分学习的自信真是来之不易。

在和他妈妈的交流中,他的妈妈告诉我,小 F 以前对"特殊职校"心存排斥,他一直非常向往普通的中学,任由父母、老师怎么开导,他心里对普通高中的向往一直没有减弱。但是这段时间他的心理状态发生了很大的改变。他喜欢上烹饪课了,他喜欢学校了,每天都想着早早地来学校。烹饪课上,他也比以前愿意参与课堂教学活动了。

五、个案的思考

首先,作为老师,最让学生欣赏、佩服、敬重的,主要是正直的人品和过硬的素质。正如陶行知先生所说:"身正为师,学高为范。"在言谈、举止上,老师要为学生树立良好的榜样,因为当你出现在学生面前时,你的一言一行都在几十甚至上百个学生中起着潜移默化的作用。

另外,要吸引学生,老师必须有扎实的学术功底、过硬的教学基本功。我们平时经常说:"要给学生一杯水,老师先要准备一桶水。"如今,随着经济、科技、社会的飞速发展,学生获取知识的途径越来越多,知识面越来越广。这对老师无疑是一种挑战,所以,老师更要向纵、深发展,不断充实自己。一个知识渊博的老师,才是学生真正会从内心敬佩的老师。

其次,我们一直提倡老师跟学生建立亦师亦友的师生关系,这不是随便几次谈心和聊天就能实现的。老师可以"投学生之所好",拉近彼此的距离,从而和学生成为可以交心的朋友。

亲其师,信其道。苏老师以及小F身边的班主任和其他任课老师做到了。几乎每个人都感受到小F同学的进步。虽然他的进步也是非常有限的,他的成长空间还非常的大,相信家校合力,身边还有这样关心他的老师,他一定会获得更大的成长和进步。

个案二　稳中求进步
——小L个性化课程实施计划的制定与实施
生涯指导教师：夏霁

很高兴能够成为小L的导师,在四年中与他一同进步成长。用稳中有进来形容小L在校的四年学习生活再贴切不过了。作为小L的个性化导师,我所要做的就是在日常对其校园生活、学习情况进行了解跟踪,把握其各方面的动态。发现优点、进步点时及时鼓励强化,发现问题时与班主任、家长、小L本人一同寻找解决方案,以帮助小L更好地参与校园生活,为未来的职业生活打下基础。

一、学生基本信息

小L,男,出生于2002年7月,自闭症学生,独生子女。家庭经济状况较好,父亲是徐汇某高中的语文教师,母亲是百货职员,家庭氛围和谐,亲子关系和睦。小L初中就读于复旦初级中学,随班就读学生,毕业后进入长宁区特职学校学习。目前身体状况良好,未参加过任何康复训练。

小L性格温和,能与同学友好相处;做事积极主动,但略显莽撞,时常会闯些小祸;语言行为模式刻板,沟通表达能力一般,社会适应性较弱;身材微胖,运动能力尚可,肢体协调;认知能力和动手能力均一般,基础学科与专业学科的学习均存在一定的困难。

二、个性化课程实施计划的制定

(一) 个性化学习需求评估

2018年6月,在入学评估中,对学生的入学综合评估结果如下:

表 1　小 L 入学评估结果

综 合 评 估						
入学评估	得 分 率				个训需求专家建议	
	0—24%	25%—49%	50%—74%	75%—100%	不需要	需要	很需要
语言沟通能力		38				√	
认知能力		25					√
感知运动能力			55			√	
作业能力				75	√		
社会适应能力		25				√	

从综合评估结果可以看出,小 L 的总体得分较低,只有在作业能力上评分较高。结合学生自身的情况以及家长的建议,对小 L 后续的个性化辅导主要结合学校课程和个别化课程的辅导展开,过程中需要教师提供个性化的支持。

（二）个性化学习需求调查

利用新生家长会的时间,学校为家长们整体介绍学校的个性化课程,并发放《特职校个性化课程简介》。指导教师请小 L 的父亲根据小 L 的能力水平,选择了需要支持的科目,包含校内岗位实践、社会实践实习、居家与休闲。

（三）资源分析

在学校资源方面,学校可以提供个别化康复训练、课堂教育支持者、社团活动以及推荐实习就业。在家庭资源方面,父亲是高中语文教师,对小 L 语文及数学的学习非常关心。

（四）个性化课程实施会议

在家长会上首先与家长接洽,了解家长的需求,并开始着手制定计划,于第二次家长会上家长、班主任、支持教师等一起为学生分析情况,着手制定学生的具体发展目标。

（五）确定学生发展目标

依据学生及其家长的需求,根据学生特点,确定学生的发展目标,以提升居家自理能力、加强专业技能学习为主,为毕业后的居家生活做好铺垫,也为未来的就业提升可能性。以提升文化基础(主要是语文阅读、数理逻辑)为辅,为未来踏上社会能够正常与人交往、生活打好基础。

三、个性化课程计划的实施

针对该生的实际情况,结合学校课程以及家长和学生本人的想法,对其进行辅导:

(一) 了解家长及学生的期望,确定五年发展目标

充分运用个性化课程方案会议的时间与家长沟通,与家长确定了孩子在校五年的发展目标:1. 毕业后能够从事一份力所能及的工作;2. 提升独立生活的能力。就业的发展目标是老师与家长共同沟通为孩子定下的最高、最优目标,家长虽然对孩子有这样迫切的希望,但是家长能够抱有平和、随缘的心态去看待孩子的就业问题,家长的好心态在无形中给予了孩子更大的成长空间,家长的高配合度于有形中给了孩子最有力的支持。

针对小 L 的发展目标,家长希望学校能够为其提供关于数理逻辑、生活技能、专业技能三个方面的个性化课程,帮助其提高数学能力以及职业技能,为未来居家生活及工作就业提供一定的支持。

(二) 疏堵结合,融入校园新生活

入学之初,小 L 并不适应新的校园、班级生活,甚至萌生了不想来学校上学的想法,究其原因主要是小 L 认为新班级同学能力相较于之前的同学要弱,他感到不适应。通过与小 L 班主任的通力合作,疏堵结合,日常堵住班级的不和谐之音,让学生明确认识到每个人都是独一无二的个体,每个人的身上都会存在一定的特殊性,不要总是去看到别人的短处,同学们的身上总有你值得学习的地方。在堵的同时,也加强对小 L 的关心,让他慢慢适应新的学校、新的班级,让他感受到老师对他各方面的关心与照顾。通过两个多月的努力,小 L 慢慢地爱上了新的学校、新的集体,每天都能高高兴兴地来上学了。

(三) 日常渗透,提升职业素养

1. 课堂渗透,学会寻求帮助的社会技能

"老师,我来吧,我要自己做""不要夏老师帮助,老师你走开"……学期伊始的时候,在面点课上,我总能从小 L 口中听到类似这样的话语,他总是或用背对着我,或用手肘挡住我,不让我帮他的忙,即便在他做错的时候。而我也总是不厌其烦告诉他,老师想要帮助他,因为他某个步骤做得不对,或者某些地方还可以再提高。但是不管我怎么苦口婆心,他似乎并不领情,依旧一副"我自己能行,不需要老师帮忙"的态度。

独立尝试是一种良好的学习品格,但是几番尝试失败后学会主动寻求帮助也是一项必不可少的社会技能。通过日常渗透，我帮助小 L 实现了从直接拒绝老师的帮助到主动寻求老师、同学的帮助的转变，同时也教会他逐步学习如何讲究场合，讲究时宜，讲究方法向他人寻求帮助，以帮助他将来更好地融入社会。

2. 积极干预，培养言语沟通能力

小 L 作为一个自闭症孩子，在他的身上重复刻板的行为表现十分严重，尤其是在言语方面。他十分喜欢大声重复别人的话，自己的主动性的语言局限于日常生活中的一些简单对话。他还喜欢突然间大声说话，时常会把人吓一跳，而这个问题其实对他未来的生活会有一定的影响。

在与小 L 相处期间，我与小 L 一起寻找改善的方法，改善他说话的习惯，知道什么该说什么不该说，什么场合适合说话，什么场合不适合说话，并且学会日常用什么音量说话，通过积极干预，小 L 在言语沟通方面进步很大，现在他能够比较完整地陈述一件事情，用正常的音量与人沟通交流。

3. 同伴支持，改变急躁的做事风格

最近发展区理论适用于同伴间的示范与模仿。小 L 在四年级的时候把小周视为了他的好同伴、他的"慕强"对象，凡小周做的事情他也都要模仿着做。在过程中，我鼓励小周带着小 L 一起学习，学习同伴小周做事沉稳的风格，双方一同进步。

(四)"慢"学习，提升职业技能

如果要用一个字形容小 L，我会选择"快"这个字。小 L 总是一副风风火火的样子，走路很快，学习很快，劳动很快，不管做什么都很快。他做事过于急躁，总是还没听清楚要求，就迫不及待地捋起袖子干了，做事的效果往往都有点粗糙、不够理想。针对小 L 的这一情况，本学期我为他设置了一个"慢"学习计划，通过计划的实施帮助小 L 放慢做事的脚步，从而将事情做实做好。

通过"一看、二听、三做"的方法，我在学习专业技能的过程中让小 L 一看老师、同伴的示范，二听清楚老师对重难点技能的讲解，第三步再开始操作。通过这样的方法，帮助他巩固技能的操作步骤，明确操作的标准及重难点，以此来为后续的操作做好铺垫。通过"先说后做"的方法，我让小 L 在完成每一个制作工序之前都先说一说自己要做什么，帮助他明确自己下一步的制作工序，以便他更好地开展操作。逐一攻破每一步，熟练之后再流畅开展自主练习。

虽然小 L 还是一如既往地风风火火，还是一如既往地急急躁躁，但这都是个性使然。通过这样放慢节奏的学习方法，虽然过程中要一直"叫停"小 L，打破他常规学习的节奏，但是通过几次反复练习之后，他也能够逐渐适应，并且最终呈现出来的结果还是不错的。

四、反思建议

在四年的学习生活中,小 L 参加过各种实习实践工作,积累实践经验;参加过各大专业的校本考证,为未来开展就业储备技能;参加过金职杯职业技能比拼,获得了好成绩,为学习生活留下足迹。

像小 L 这样的孩子,未来如果要找工作其实还是有挺大的难度的,一方面现在整体的经济环境也不好,另一方面他其实还是缺乏一定的工作能力的。但是相信通过四年的家校通力合作,我们其实也已经达成了帮助小 L 提升生活技能的目标,希望他未来在过好自己的居家生活的基础上,有机会的话能够获得工作的机会。

第二节　以升学为发展方向的个案

部分学生学习能力较好,对未来继续升学充满期待,非常希望能够通过自己的努力,通过成人高考进入业余大学学习。导师针对这一类学生,需要增强学生的学习自信心,加强语、数、外的基础课教学,拓展学习内容,引导学生进行课外自主学习,帮助学生奠定良好的升学基础。

个案三　花开终有时
——小 B 个性化课程实施计划的制定与实施
生涯指导教师：须芝燕

小 B 入校时,胆小害羞的个性让她被怀疑是自闭症。在校学习的三年时间里,她在老师们的关怀中逐步成长起来,语言沟通及人际交往能力在各学科教学以及社团活动中逐渐提升;语文写作能力在导师的精心设计与培养下,逐步具备考取大专的基础;最后一年的实习工作让她在社会的磨砺中,学习了人际交往方法,适应了实习工作岗位,逐步提升了工作能力。最终,在导师引领下,她坚定了边工作边提升学历的信念,以优秀的成绩毕业。

一、基本信息

小 B 2003 年出生,身高 1.67 米,体重 62 公斤,是个漂亮的大姑娘。小 B 是轻度智力障碍,如果不深入沟通,你可能不会觉得她有什么问题,因为她不论外貌还是举止,都很正常。但是她很害羞,言语轻轻,欲语还休,与人言语交流是她最大的障碍。

二、问题呈现

小 B 与我有缘,在从事随班就读工作时,我就已经记住了她的名字。那时,她还在小学里上课,我去她学校随班就读巡回指导的时候,小学教导主任说:"申请随班就读吧,她什么话也不说,字也不写,完全不知道她到底有多少知识量。"申请随班就读必然要做智商鉴定,孩子的爸爸一个人带着她艰难生活,完全不能够接受这样的现实,一直回避老师的建议。可是,孩子的成绩完全跟不上,经常上交白卷。没有妈妈的家庭,爸爸是公交车司机,也没有太多的时间和精力来帮助孩子学习。最后,在学校反复的思想工作之下,小 B 的爸爸终于带着她做了智商测试,而结果就是孩子的智商处于临界值之下,属于轻度智力障碍,的确是随班就读的对象。时间的打磨让一个不愿接受现实的爸爸慢慢接受了现实,而小 B 从小学到初中的"随班就读"状态,也并没有使她怯懦的性格有所改善。

2018 年,小 B 进入了长宁特职校学习。她整体能力较好,专业课学习表现出色,基础课虽有困难,但也能够认真参与学习。她没有明显的生理障碍,性格胆小,不怎么愿意表达。在与人交流中,总是轻声细语,缺乏自信。

三、评估分析

通过入学的个性化需求评估,我们发现小 B 的感知运动能力以及作业能力得分较高,均在 90 分以上,说明她肢体的各项运动能力都很好,操作能力很强,适合学校各专业的学习。她语言沟通能力、认知能力、社会适应能力相对较弱,得分在 67—81 分之间,说明在基础课学习以及人际交往能力方面,她还需要进一步的提升。

表 1　小 B 的个性化需求评估

二、综合评估							
入学评估	得　分　率				个训需求专家建议		
	0—24%	25%—49%	50%—74%	75%—100%	不需要	需要	很需要
语言沟通能力				78.5	√		
认知能力			67.5			√	
感知运动能力				92	√		
作业能力				97	√		
社会适应能力				81		√	

四、辅导目标

在学生、家长、老师等人员的多方协商之下,小 B 在职业生涯发展中选择成为一名面点师,在升学方面,希望自己能够考取业余大学大专班。学生动手能力较强,未来应该能够凭借一技之长找工作,但表达能力较弱,需要培养语言沟通能力,提高其与人交往的能力。在基础课程的学习中,语文学习尚有欠缺,未来考大专有一定难度,需要努力。

五、辅导过程

1. 培养人际交往能力,适应未来社会生活

在学生入学的第一学期,我对学生主要进行了语言沟通能力的培养。针对学生胆小、不愿意说话的个性特点,在日常生活中通过打招呼、发本子、面对面谈话等形式,为学生提供更多与人交流的机会,引导学生自信大胆地表达自己,说话时能够提高语音,让同学、老师都能够倾听自己的表述,帮助学生获得人际交往上的发展。下学期继续这方面的培养,帮助学生提高交流能力,获得自信。

在第二学期,注重在语文课上提高语言表达的能力,重点关注学生的造句。由于上一学期观察发现,学生在造句方面比较欠缺,这就说明其本身语言能力较欠缺,丰富性不够,因此造成句子的表达欠缺。在课堂上,但凡有使用课文中的词语造句这一项目,我必定会首先想到给她一个机会,让她来说一说。小 B 本来不愿意造句,但是我会让学生一起来激发她表达,先让其他同学一个个说一句,让她心里有一个可以模仿的句子,她能够说出一个句子就可以。再后来,让她自己说句子,只需要主谓宾的最简单句,让学生从最简单做起,减轻心理负担,慢慢地越说越多。

在第三个学期,我坚持推动小 B 积极与人交流,培养能够适应职场的性格。因为她的动手能力较好,未来就业应该是没有什么问题的,如果能够帮助她建立与人沟通的良好桥梁,我相信,未来的她会有很好的发展。本学期小 B 的进步有目共睹,班级同学一致地评价小 B 在交流方面有了很大的进步。我欣喜于同学们的赞赏,更欣喜于小 B 的进步。这学期我耐心地引导她造句,不管错还是对,总要说出来让大家听清楚。不管以怎样的方式,我希望她能够做到的是自信,能够把自己的话说出来,能够不管对错,表达自己。我相信,如果小 B 能够突破自己心理上的这一关,她的未来发展一定能够更加出色。

小 B 是我比较喜欢的那一类孩子,文静而聪明,她能够体会和明白老师的话。在语文教学中,我时时提醒自己,一定要多表扬小 B。社会是开放的,要适应社会,适应将来的工作,就要把自己打开,学会与人交往。通过语文课的

言语沟通培养,小 B 逐渐开口了。

2. 培养语文写作能力,搭建考取大专支架

作为导师,作为她的语文老师,我在学期初就让小 B 坚定了考大专的目标。语文课与考大专息息相关,因此,我在语文课堂中特别注意学生字词句的读写、阅读理解能力的提升以及作文的辅导,正确帮助学生能够积累一些语言文字的基础知识,提高学生语文素养,为其考取大专搭建支架。

二年级一开始的时候,她听说学校里很多毕业的学生在读大专,她很羡慕。她说,她准备特职校四年级毕业的时候考大专,继续学习,争取更高的学历。虽然她的学习情况并不是班级中最好的那一个,但我是她的导师,我知道像她那样性格内敛的孩子,反而更有学习的毅力。既然她已经表明了自己的心愿,那我也将为达成她的心愿而努力。

2020 年上半年,因为疫情不能到校上课,但小 B 的努力在一步步的微信教学中,让我感受颇深。网课学习中,小 B 一直积极主动。虽然小 B 性格内向,平时说话声音就很轻,在线上实时交流的时候,她并不是非常积极,但是在完成老师布置的基础作业题时,她毫不含糊,做完就发给老师并积极订正,思维导图也画得非常清晰。后来,回到了学校上课,小 B 也还是那个说话声音轻轻的、回答问题总要慢几秒的女孩子。但她能够很好地完成复习作业,对课堂练习也是仔细完成,积极检查核对。相信只要继续努力,她的大专梦一定能够实现。

从一年级开始,我就培养她主动与人交流的习惯,让她能够和同学和老师主动打招呼。二年级开始,我培养她自主学习的习惯,从思维导图入手,做好课文预习工作,同时对作文的撰写进行个别辅导。从三年级开始,我把自主学习更推进一步,让小 B 制作预习 PPT,把自己搜索的网络学习资源制作成可以和同学老师交流的课件,站在班级讲台前,与同学们一起分享学习。

一年年过来,小 B 的进步不仅仅是我夸出来的,更是周围同学和老师有目共睹的。"老师,我最近自己买了你推荐的考大专的复习书,之前问上一届同学借的,但是我想了想,还是要自己买一本,好好做做题目。"小 B 主动问了我考大专的一些问题,同时也知道自己学习基础薄弱,主动提出要先做些题目,让我给她提些建议。

2022 年上半年,又因疫情居家。我想,这正是难得的时间,小 B 可以有空复习一下成人高考的试题,可以练一练自己的作文能力。于是,我再次向小 B 提出能不能把自己的工作和生活的内容以作文的形式和老师交流一下。通过两周的酝酿,小 B 把自己在公司被封之前的最后一天工作写成了作文。将日

常工作写成作文,也在很大程度上帮助小B提高了写作能力。对于经常独自一人在家的小B来说,家务劳动可能都已经会了。通过学校金职杯在线的劳动技能大赛,围绕家务开展的导师与学生之间的互动,我和小B之间又走近了一步。我们探讨了怎样把碗洗得更干净,我们也探讨了怎样把自己做的事情写成生动的作文,我们还谈到了如何自拍短视频,如何截图……小B在过程中不断进步,虽然她时有迟疑,经常会长时间没有声音,但是,我知道她在努力进步,她在手机屏幕那一端思考、尝试,最后成功。

3. 鼓励参与多种活动,迅速提升个人自信

我在学期初就为小B制定了个别化的教育教学目标,坚持推动小B积极与人交流,提升个人自信,培养能够适应职场的性格。

三年在校学习期间,小B参加了多种社团。一开始参加的摄影学习结束后,她又陆续参加了舞蹈及特奥社团活动。舞蹈课的学习充分激发了学生潜能,帮助学生在肢体协调性、柔韧性方面获得发展,同时特奥活动中篮球、旱地冰球以及旱地冰壶的练习拓宽了学生视野,在锻炼学生运动能力的同时,也提高了她的人际交往能力。

同时,因为她的学习能力较强,动手能力较好,未来希望她能够考取业余大学,争取大专学历。也正是因为这种高期待,我会在教学中不知不觉更多地请她回答问题,不知不觉更多地鼓励她奋发向上。而这种高期待也的确产生了很好的效果,小B变得越来越好,性格比以前开朗,回答问题比以前积极,完成挑战性作业的积极性也更高。自信心得到了很好地提升。

4. 适应实习工作岗位,逐步提升工作能力

最后一学年,小B进入停课实习阶段。小B一上班就被安排去了前台,小姑娘长得好看,前台工作也不忙,挺好的。但是没过多久,小B的前台工作被撤了。这个工作对她还是有点难度的,需要收发快递,小姑娘记不住同事的姓名,搞不清楚谁是谁;别人咨询什么,她总是支支吾吾,说不清楚,最后调去餐厅做服务员。平时的她不怎么开口说话,做事情不太会眼观六路、耳听八方,在工作中比较被动,领导对她的关注度比较小。

从班主任庄老师和做职后跟踪的金老师那里,我断断续续了解了她的这些动态。虽然有点坎坷,但她还是坚守在实习岗位上,没有轻易回校。11月举行金星杯比赛时,她回校参加活动,看见我,只是看着不说话。我主动问起她实习怎么样,考大专是不是能坚持之类的问题。她没有很快回答我,表现得扭扭捏捏,语焉不详。岗位的不断调换让她明白了工作不是那么容易的事情,曾

经在校园里得到的种种赞扬和荣誉,在现实社会面前变得一文不值。她需要重新适应,适应新的环境,适应新的人际,适应生活的不易。

2022 年的上半年,小 B 实习工作已经有半年了,面对之前频频出现问题的复杂局面,小 B 调整心情,再接再厉,终于有所进步。她做事情能稍微主动一些了,单位也反映了她的进步,餐厅服务员的岗位基本固定下来。

五、效果与反思

1. 效果评估

(1) 成为学校优秀学生,树立自信

三年在校学习,小 B 给了我一个又一个惊喜,学校的各项文体比赛项目都有她矫健的身影,她是旱地冰壶校队队长,她是校舞蹈队队员。在很多颁奖环节,她代表班级、学校上台领奖,与领导握手;学校"快乐元宵"主题活动中,在开场的非洲鼓表演中,她是"C 位"担当……

她不再是小学时候的透明人,也不再是初中时候的怪女孩。环境的温馨让她变得越来越好。她在学习上的进步得到所有老师认可,表扬让她树立了自信,让她明白自己绝不是一个很差很差的人。关于学校的艺术活动、学校的体育活动,班主任老师都积极推荐她参与,并获得一些奖项,这也让她明白,自己可以变得优秀,可以让别人刮目相看。一系列的正面发展推动小 B 不断朝着健康成长的方向进步,我相信,面对即将到来的四年级,面对实习与工作,她应该也可以笑着坦然面对。

(2) 不断改善交往能力,适应实习工作岗位

小 B 是外冷内热的孩子,虽然言语不多,不善言辞,但她的内心是火热的,她会思考自己的不足。通过一年的磨砺,她慢慢地融入了工作环境,并在工作中获得了能力的提升;她也知道感恩,能够在工作中主动寻求同事们的帮助,同时也会主动帮同事做力所能及的事情。这种人与人之间的互相帮助,能够让她的工作更顺利、更稳固。

小 B 的一日作文(节选)

中午十一点多,我们开始接待客人。客人来的时候帮忙拉椅子、倒水,菜端来帮忙去上菜,客人催菜就去厨房提醒。虽然我的声音老是轻得要死,厨房和客人都听不到,但我也在努力把自己的声音放大。客人走了以后,我们就开始收拾桌子,收拾好桌子下楼吃午饭,吃完午饭后又开始擦餐具。我负责和一位同事姐姐擦杯子,一位男同事负责碗、盘子、垫子,还有一位男同事和女同事

负责调羹,准备筷架、铁勺、筷子,我擦完之后,别的同事没擦完的我也会帮忙擦。擦完全部餐具后,我和一位男同事去宴会部参加有关茶歇摆放的培训,偶尔还会有考试,虽然考的时候总有一些错的或不会的地方,但他们还是会细心教导我们,让我们争取下一次考试成功。

(3)稳定工作与生活,下定决心考大专

四年级实习期间,由于岗位的不断调换,让小 B 明白了工作不是那么容易的事情,对未来也开始有些迷茫。小 B 因为工作辛苦,开始动摇了考大专的信念。但是通过老师的引导与关怀,她最后还是明白,要把眼光放得更长远一些,工作和学习经过一段时间磨合,一定能够兼顾起来,她自己不仅仅要在实习中提高自己适应工作的能力,也一定能够在忙碌之余,提高自己的学历,让自己未来的路越走越宽。

2. 总结反思

花开终有时,小 B 是一个成功的个案,在特职校四年的学习中,她朝着阳光,正面成长。但是有些方面还需要她明确自己的不足,从而在未来生活中慢慢改善。

(1)从"不说话"到"说话声音小",需要她继续不断改善

作为导师,我从她小学开始就已经了解了她的家庭背景,以及她从小学开始的点点滴滴。由于受家庭影响,她从小性格怯懦,不敢言语,经小学开始的随班就读,她的"不说话"逐步根深蒂固,是很难改善的一个方面。所以,在入学评估之后,我就已经明确,她不是"自闭症"一定要改善言语沟通的问题。临近毕业,在实习岗位上,她还是因为说话声音小的问题被领导质疑工作能力。通过四年的引导,她从"不说话"逐步改善为"说话声音小",在我看来已经是很大的进步,但她还是需要继续进步。

(2)从"想考大专"到"太忙不考了",需要坚定她前进的方向

小 B 的进步我看在眼里。面临毕业,她尽了自己最大的努力,虽然不能说是充足的准备,但也是她奋发向上的用力一跃。她原来在校期间想要考大专,提升自己的学历,但实习工作后她发现自己变得很忙、很累,怎么可能还有空学习。于是,她在工作和继续学历提升之间徘徊。现在的她虽然工作稳定下来,说要好好工作,在做好工作的同时好好学习,自己在家复习,做好考大专的准备。但是,她的决心其实还是随着她身边的环境变化而变化。对导师而言,我们不能左右环境,但是,我们能够通过心理疏导,通过激励来帮助学生树立自信,有了自信之后,她在做任何决定的时候都能够有一分自己的担当。

个案四　在"岗位应聘"中锤炼文字功底,走好"高复学习"第一步

——小 X 的个性化课程方案制定与实施案例

生涯指导教师：王海靖

岗位适应的前提是应聘成功,应聘成功的前提是要让面试官了解自身的优势能力。在呈现给面试官的个人简历中,文字功底的积淀和提升则是重中之重。如何以"岗位应聘"在日常学习中提升学生的文字功底。本文对此进行了探索,总结了相应的途径：展开过程,习得学习能力;渗透方法,贯穿应聘始终;重点着力,理解内容蕴涵;重点着力,理解内容蕴涵;凸显"实践",注重劳动感悟。

一、学生基本信息

小 X,轻度智力障碍,和父母分开生活,外婆照顾其起居。因隔代照顾,故备受宠溺,日常性事务基本由外婆完成。学习能力不强,语言表达能力弱,字迹潦草,表达语序常有颠倒现象。

二、个性化课程方案的制定

（一）个性化学习需求评估

小 X 的入学的个性化需求评估显示,该名同学语言沟通能力较强,具有较强的口头表达能力,但认知能力较弱,具体而言,小 X 在理解抽象概念、逻辑推理等方面可能存在一定的困难。这可能会导致她在语文写句子、作文的学习中遇到一些挑战,需要更多的时间和精力去适应和掌握这些知识点。

1. 综合评估

表 1　小 X 入学综合评估

入学评估	得　分　率				个训需求专家建议		
	0—24%	25%—49%	50%—74%	75%—100%	不需要	需要	很需要
语言沟通能力				93%	√		
认知能力			58%			√	
感知运动能力				100%	√		
作业能力				97%	√		
社会适应能力				79.2%	√		

2. 个性化需求评估

需要教师在语言表达、语句扩展、语顺纠正等方面予以个别化指导；关注学生的语言表达能力，提供具体的词汇、短语和句型示例，助其学会清晰、准确地表达自己的想法和感受；帮助学生丰富表达方式，鼓励学生能使用更复杂、更丰富的句子来表达自己的观点。

（二）资源分析

以长宁特职校"一人一岗"校本岗位劳动为依托，以"岗位应聘"为载体，以学习能力和劳动能力为手段，给学生的语言文字表达能力以一定的支撑，提高学生的文字功底。

（三）个性化课程方案会议

举行个性化课程会议了解学生基本情况和家长的需求，鼓励学生在"岗位应聘"的过程中利用这个平台来展示自己的优势。通过提高学生的语言表达能力来为其在"岗位应聘"中提供一定的支撑。能够在简历中清晰、有条理地陈述自己的优势技能和对未来工作的思考展望，提高自己在"岗位应聘"中的竞争力。

（四）确定学生发展目标

展开过程，习得学习能力。扫清学生学习中的重要屏障，为其在"岗位应聘"中提供支撑，提高学生基础内容掌握能力；

渗透方法，贯穿应聘始终。帮助学生在简历中清晰、有条理地陈述自己的优势技能和对未来工作的思考展望，锻炼学生语言表达能力；

重点着力，理解内容蕴涵。利用校本岗位劳动展示优势，提高学生在"岗位应聘"中的竞争力，对高复学习内容有效迁移。

三、个性化课程方案的实施

岗位应聘表的填写是让小 X 顺利成为"一人一岗"岗位劳动者的第一步。面试前夕，我让小 X 将自己写好的岗位应聘表拿出来核对，做最后修改。综合而言，小 X 所填写的岗位应聘表在学生自我情况展示、简历展示、从事的校园岗位等方面都存在各种问题。

首先是过程性要素整体缺失与分离。在学生所上交的岗位应聘表中，学生字词句基础掌握能力堪忧，错字别字比比皆是，学生基础能力掌握不扎实的现象明显。字词句是所有陈述性内容的基础，字词句基础掌握能力不足会让学生不能形成有效的文字组织和理解能力。在此基础上，学生学习过程中的观察、理解、记忆及综合运用能力缺乏也产生了诸多外溢效果，诸如单位符号、内容理解等方面也有很多问题。总体而言,在学生知识建构及理解运用的过程中,以字词句为代表的"知识点"和串联起学生基本信息的"逻辑线",加之学生全面运用所学知识综合展现自我,呈现学生整体学习风貌的"学习面"之间的学习效果呈现分离的情况。

其次是关联性要素凸显割裂与零散。学生对于岗位应聘过程中岗位要求分析不足,对于自身适应岗位要求的特质以及优势呈现不足,常常以"我会做好这个岗位""请老师相信我"诸如此类的话语一笔带过。而如何适应岗位,如何满足岗位所需的诸多要素如"爱岗敬业、耐心细致"则呈现不足。

故而,在岗位应聘过程中,学生各种关联性要素的割裂与零散呈现,使得学生在应聘岗位时很难整体全面深度地思考自身对所应聘岗位的适合性、岗位对自身的要求。

最后是发展性要素缺乏概括与延伸。岗位适应不仅涉及应聘这一流程,还需要学生通过持之以恒的坚持与不断的自我调整以适应岗位劳动的需要。在这一过程中,学生在岗位应聘表中呈现出对自身优势概括不足,如对细心耐心等自身特质分析不够。应聘某一特定岗位时,如需换岗,在自我介绍时,岗位劳动延伸能力不足,岗位经验的传授能力、岗位的领导力、普适性知识的迁移能力都缺乏着墨,难以体现自身能力。

获得校园劳动岗位是学生积累自我劳动经验,真正迈向社会岗位劳动的第一步。正确填写岗位应聘表,在工作时能将自身最好的面貌展现出来,将自己从事某项特定岗位的优势简明扼要地表达出来,是获得心仪的岗位、体现自身社会价值的重要基础。因此,岗位应聘表的填写是非常重要的一步。

(一) 展开过程,习得学习能力:为岗位应聘提供支撑

校园岗位应聘前,我看了学生的岗位应聘表,发现其中存在好多常识性错误,于是和学生谈话,希望其引起重视。

辅导片段 1

师:今天我看了一下所有同学的岗位应聘表,发现其中都有或多或少的问题,但你的问题更多一些。其实到了四年级,有些问题通过自己的努力是可以避免的。现在我们就来看看是不是可以解决这些问题。

生:好的,老师。

师:首先是错字及别字问题。如性别"女",你把它写成了两个7。这就没人看得懂了。另外,"爸爸"这两个字也有问题,下面的"巴"你写错了。

生:好的,我知道了。

师：孩子，这类问题需要你平时不断地加强写字锻炼，慢慢改掉。

生：嗯。

师：其次是单位，如身高你写成 15.9 米。有这么高吗？

生：没有，应该是 159 厘米。

师：还有体重 69。

生：后面应该有"公斤"。

师：家庭主要成员有爸爸和妈妈。你只写了爸爸，妈妈呢？

生：我只知道爸爸叫＊＊＊，妈妈叫什么我不知道。

师：这个要清楚，以后填简历的时候多多少少都会用到。要把爸爸妈妈的姓名以及电话工作单位等信息记住。

生：好的，我知道了。

教学中，我们要实实在在地以学生为教学中心，本着促进学生发展为目的，以学生是否有知识来衡量课堂效率。在辅导学生撰写岗位应聘表的过程中，教师也可以以此按照"学什么""怎么学""结果怎样"展开，重点在于怎么学，即练眼力。"练眼力"又分为两个阶段，每个阶段又是按"练什么""怎么练""效果怎样"展开叙述的。通过观察、相互提问、巩固练习、展示评价等方式巩固学生的字词句等基础内容。技术上可以让学生将有关自身的核心信息熟记于心，同时把岗位应聘的主要内容说得简明扼要，然后通过和同伴一起互提意见、教师评价等手段，让学生学会理清并串联自己基本信息、应聘主要岗位做一些简单概括。

（二）渗透方法，贯穿应聘始终：为岗位应聘提供方向

经过几次的修改后，发现学生的岗位应聘表较之前已经有了很大的进步。但表中没有填写重点的曾应聘过的岗位名称和岗位应聘方向，因此，我又对小X同学进行了新一轮的指导。

辅导片段 2

师：今天王老师又看了你优化过的简历，和前几次简历相比，前面的内容详细工整多了。不过，还是有一些值得改进之处的。在个人简历方面，岗位名称没有填，岗位时间也没有填。这些是怎么回事呀？

生：我不记得了。

师：这个可以去问一问岗位负责老师，那边应该有记录。

生：好的。

师：最后一栏"自我推荐"，你写得很潦草，基本只能辨别出来几个字。能

不能把它写得认真一些？争取做到不潦草？

生：可以的。

师：试一试吧，王老师也相信你一定能做好的。其实很多时候，做得好与不好往往就体现在细节上面。而王老师刚刚说的诸如错别字、工作单位以及妈妈的名字、自己的工作经历等都是自己应该记住的一些常见信息。

生：好的。

撰写岗位应聘表最终目的是为了学生更好地了解自己和岗位需求，顺利获得自己心仪的岗位。在通过"练眼力"锻炼学生观察能力的基础上，引导学生分析岗位需要，以锻炼自身能力更好适应为要求，引导学生将这一过程尽量浓缩为"要求高、刻苦练、效果好"，并结合自身能力把自己努力的过程简单、顺畅地讲下来；在此基础上组织学生独立与合作学习，通过相互启发，对所述"努力过程"进行精简与加工，减少口语用词，使用书面语，使之成为对自我能力的概括和介绍，清晰表达优势技能，同时对岗位需求进行针对性分析，提供简短介绍说明文；最后是通过教师评价、学生互评等方式，要求学生自检所写内容是否简要，是否有顺序，是否抓住了关键词等要素。

（三）重点着力，理解内容蕴涵：为成功应聘提供竞争力

岗位应聘做什么、怎么做，因为"新冠疫情"，小 X 同学已渐渐淡忘，这时候老师可以针对其意向岗位，借助提醒、示范、迁移等方式帮助学生熟悉关键词，了解规则，打开思路。

辅导片段 3

师：昨天你和王老师说，你想做卫生打扫员。王老师想问问看，这份工作应该怎么做呢？

生：就是要拿好抹布在桌上擦，擦干净了为止。

师：如果面试的时候老师问你，你觉得这样的回答会令老师满意吗？王老师刚刚仔仔细细地观察了一下你擦桌子过程，你是拿一块抹布，拿在手上之后，就用一面从头擦到尾，也不换一面。在老师提醒你之后，你也只是到水龙头上冲一冲、洗一洗。这样其实没有把抹布最大的效用发挥出来。

生：嗯，我知道了。

师：你说一说你知道什么了？

生：以后要学会换一换。

师：这里有一块抹布，你说一说你怎么换呢？

生：应该这样。（边说边打开抹布）

师：抹布一面擦好了之后，是不是我们就直接去搓抹布了呢？

生：不对的，还可以重复利用。

师：聪明！其实一块抹布你将它对叠两次之后啊，可以擦拭四次。这样就能有效提高抹布的利用效率。

生：王老师，知道了。

师：好，现在如果王老师是面试老师，你要在你的应聘简历上把你心仪工作的流程大致表达出来，应该怎么写呢？

生：嗯，打湿抹布，对叠两次，用一面擦桌子一次，接着再翻一翻，可以翻四次，桌子也差不多就干净了。

师：说得很好呀，再在后面加上，擦好桌子后及时清洗抹布，后放至原位。这些也请你用工整的字迹把它写到应聘表中。

生：好。

岗位应聘表的书面内容仅仅是最基础的内容，要让学生顺利获得岗位，还需要学生能够基于岗位应聘表，将自己最优秀的一面展现在岗位应聘老师面前。这应该是岗位应聘中的重点，对岗位要求的感知是否准确到位，是衡量岗位应聘表撰写及实施过程是否有效的重要标准。这就需要班主任老师在辅导学生时要打开思路，巧妙引导，避免生硬的直接告知和机械的刻板背诵。我尝试引领学生以某一单一岗位的岗位劳动全过程为线，从发展变化中紧扣关键性词语进行思考，促进学生从岗位劳动过程中结合自身能力进行诠释与思考，促使学生思维和表达能力的提升，让岗位的顺利获得水到渠成。

四、学习成效

小 X 同学经过辅导后，在老师一遍遍地提醒及她自身不断精细学习内容、精化表达顺序的努力下，将文本表达和语言表达内容相互统一，互相促进，最终如愿以偿地获得了卫生打扫员的资格。在学习过程中，具体而言，学生的学习成效可从以下两方面加以阐释。

(一) 以岗位应聘为抓手，凸显学习力的提升

"五育"共举，劳动教育应该在学校学生成长过程中发挥极其重要重要的作用。特殊职业技术学校的学生在岗位应聘时更要凸显"实践性"。在归纳总结日常劳育的点滴得失基础上培养学生的学习力，将学生对劳动教育过程的所得、所思、所感有序、有重点地记录下来，不仅能增强劳动教育的实效性，也能提升学生在应对高复学习时作文的能力。

（二）以岗位实施为纽带,显效自主力的培养

"授人以鱼,不如授人以渔",岗位应聘表的填写过程应该可以让同学和老师管中窥豹,了解特殊学生撰写说明介绍文字的一般规律,更能从班主任角度思考应如何培育学生表现和展现自我的能力:逐步培养学生自主学习的能力,对学生习得的各种学习方法适时给予肯定和提炼,力求学习方法"从学生中来,再到学生中去",让学生逐步学会运用各种方法来理解、完成各种要求,争取让学生的自主学习力在高复课程学习中有效显现。

五、反思

在填写岗位应聘表时,充分展示自己的优势和特长,以便给招聘者留下深刻的印象。这样,我们的岗位应聘不仅能够帮助我们在众多求职者中脱颖而出,还能够为我们的高复班学习提供宝贵的经验和资源。我们的岗位应聘才不会因此留下缺憾,岗位应聘表的填写才能反哺高复班的学习,让学生充满智慧和激情,充满情趣与活力,在高复学习过程中坚实地踏出每一步。祝福小 X 不仅能顺利获得岗位,同时也能充分利用岗位应聘中所获得的经验,把其转化到高复班的学习中,与师生一起相互促进,共同进步。

第三节 以居家社区生活为发展方向的个案

各项能力普遍较弱的学生未来很难就业或升学,毕业之后,他们就将面临居家社区生活。面对这一类学生,导师需要加强家校合作,注重学生日常劳动品质培养,通过日常专业课程生活化,开展有针对性的康复课程等,更多培养学生的居家生活自理能力、人际交往能力以及社区生活适应能力,帮助学生更好地适应未来居家社区生活。

个案五 健康快乐无止境

——小 M 个性化课程方案制定与实施的案例

生涯指导教师:张红

脑瘫学生小 M,智力年龄 1.5 岁左右,在校期间通过阿姨陪伴、支持教师辅助,完成了面点、烹饪、服务等专业课,语、数、英等基础课的学习,以及个别化运动康复训练、音乐欣赏等拓展课,基本达成其生涯发展目标——在大量支持辅助下能够居家生活。小 M 进步较明显,在班级中适应良好,情绪从易兴

奋激动渐趋稳定,能够听懂的指令越来越多,整体处于成长进步状态。

一、学生基本信息

小 M,男,2002 年 3 月 14 日出生,脑瘫伴有语言障碍和运动障碍。根据进一步观察了解发现,小 M 属于共济失调型脑瘫、几乎无语言,智龄基本在 1.5 岁左右,无法用语言沟通交流。

个人经历:从 1 岁就开始脑瘫儿童康复训练,16 岁能够独立行走、小便,生活自理方面学会了吃饭,洗漱是需要别人帮忙的,洗澡可以自己冲洗。

家庭背景:小 M 家庭条件优越,和父母生活在一起,有一年幼的弟弟,属于正常孩子。父亲早年移民澳洲,目前在国内工作。小 M 的妈妈比同龄人看上去年轻,为了小 M 已经退出职场。小 M 在校期间一直有阿姨陪伴。

二、个性化课程实施计划的制定

(一) 个性化学习需求评估

综 合 评 估							
入学评估	得 分 率				个训需求专家建议		
	0—24%	25%—49%	50%—74%	75%—100%	不需要	需要	很需要
语言沟通能力	弱						√
认知能力	弱						√
感知运动能力	弱						√
作业能力	弱						√
社会适应能力	弱						√

小 M 属于脑瘫患儿,几乎无法用语言沟通交流,认知、感知运动、作业、社会适应能力都很弱。公共基础课程需要支持,专业课程主要以体验、尝试操作为主,个性拓展课程根据学生康复需求提供个别化康复训练。

(二) 资源分析

1. 支持教师:学校为能力弱的有需求的学生配备支持教师。

作为小 M 班级面点课支持教师,我问了小 M 妈妈一个问题:"您希望小 M 在面点课上能够学到什么呢?"问出来后,我感觉似乎有些不妥,我想这个问题应该由我自己来回答。"我能在面点课上为小 M 提供哪些能提升小 M 生活自理能力的帮助呢?"因为从日常的面点学习来看,小 M 肌张力过高,手眼动作不协调,很难学习制作面食的技能。阿姨陪伴左右,代为学习,几乎是小 M 的"双手"。小 M 像个 1 岁的宝宝,在愿意的时候揉一下面团或者玩弄阿姨做好的饺子。我说:"小 M 可以在面点课上认识面粉、面团以及要制作的面食,再就是享受美食了。"小 M 妈妈听了我的话频频点头,很轻松愉快地回答我说:"小 M 在这些课上就是体验和感受就可以了,他做是不可能的。"我和小 M 的妈妈就这样达成了一致。

2. 运动:每周有两次活动,游泳和踢足球。小 M 一直坚持学习仰泳和足球运动,保持身体健康和运动训练,提升运动能力。

3. 陪读阿姨:小 M 在校的生活学习均由陪读阿姨照料辅助,阿姨对小 M 非常了解,很有耐心,已经陪伴成长十几年。

(三) 个性化课程实施会议

父母永远是最了解学生的,因此小 M 的生涯发展目标的制定,需要教师和家长共同协商。同时建议邀请特教专家或康复师一起为学生制定可测、可操作的目标,为日常学习内容的确定提供专业参考。在新生家长会上,我向小 M 妈妈简单介绍学校的生涯发展导师与个性化课程实施计划,小 M 妈妈向我简单介绍了小 M 在辅读学校的情况。

(四) 确定学生发展目标

虽然我们是职业教育学校,学生生涯发展的最高目标是就业,但是对小 M 这样的学生,通过技能学习、职业体验,在支持下参与学校以及社区生活,提升生活质量,才是适合的、有意义的。经历了一番讨论之后,我和小 M 妈妈协商,小 M 的长远目标基本可以定位为在大量支持辅助下能够自我服务、体验和感受生活。

基础课学习目标:通过阅读、听读提升语言认知能力,具备对数量的直观感受,保持情绪稳定。

烹饪课学习目标:小 M 在烹饪课上的学习内容需要精心选择,这时候要考虑小 M 的心智发展和性格特点,主要是辨认各种食材,品尝味道,懂得生熟,辨别什么可以吃,什么不可以吃,以及知道厨房间的危险区域,比如水电、煤气的开关不可以随意触摸。

面点课学习目标:通过揉面、和面等,体验面食的制作过程,同时锻炼手的运动能力、手眼协调性,通过品尝面食,感受乐趣。

项目课程学习目标:小 M 学校参与饮品服务、简餐服务、图书整理、超市理货等项目课程,既让小 M 学习一些基本的生活常识,也能让他得到工作体验的机会,丰富生活经历,提升认知能力。

三、个性化课程计划的实施

1. 配备支持教师

在基础课与专业课学习中配备支持教师,及时关注小 M 的上课状态,鼓励小 M 多体验面食、菜肴等的制作过程,给予小 M 更多的操作机会。

基础课的学习:在阿姨的伴读下,基础课能够遵守课堂常规,倾听并在帮助下感受语言美,计数对小 M 来说比较困难。

专业课学习:小 M 主要感受和体验了中式面食的制作过程,在帮助下和面、揉面,品尝面条、木鱼饺、花卷等传统美食,在服务课上了解和观看基本礼仪,感受和体验服务中的礼仪美。

案例:

面点课上,老师正在教同学们做花卷。小 M 的陪读阿姨跟随老师的教学很好地完成了学习任务,小 M 坐在旁边,一会儿看看这里,一会看看那里,因为有听课的老师在,小 M 一直很安静。阿姨为小 M 专门留下了练习的面团,老师走到小 M 身边,鼓励小 M 动手操作,用筷子在花卷上面压一道深沟,这时候,听课的老师也走过来观看,老师一边手把手指导,一边鼓励他"小 M 很棒,筷子拿住了,试一试压下去。"小 M 看到关注他的人多了,兴奋不已,"啊——啊——"地说着。我认为,在面点课上,小 M 的主要学习目标是通过揉面和面等,体验面食的制作过程,同时锻炼手的运动能力、手眼协调性,通过品尝面食感受乐趣。老师会选择一些学习活动让小 M 适当参与,多采用鼓励性话语,提高小 M 参与的积极性。

2. 个性化拓展课程

基于小 M 的生涯发展需求,个性化课程主要是音乐欣赏、运动康复。小 M 认知能力有限,由于语言表达有障碍,小 M 的拓展课程主要是学会休闲娱乐,在音乐欣赏中稳定情绪,保持心情愉悦。另一方面,通过游泳、足球、运动康复等训练,帮助小 M 提升运动能力。

案例:

这学期,小 M 从串珠社团课转到了运动康复课,小 M 的运动康复训练内容几经更换,最终固定在大颗粒乐高积木的拼搭上。令我十分惊讶的是,小 M 始终以饱满的热情投入这项活动,乐此不疲。在常人眼里简单甚至有些枯燥的积木拼搭,并不是那么容易。他最先练习的是把形状相同的积木一块一块垒上去,小积木逐渐变成大积木。小 M 的上肢肌张力过大,拿着两块积木,颤抖着连对齐都有些困难,积木在碰撞中发出"叮叮当当"的声音,小 M 像拼尽全力一样,把积木在摇晃中对齐拼好。然后,每成功地拼好一块积木,小 M 就要兴奋地炫耀一番,满脸笑容地等待你的肯定和表扬。原本 45 分钟的康复课似乎过得很快,小 M 在积木拼搭中表现出的专注让我感到十分佩服。更让人惊讶的是,小 M 保持着一以贯之的专注,注意力一直保持在积木拼搭上,百玩不厌。

3. 项目课程

小 M 参与的面点、烹饪、饮品服务、简餐服务、图书整理、超市理货等课程,既让小 M 学习到一些基本的生活常识,也能让他得到工作体验的机会,丰富生活经历,提升认知能力。

案例:

项目式教学最大的不同是企业的加入,这次的期末考核就是由企业人员进行考核,我很想了解小 M 是如何参加这次考核的。作为支持教师,我参加了小 M 西式简餐服务、商品服务两门课程的考核,大致了解小 M 的参与情况。

西式简餐服务中,考核的内容主要是迎宾引位和西式摆盘两个内容。迎宾引位因为有预订、非预订等需要大量口语交流的任务,对小 M 而言难度较大。因此小 M 参加的考核任务是西餐摆盘。为了降低难度,西餐摆盘是 2 人位,刀叉勺放在餐巾纸里包好,可以直接摆放。小 M 只要放好餐盘,距离桌边 2 cm 即可。同以往一样,小 M 非常兴奋,一边"啊——啊——",一边把胳膊伸向我,在引起我的注意以后,在阿姨的协助下,小 M 把盘子放在了两人位的餐桌上。

商品服务中,考核的内容是商品上架,按照日期的先后摆放两组或一组商品,矿泉水、洗发水或者盒装餐巾纸。小 M 的任务同样降低了难度,只要摆放重量相对轻的餐巾纸即可。因为肌张力过高,小 M 需要注意不要把纸盒捏扁,同一品牌的餐巾纸摆放在一起,至于日期是不做要求的。

四、学习成效

四年级的小 M 经历了专业技能学习后,通过完成工作任务的方式,体验超市理货员、西餐厅服务员、园艺绿化工、咖啡师等岗位的工作,在期末还在陪读阿姨的辅助下通过了企业人员参与的技能考核。小 M 通过学习和体验各种活动,丰富了自己的学校生活,同时也增加了生活体验。

现在小 M 在班主任老师和同学的帮助下适应得很好,虽然有时候还是因为一时兴奋不能控制自己的行为,但是老师们和同学们都给予了最大的包容,处处帮助小 M,小 M 的情绪也比较平稳。可喜的是,小 M 稳中有升,阿姨说小 M 现在能听懂的指令越来越多。

五、反思

对照小 M 入学时的生涯发展目标,在照顾下的居家生活自理,符合小 M 实际情况,目标基本达成。毕业后的安置主要由阿姨陪伴居家生活。日常可能去社区图书馆看书,每周进行两次游泳运动,可以和家人一起外出旅游,逐步开启轻松愉悦的居家生活。希望小 M 未来继续融入社区生活,不要因为离开学校导致社会功能退化。对小 M 的未来生活,提供以下两点建议:

一是可以借助小 M 爱看书这一点,帮助小 M 进行有意义的阅读活动。通过每天固定时间的绘本阅读,以图片、文字相结合形式,或结合小 M 的日常生活,进行主题式的绘本阅读,日积月累,帮助小 M 提升语言认知能力。

二是在日常生活中创造机会让小 M 参与活动。找到小 M 可以做的有意义的任务,可以是揉面团、捡珠子或者任何对小 M 而言可以做的且愿意完成的任务,既可以锻炼小 M 的手部运动能力或其他能力,又可以让他有事可做,保持情绪稳定。这对小 M 的运动能力、认知能力以及沟通能力的提升都是有帮助的。

个案六　选择合适的道路

——小 U 个性化课程实施计划的制定与实施

生涯指导教师:朱家琛

小 U 来自辅读学校,轻度智力障碍,性格活泼、好动,偶尔欺凌其他同学,但对班级事务热心,对班级内能力较弱的同学也时有主动帮助和关照的现象,做事情缺乏耐心,无法长时间静下心来完成学习任务,对教师的事物比较关注,经常用"开枪"的手势及"枪毙"等词汇来表示心中的不满。在经过四年来的生涯指导,我们不仅纠正了小 U 的一些问题行为,同时培养了他的劳动技能、合作助人品质以及生活自理能力,取得了较好的效果。

一、学生基本信息

小 U 来自一个单亲家庭,有壮实的身材,有着一身用不完的力气,在学校里不论是动作上还是口头上,都非常活跃。小 U 的家庭条件比较好,特别受家中老一辈们的宠爱。

二、个性化课程实施计划的制定

(一) 个性化学习需求评估

入学评估	得　分　率				个训需求专家建议		
	0—24%	25%—49%	50%—74%	75%—100%	不需要	需要	很需要
语言沟通能力		√				√	
认知能力		√				√	√
感知运动能力			√		√		
作业能力			√		√		
社会适应能力		√				√	

从小 U 的相关入学评估中得知,小 U 的语言沟通、认知及社会适应能力上的分数较低,在感知运动以及作业能力上有较为良好的表现,所以小 U 在沟通、认知以及社会适应方面的个训需求是非常高的,在这一方面需要专门的支持与辅助;其次在作业能力上,小 U 的得分相对不错,所以在专业课程中,可以有比较好的发展。

(二) 资源分析

小 U 在校内可参与各类社团活动,在培养兴趣的同时建立对自身的自信。在校内,我作为小 U 的指导教师,担任小 U 的班主任和烹饪教师,对小 U 社会适应、言语沟通、品德塑造、作业技能等方面提供支持与指导,有比较契合的匹配度。

(三) 个性化课程实施会议

针对小 U 的各项情况,导师、班主任及家长集中召开了个性化课程会议。在会议中,导师与家长沟通了学生的基本情况,了解小 U 障碍情况,如在入校之前接受过什么样的康复训练,等等。

教师基于校内的观察,反馈了小 U 在学校内各课程的表现,分析了小 U 在各方面的优劣势对比,并对未来的生涯指导方向提供了参考意见。

在基础课方面,小 U 的语、数、英各科能力偏弱,但是在信息和体育方面,表现出了一定的兴趣和优势。在专业课方面,家长也表示在这一方面,小 U 是有所欠缺的。在一、二年级,小 U 会以学习面点为主,在三、四年级以学习烹饪为主。家长和专业课教师也对居家生活自理能力方面技能的培养进行了确认。

最后家长对教师的建议表示认可,感谢教师给予个别化的支持和辅导,也同意及时做好沟通,在技能学习方面一定配合学校做好各项工作。

(四)确定学生发展目标

最初,小U的发展目标确定为升学就业,家长对此抱有一定的期望。但是小U在学校里还是暴露了很多生活自理及行为习惯上的问题,在学业上也遇到了较大的阻力。后经过与家长的沟通,我们调整了学生的生涯发展目标,定为居家自理方向,有针对性地培养他的劳动技能、生活自理能力以及塑造他良好的道德品质。

三、个性化课程计划的实施

(一)针对学生特点,确立个性指导

小U的认知有限,但强在身材结实。在进行指导的过程中,往往需要用启发式的、鼓励式的方法,根据他自身能力的优势,来引导解决问题,发挥他的特长。

例如小U在刚进学校时比较心浮气躁,事事要参与,但事事做不完善。根据小U身体素质的优势,我便鼓励他在班级内承担中午拿汤的工作。不仅锻炼了他的劳动自理能力,能专注做好手头一件事,也帮助他树立了自信,在同学们之间建立了互帮互助,友好相处的联系。

例1

一天中午,小U在我的督促下,去配餐间拿了汤。待他回到教室,我对着全班的孩子们说:"小U每天中午给大家拿汤,朱老师决定让他做我们班级的生活委员,照顾好大家平时的日常生活,大家说好不好?"同学们当然是一呼百应。得到同学们的认可,小U自然是开心得合不拢嘴,嘴里不停念叨着:"哟!可以的!"并不断对同学们竖大拇指。虽然他没能用清晰的言语表达,但是从他认真细致地为同学们盛汤的行为可以看出,这个生活委员的身份确实有那么一点作用。

(二)合理运用方法,培养良好品质

小U在校期间,年龄渐长,青春期的一些情绪问题也陆续出现,例如更加活跃、更加难以遵守规范等,无法光靠力气来控制和说教。所以为更好地对小U进行生涯指导,我思考探索了多种教育方法,培养小U正确的价值观以及良好的个人品质。

例 2

在小 U 出现问题行为的时候,我会非常严厉地批评他,我会拿餐垫敲桌子发出巨大声响,会大声训斥,给予厌恶刺激。在我声色俱厉的批评下,小 U 眼眶泪水打转,对我"开枪",转而对自己"开枪"。这个时候,我告诉他,收回一个手指,变成竖大拇指,并且手把手教他动作。小 U 在引导下照做,转成竖大拇指,出现了我期望的行为。这个时候我语气缓和,露出笑容,抚摸小 U 头顶,并表扬他为他人竖大拇指的行为,以及和他相互竖大拇指,移去厌恶刺激的情绪。与此同时,小 U 也露出了笑容,嘴里的"开枪"也变成了"大拇指,可以的"。

(三) 落实家校沟通,铺就生涯道路

在与家长沟通的过程中,我们通常运用微信这个应用,我会把小 U 在烹饪课上好的表现记录下来,发送给小 U 的妈妈。也正是因为彼此互相持续的沟通,我们对小 U 未来发展的方向也更加明确,加强生活自理能力的培养,品行规范得到良好塑造。

我作为小 U 导师期间,共经历了两次在线教学。长时间不见到小 U 其实让我的内心非常担忧,害怕在学校里好不容易得到的训练成果没有及时巩固,到家里后回到最初的模样,一切从头来过。也正是因为我们导师、班主任与家长的勤加沟通,督促着小 U 在家中也保持着劳动的好习惯。

例 3

我又话锋一转:"那么长时间在家了,有没有帮爷爷干活呀?""呃……这个……这个……"小 U 支支吾吾起来,这是我意料之中的。"在学校的时候,你是最积极主动的,是我们的劳动委员,帮同学们、老师们承担了几乎所有的劳动任务。现在到家里不做了,以后回学校都忘记了怎么办?"这个问题也问倒了他,我便趁机与他约定,在家中也要帮助爷爷和妈妈做一些力所能及的事情,比如说叠好自己的衣服、摊好被子,等等。小 U 也最终答应了我。

一周之后,小 U 妈妈为我发来了一段小 U 自己铺被子的视频,但我也很清楚,光这一次和小 U 的沟通,也可能只管得了一星期。但劳动技能对于小 U 来说,又是非常重要,不可落下的,所以在接下来的时间里,我也会不断与小 U 进行联系,不断鼓励和督促他继续坚持下去。

四、学习成效

(一) 劳动技能卓有成效

对于小 U 的生涯指导,我的重心放在生活自理以及劳动技能的培养上,我不仅是小 U 的副班主任,也是他的烹饪老师,有足够多的机会对他进行此方面的指导。所以不论是在校期间还是在线教学期间,小 U 都学会了一些生活自理的技能。

在学校期间,除了完善课堂中的教学内容之外,我还会观察小 U 日常中的一些小细节,并有针对性地对他的生活技能进行教学。比如我在发现小 U 有一次在偷懒时,挖掘其背后的原因,总结出是因为不会洗碗的缘故,然后开展指导和教学,帮助其掌握技能。

例 4

在洗碗的过程中,面对满是色拉酱的碗,小 U 在水龙头下不停地冲洗着,用手搓着酱料。我一下子恍然大悟,有没有一种可能,小 U 是不晓得要用洗洁精,所以才把这个任务推给了别人。我询问小 U,碗上面都是油,应该怎么办?小 U 想了一想,憋出了四个字:"用洗洁精。"那就怪了,知道用洗洁精,怎么还让人家做呢?难道是没有洗洁精?我又环绕了一圈,洗洁精就在我们窗台的角落边上。我替他指出了位置,他便取了过来,随后在我的示范下,尝试着用手揉搓,搓出泡沫,终于把碗上的油污全都清洗干净。

在线教学期间,小 U 也如我预想的一样,在祖辈们的宠溺下,在家中一副安然享受的模样,这不利于我们朝既定的生涯指导目标努力和发展,所以在线教学期间,我仍然和小 U 的家长保持着密切联系,对小 U 也保持着以鼓励的形式,尝试带着他坚持动手,坚持劳动。

我们围绕小 U 感兴趣的"吃",结合专业课,设计了许多动手参与的内容,亲手制作的食物也作为强化物,激励着小 U 在下一次动手操作中仍然保持积极主动。

例 5

在线教学期间,小 U 对其他的学科可能没有很多的兴趣,但对面点课绝对是百分百地投入。为了保持小 U 对面点课的兴趣,在他完成作品并上传照片后,我会针对他的作品进行细致的点评,表扬他某一个地方做得很好,以凸显对其作品的肯定,除此之外,我还会和小 U 的家长一起讨论面点作品的食用方法,互相分享生活经验。吃上亲手做出来的美味食物,对于小 U 来说是一个非常有效的激励方法。

（二）塑造良好的行规与习惯

小 U 在刚入校的时候,规则意识不明确,在课堂上随意离开座位,对同学说脏话,以及课堂注意力不集中。我们的生涯指导既定目标是提高生活自理能力,日常的一些良好品质和行为习惯的培养非常重要。

针对小 U 在课堂上耐不住性子转过头观察教室后的老师,以及站起身来到处走动的不良习惯,我结合课堂教学内容的特点,从他的行为中发掘可提高、可改善的点,扬长避短,改善他的不良行为。

例 6

我示意小 U 画一画长方体铁盒子。任务难度一降低,小 U 似乎就慢慢静下心来,虽然长方体的结构不是很完整,但依稀可以看到他在朝这个方向努力,并且还煞有介事地给长方体的表面涂色。我看到小 U 涂色的方法,紧贴着边框细致地涂色,与他之前潦草作画的态度截然不同。

我灵机一动,在瓷盘上画出了一道道的网格。我提示小 U,这些网格需要一个间隔一个间隔地涂色。为此,我给他做了多次的演示,在他操作出现错误的时候,我也及时进行提醒。令人吃惊的是,只是提醒了五次,小 U 就自己摸索出了规律,一格间隔一格间隔地在盘子上涂色,并且他在涂色的过程中非常细致,沿着边框进行涂色。

小 U 在学校还有一个打篮球的爱好,然而,他的这个爱好有一些不分时间和场合。每次有机会下楼,小 U 一溜烟就不见了,饭也不吃,事情也不做,非常没有规范意识。在尝试了多种方法与策略后,最后决定用"疏"的方式来代替"堵"。小 U 喜欢打篮球,为避免饭后剧烈运动,便约定与老师一起进行相对平缓的乒乓球运动,短暂参与后便回教室,既满足了小 U 对体育活动的追求,也培养了他的规则意识。

例 7

然而某一天下雨,篮球不能打了,但小 U 人还是不见了,这就让我感到非常疑惑,我四处寻找一番,终于在展厅里看到他,守着乒乓球桌,百无聊赖。一询问得知,原来在体育课上也打乒乓球,打不了篮球,换个球也要运动运动。他的小伙伴小 R 不擅长打乒乓球,我便和小 U 约定让他和我打,打完 11 球,便和我一同上楼，小 U 同意了。在打球的过程中，我让他赢几球，同时不断鼓励他的球技高超，小 U 感到很满意，非常有成就感。也正是因为他的精神需求得到了满足，我向他强调规则 11 球的规则时，他没有抗拒，打完后非常痛快地放下乒乓球拍，和我一起上了楼。

（三）培养积极友善的个人品质

在我担任生涯导师期间，我坚信学生们在认知与操作能力上有高有低，但是他们走出学校的时候，都应该是一个善良的好人，我们需要对孩子们的个人品质进行塑造，践行立德树人的目标。

小 U 对于日常事务都比较大大咧咧，但有的时候常常会听到他的嘴巴里蹦出《我爱你，中国》的歌词。我也抓住这样的机会，通过让他担任升旗手的方式，强化他的爱国主义情感，提醒他以榜样的身份来提高自己。

例 8

我找到了负责降旗的相关同学，了解到原来他们常常见到小 U 在旗杆边上准备降旗，但是不知道怎么解下国旗，便在一旁等待，等到他们降旗，小 U 才离开。而小 U 这个行为从国庆节就开始有了，只不过最近他们降旗的同学最近来得晚了，小 U 在下面等待的时间也就久了。

"怪不得。"我和班主任蒋老师一交流，才想起小 U 确实是从国庆节左右开始不停念叨着"我爱你中国""我和我亲爱的祖国"等歌词。他对于祖国的热爱，体现在了对国旗的爱护之上。我们一合计，我们班级被评选为行为规范示范班，不如让小 U 来担任升旗手的任务。

我也思考如何用班级事务来培养小 U 的责任感。小 U 平时在班级中总爱多管闲事，没事找事，这是一个不怎么讨喜的特点。但是我转变了思路，利用他的这个特点，给予了他特定的任务，不仅帮助老师管理班级的事务，也培养了小 U 的主人翁意识，成为班级小干部的一员，增强了小 U 的个体责任感和集体荣誉感。

例 9

我夸小 U，你就是老师的好帮手，小 U 便自豪地把"我是老师小帮手"挂在嘴边。在后续的日子里，我们又一步步进行引导小 U，不仅要提醒老师，还要发挥小干部的作用，提醒同学戴口罩，讲卫生。小 U 本身就喜欢管小事，在得到教师的鼓励和支持后就更加起劲了。有一次当小 Z 要跑出去倒水的时候，小 U 拉住小 Z,嘴里叨叨着"嘿！不许出去！口罩！"活脱脱就是一个小老师呀！

小 U 在四年级外出实习期间,多次有退缩、偷懒的现象,为培养小 U 吃苦耐劳、勤于动手的品质,我和实习带教老师和同学们沟通,了解小 U 在外实习的最新情况,并多次找到小 U 进行交流,以鼓励的形式改变小 U 对于外出实习的看法,对在工作岗位上的劳动逐渐产生认同感。

例 10

后来,经过与同班同学的沟通,我了解到小 U 也确实有所改善,他的好友小 R 坐着休息时,他却在一个人努力地帮助老师和店员在超市中理货。虽然工作的质量还有待提升,但是工作的积极态度相比之前确实提高了不少。

（四）学会积极沟通的方式

小 U 的入学评估中语言沟通能力的得分率较低。在经过与小 U 的相处后,我发现小 U 的发音方式有问题,并且由于小 U 的年龄较大,再矫正语音发音问题是一件非常困难的事情,所以我的重点就放在了培养小 U 以一种积极沟通的方式来正确表达自己的想法。特别是小 U 在班级里的新朋友小 R,从来都不开口说话,他们两个人之间顺畅的沟通就是很好的一个实践点。

例 11

小 R 虽然不说话,小 U 无法直接与他沟通,但是小 U 可以通过向老师报告的方法来介入解决,效果总好过于相互之间扔物品。小 R 深刻认识到自己的错误,小 U 最后想了很久后,也接受了小 R 的道歉,两手一摊,说道:"那好吧,没关系。"两人的矛盾暂时告一段落,这段弥足珍贵的友情也得以延续。

五、反思

（一）家校顺畅沟通非常重要

小 U 最初进校时的生涯指导方向是升学就业,对于父母来说,孩子能够自食其力是再欢迎也不为过的。但是在接触学生之后,我非常清楚,在当下以小 U 的能力找到一份自食其力的工作,难度非常大。并且当下小 U 还不具备良好的自理能力,在未来的实习岗位中也无法很好地胜任工作,所以我和家长进行了积极的沟通,对生涯指导方向及时进行了调整。

在日常指导过程中,我也将小 U 的日常表现及时与他的妈妈进行反馈,如班级里学会的烹饪技能、劳动技能等,督促小 U 在家中及时进行巩固,培养居家劳动的意识。小 U 的妈妈也将小 U 在家中的劳动情况与我进行交流,便于我在校内根据反馈情况,在教学中及时地进行调整。

(二) 陪伴式指导的显著效果

我最初担任小 U 导师的时候,还是他的任课教师和班主任,有非常多的时间可以细致观察小 U 的各种行为,也便于及时地进行指导和矫正。例如小 U 的打篮球问题,我从陪伴到了解,再到探索出替代方案,整整花了一学年的时间,每天中午都进行督促和陪伴,才有了改善的良好效果。

后续我不再担任小 U 的班主任和任课教师,接触的时间和机会变少,尽管从不同的老师和同学们处了解了相关信息,但是无法像以前一样观察到一些细节,也就很难全面地了解到小 U 在学校中出现的一些问题。在导师选择的过程中,自己能有较多课时的接触机会,作为能够给予陪伴式指导的生涯导师,其指导效果也是更加全面和有效的。

(三) 适合的道路最能受益

小 U 在确认居家自理的生涯发展方向后,我对其生活自理、劳动技能等居家技能进行了针对性的培养,在为期四年的指导过程中,小 U 学会了自己用洗洁精洗碗,勇敢地面对炉灶,烹饪一些简单的菜肴。在待人的过程中,少了骄横,多了踏实。小 U 也更加热爱祖国,在劳动时也能够坚持得更久。这些难能可贵的变化得益于适切的指导、有效的沟通以及正确的方向。

导师在进行生涯指导的过程中,指导方向会根据学生的实际情况进行改变,尽早及时地确定好适合的道路,有助于家校合力,有针对性地对学生进行指导,抓住学生在校的宝贵时间,将生涯指导落到实处,使学生受益。

第八章

生涯发展教育成效

　　学校在特殊教育领域进行了生涯发展教育的探索,对个性化课程与生涯导师制建设进行了深入思考。学校个性化课程实施计划以课程为落脚点,将个别化教育计划的具体目标融入具体课程的规划与实施当中,搭建起个别化教育计划构想与学校教育教学实践之间的桥梁;同时整合学校、家长、社区资源,对特殊中职学生进行潜能开发与功能补偿,为学生适应职业、融入社会提供有力的生涯发展支持。生涯导师制的建设将个性化课程实施计划落到实处,让每一个学生都有专属于他的生涯发展导师指导。学生、教师、学校,这一生命共同体,在生涯发展教育实践中共同成长。

第一节　学　生　发　展

　　学生是学校教育的主体,学校的生涯发展教育因学生需求而起,最终也将落实于学生的成长,随着学校生涯发展工作的开展,学生在以下几个方面都得到了提升和发展。

一、培养自我认知,提升职业自信

　　学校开展生涯发展教育实践,生涯导师通过与学生的密切接触,帮助学生认识自己的兴趣、优势和价值观,从而帮助学生更好地理解自己的职业倾向和发展方向。特殊中职校学生往往存在自我认识不足的问题,而家长对孩子能力的认识也不尽相同。在这个过程中,学校不仅引导家长正确地认识孩子的能力,给家长提供建设性的意见和建议,而且还帮助学生更好地了解自己的特点和优点,从而更客观地认识自己。

(一) 学生明确自己的需求和兴趣

生涯导师首先需要了解学生的兴趣、能力和潜在的优势。通过深入的谈话和评估，了解学生对未来的职业向往和目标。通过这种自我定位的方式，学生可以更好地认识自己的职业发展方向，并有助于他们更好地融入社会，从而实现个人成长和发展。

(二) 学生建立自信和自我认知

生涯导师帮助学生建立自信，让他们了解自己的优点和潜力。通过自我认知，学生可以更好地为自己的生涯作出选择和发展计划。生涯导师通过肯定学生的成就和进步，增强他们的自信心。这种自信不仅有助于学生在学校中的学习，也会影响他们未来的生涯发展。学校从积极心理学角度不断挖掘学生潜能，评选校级"五小"标兵 50 名，团员发展稳步开展，共计发展团员 15 名，其中 4 名同学获得了区优秀共青团员称号，3 名同学荣获区"三好"学生称号。小崔同学荣获"2020 年全日制普通中等职业学校上海市奖学金"三等奖。小陈等两位同学被评为"上海市金爱心学生"，特职三 1 班获得"上海市金爱心集体"提名奖荣誉称号，2 个班级被评为区先进班级。

每一朵花都会绽放光彩

古人云："亲其师，信其道。"白居易在《与元九书》中说："感人心者，莫先乎情。"我们所应对的学生是有人格尊严、有思维、有情感的人。"情"的投入是教师工作的内在要求，情到深处，学生的内心世界就会向你敞开，他有话愿意和你交流，有困难愿请你帮忙，有苦闷愿意向你倾诉。你的"爱"他能领悟，你讲的道理他能理解，你指出的缺点他愿意改正。

小 O 同学性格内向，脾气出奇地温和，但是他在班级里却不太受待见，经常一个人独来独往。由于学习能力弱，基础差，班级里能力强的同学都不太喜欢和他一起完成学习或劳动的任务，能力弱的学生也因为得不到他的帮助，对他也"无感"。了解到这个状况，我作为他的导师经常关注他，帮助他克服学习中的困难。因为家比较远，他刚开始申请做"一人一岗"劳动时，几乎天天迟到。后来，我了解到他每天上学大概需要走 15 分钟的路，坐 20 分钟的公交车。于是，我帮他在手机上设定了闹钟，让他每天 7 点听到手机铃声时就一定要出门，这样到学校就肯定不会迟到。后来，小 O 果然准时上岗了。

小 O 的母亲教育方式比较急躁，经常用比较简单粗暴的方式对待小 O。了解到这一状况，我也经常通过微信跟她沟通教育孩子的方式方法。每个母亲都期望自己的孩子能成才，这位母亲也是如此，只是她的方式方法存在问题，一味急于求成。而小 O 的情况是无法从这种简单的方式中得到改变的，反而会造成他性格上的懦弱和行为上的退缩，而这样他的母亲就会产生越来越多的抱怨情绪，甚至动手打孩子。

我能够理解小 O 母亲的内心是多么的无奈，我开导了她，并经常表扬小 O 的优点和进步，让她能够用更加行之有效的方法来慢慢引导孩子，发现孩子身上的闪光点。

那些学习有困难、性格有偏差的学生，其实更需要老师正确的引导和温暖的鼓励，来树立学习的自信。充满爱意的关切会改变一个学生的行为；反之，哪怕是一次不当的批评，也可能会严重挫伤孩子的自尊。每个孩子都有一座属于自我的乐园，我们不能发现它，那是由于我们缺少一双智慧的眼睛。我们要热爱每一个学生，学习好的要爱，学习一般的要爱，学习差的也要爱。我们要相信：每一朵花都会绽放熠熠光彩。用我们的真心去温暖每一个学生，去关爱每一颗稚嫩的心灵，那么你将收获整片天空。

余琨

（三）学生情绪行为管理获得提升

在特殊中职学生群体中，生涯导师提供情绪管理和心理咨询服务，帮助学生处理学习和生活中的压力和困扰，提高他们的情绪智商和逆境应对能力，学校成立了心理健康教育（心理危机干预）领导小组和工作小组，通过心理健康教育课程实施和丰富多彩的实践活动，关注青春期心理教育、职业心理教育和危机干预援助，开展心理咨询个案的定期总结和跟踪。在家庭教育指导中，学校还发挥专职心理教师专长，开展了十余次家长心理沙龙或讲座；在危机干预方面，整合区未成年人心理辅导中心、区精卫中心、区特教指导中心等力量，做好学生心理危机预防、辅导转化、转介等工作。

"问题行为"还是"问题学生"？

在校园里，由于学生有各种各样的身心障碍作为低年级段的生涯导师，很大一部分精力会花在学生行为问题的引导和纠正上，因为有些行为问题不及时得以矫正，不仅会影响学生的身体健康、人际关系，更严重影响学生未来的社会生活和职业发展。

我的导师工作对接的学生小 W 就有个"爱吐口水"的坏习惯,一直让周围的老师和同学非常困扰,大家都觉得他是个"问题学生"。我知道每一个问题行为的背后肯定是有原因的。作为他的导师,我又该如何去应对这个问题呢?

刚到校,我就见小 W 眼疾嘴快往餐车上吐了一口唾液,我连忙阻止并指导他擦干净,他轻车熟路直接推着餐车去小花园,打开水龙头冲洗干净了。

"小 W,餐车是要放大家吃的盒饭,被你吐了口水多脏啊,回头盒饭可能都有细菌病毒,同学老师们吃到肚子里容易生病,特别现在外面甲流正流行,你不可以对着餐车吐口水,知道吗?"我循循善诱,跟他讲道理。他低着头承认了错误。

"老师对不起,我不该吐口水。"他认真地摇着头。我隐约觉得学生悔过的心是真诚的,但是他还是会控制不住。于是我提出了建议:"你要是想吐可以去厕所吐,不要在公众场合做这种不好的行为,好吗?"

"好的,顾老师。"小 W 又是不住地点头。

我拍了拍小 W 的肩膀,目光注视着小 W 并说道:"好,老师相信你能说到做到。"

说罢,我领着他回了教室,和班主任交流了一番,再次深入地了解小 W 的情况。之后我又主动与小 W 妈妈沟通了解,原来小 W 患有肠胃不适的病症,容易引起反胃,这才是吐口水频次增加的根本原因,小 W 妈妈已经带小 W 看过医生并配了药,但目前效果还比较微弱,需持续服药。

疑团解开后,我更能理解小 W 因身体上的不适而引发这样的问题行为,但他不应该对着盒饭餐车吐口水,这是非常不文明的。每当他作出不良行为,应及时制止、教育,让学生意识到错误,并加以改善。通过正向鼓励、心理谈话、同伴互助、全员育人等手段,我始终在学生的学习生活中帮助学生增加纪律约束,促进成长。小 W 在药物作用和我的关注下也在慢慢减少他的"问题行为"。我相信在不久的将来,小 W 能彻底改正不良习惯。

通过小 W 的"问题行为"的解决,我越来越明白,在我们处理学生问题的时候,一定不要急着去下定义,不要急着给学生打上好或者坏的标签。想要把事情处理好,首先要明白没有"问题学生",只有"问题行为",每一个问题行为的背后都有一个值得我们深究的原因,我们只有找到这个原因,才能帮助学生更好地改进。

顾妍蘋

二、树立职业规划意识,明确发展方向

生涯导师提供个性化的职业规划服务,根据学生的兴趣、能力和职业需求,制定适合他们的长期和短期职业发展计划,帮助学生树立职业规划意识,明确自身发展方向。

(一)学生明确短期和长期目标

学生提出自己的职业规划,导师根据学生的能力和兴趣,帮助他们设定短期和长期目标。这些目标应该是可衡量和实现的,而且需要定期回顾和更新。过程中学生进一步明确自己的生涯发展目标。

(二)学生获取生涯发展资源

学生在校期间,通过学校和各方爱心单位的支持,获取各种生涯发展资源,包括实习机会、职业培训、大学招生信息等。学校各类资源的运用,为学生提供多元的学习和技能培养的指导。

(三)学生明确生涯发展方向

生涯导师通过自身的榜样作用和积极引导,帮助学生形成积极向上的人生态度,乐观面对生活中的挑战和困难。这有助于学生更好地融入社会,实现自我价值,并找到适合自己的职业发展方向。生涯导师通过了解学生的需求和兴趣,引导学生设定短期和长期目标。生涯导师也可以为学生提供各种资源,包括实习机会、技能培训等。在生涯导师的帮助下,学生对个人生涯发展的方向也越来越清晰。

期待自信的成长

小 P 同学是我们班级里一位内向的女孩子。在暑期家访的时候,刚刚进门就看到一个面带微笑的女孩子向我主动问好,但是马上又羞涩地低下头不肯说话。在和爸爸主动沟通的时候,小 P 同学时不时看看我,然后紧张地捏捏自己的手指。在家庭生活中,爸爸也认为小 P 同学比较喜欢绘画,是比较懂事的,能够主动劳动,完成一些力所能及的事情。

时间转瞬即逝,开学了。同学们都怀着兴奋的心情,在礼堂参加开学典礼。大家一致推举一名新生代表发言,这时候我想到了小 P 同学,让她代表班

级说说自己的心情。她听到后赶忙用自己的双手遮住自己的眼睛,将头低下,一直摇头,拒绝了我的请求,虽然我一直鼓励她,但是她还是很紧张地将头埋得更低了。最后还是班级的小V同学自告奋勇,虽然发言说得有些细碎,但是还是值得鼓励的。

看到小V的表现,她有些失落。我知道她还是很想表现自己的,但是因为在以前的学习环境中这样的机会实在很少,所以对自己没有自信。这次虽然失去了机会,但我还是和她说,你在家经常劳动,我们很多同学劳动能力还是比较弱的,你能不能发挥自己的优势,帮助一下同学们呢? 小P看看我之后,微微一笑答应了。

周三的中午,我们开始进行班级大扫除。这是第一次大扫除,在家访中很多家长和我说孩子们都很少劳动,于是我决定考察一下同学们的劳动能力。我拿出了几块崭新的抹布,问道:"同学们在家里都洗过抹布么?"可是大家的回答让我惊讶,大家一致说不会,只有小P告诉我:"老师我会的,我可以教大家。"听到她这样说,我很高兴,决定让她担任一次小老师。在她的带领下,同学们都跟着她来到水池边,然后她耐心和大家讲解并做好示范,首先将抹布打湿,然后看到有污渍的地方就擦一些肥皂,并捏住两边用力搓洗,然后冲干净并拧干。在她的耐心讲解下,同学们都一一尝试,第一次认真洗好了抹布。在大家的共同努力下,班级第一次完成了劳动,同学们都得到了锻炼。

过后我找到小P同学。我鼓励她说:"今天你能够带领同学们完成老师布置的劳动任务,老师看你做得很棒,要给你一个'赞'。而且,同学们在你的带领下,劳动能力也得到了提高。你看这不是很好?"小P看着我,有点不好意思地捂住眼睛。因为知道她还是有点羞涩,我鼓励她说:"你看这次成功的例子,大家都很信任你,希望你能够继续保持下去,好吗? 你愿意么?"她终于拿开了自己的手,思索了一会告诉我:"老师好的,我愿意。"

经过一个学期的锻炼,她能够在班级中承担很多"小先生"的角色,在劳动中主动指导同学们完成劳动任务,在学习中遇到同学们有不懂的问题,也主动给同学们做好示范。我也鼓励她多参加活动,让她能够锻炼自己,树立学习和生活的自信。小P和我说,希望能够以后找到合适的工作,能够帮助家里减轻负担,也能够独立。特殊孩子在生活和学习中遇到的挫折很多,其实每个孩子都有自己优势。通过努力和学习,我们要相信孩子有能力做好,放手给她们一次成长的机会至关重要。

陆春燕

三、深化技能学习，对接生涯发展

学校生涯发展教育课程通过设计和提供各种学习活动，帮助学生培养学习技能，如时间管理、沟通技巧和团队协作等，让学生在各方面特别是在技能学习和升学方面都有非常突出的表现。

（一）职业技能提升　学生稳定就业

学校基于生涯发展的技能拓展课程，采用项目式教学模式，不仅提高学生的职业技能，更重视学生综合职业能力的提升，对标企业对员工的选拔标准，在促进学生就业上实效显著。2017 至 2023 年，虽然学生障碍类型和障碍程度不断变化，且就业难度加大，但我校包括 2 名自闭症学生在内的 34 名学生成功就业，其中学校推荐单位主要有上海科技馆咖啡厅、麦当劳、索迪斯、阿斯利康、耐克、仁济医院等员工餐厅以及万禾农场餐厅，另有学生自主就业于图书馆、咖啡店。其中大部分学生通过技能拓展课程的学习，在学校合作企业成功就业。学生在单位工作认真，单位的领导及部门主管等都对特职学生表示肯定与鼓励，2021 届一名毕业生在实习中表现优秀，获得了就业机会，还有学生获得过"员工明星"称号。

（二）高复升学培训　学生圆梦大学

通过高复班升学辅导培训，学校为特殊中职学生接受高等教育提供了最佳的途径。2014 至 2023 年学校组织学生参加高复班学习，其中 130 人考取长宁区业余大学酒店管理、行政管理、摄影等专业，119 名学生陆续毕业，获得大专毕业证书。同时，2018 年开始，陆续有 13 名学生自主进修开放大学本科，就读行政、城市公共安全管理专业，已有 3 名学生获得本科毕业证书。第一届学生于 2016 年 7 月毕业，就业率达到 93.8%，并有学生在拿到大专文凭后顺利进入上海交通大学图书馆工作，或在某防伪商标公司担任销售经理，或在劳务派遣公司担任人事助理。

四、挖掘潜在能力，成就多元发展

学校生涯发展教育重在挖掘学生潜能，生涯导师积极鼓励学生探索自己的兴趣爱好和才能，创设平台帮助他们在各种活动中展示自己的潜能，认识自己的价值和能力，成就学生多元发展。学校学生不断在全国、市、区级层面的有关体育、艺术、科技比赛进行教育展示并获奖。

（一）体育方面

学校支持特殊学生生涯发展，加强学生体育健康知识与技能的学习，渗透日常锻炼意识，树立学生终身体育学习的理念。学校建立特奥融合运动特色，在特奥篮球、旱地冰球社团基础上，拓展旱地冰壶、羽毛球等新的特奥社团。学生参加各类体育比赛频频获奖，获得国际特奥手球比赛的男女队冠军，获得国际特奥高尔夫亚军，有学生被聘为全球特奥区域信使，还有学生参加中美人文交流特奥青少年高峰论坛。

2021年学校特奥男子、女子篮球队在全国第十一届残疾人运动会暨全国第八届特殊奥林匹克运动会中获得男子特奥篮球亚军、女子特奥篮球季军；并获得体育道德风尚奖；校旱地冰壶队在全国第五届残疾人冰雪季示范活动——上海市旱地冰壶比赛中获得特奥组三等奖。2019年校特奥男子篮球队在全国第十届残疾人运动会暨全国第七届特殊奥林匹克运动会中获得男子特奥篮球冠军。2018年校篮球队获全国特奥篮球比赛男子C组冠军，其中两位同学分获个人赛冠亚军；校旱地冰球队获特奥旱地冰球联赛A组冠军。

（二）艺术方面

学校挖掘学生艺术潜能，学生在书法、陶艺、舞蹈、演唱等多个领域都获得了可喜成绩。学校的学生艺术教育工作室不仅为特殊学生的艺术梦想启航，同时也为他们融入整个社会大家庭打开了一扇心灵窗户。工作室曾在上海市刘海粟美术馆举办学生书法、绘画与摄影作品展，在上海市国际舞蹈中心举办学生个人演唱会。学生在上海音乐厅特殊青少年达人秀舞台上展示才艺，学生获得全国陶艺、美术、摄影等比赛一等奖10余项。

"磊磊动漫社"的磊磊同学发挥绘画的优势，参加"中国美术学院社会美术水平考级中心"每年一次的动漫绘画考证，获取了最高九级的认定证书。他获得的奖项不胜枚举。2019年，磊磊的作品获中国美术学院"繁星国际青少年美术创作大赛"青少年组装饰画一等奖、"丝路国家青少年国际摄影竞赛"上海分赛区一等奖、"一带一路"第五届华东杯摄影教学评比上海赛区二等奖、国家青少年国际摄影比赛上海分赛区铜奖。2017年获"闻鸡起舞——第八届上海少儿生肖绘画作品展"优秀奖，该年10月，磊磊和动漫社的学员们一起创作的巨幅作品《外滩》，获得了2017年"童年画语"的优胜奖。2018年1月，作品获得

"汪汪旺旺汪星人"第九届上海市少儿生肖绘画展优秀奖,该年2月参加来福士长宁店狗年生肖红包的创作。现在,他的一些绘画作品则作为学校专属礼品送给嘉宾,该年4月赴台湾参加特奥50周年交流活动,磊磊的字画团扇被赠送给中国台北特奥会理事长(嘉义市前市长)黄敏惠女士,深受好评。"天立唱吧"的天立同学在2017年参加周迅"one night 给小孩"关爱智障儿童公益演唱会,作为特别嘉宾进行了演唱,该年8月与上海市残疾人合唱团一同前往济南参加了全国残疾人文艺会演比赛,12月和"天立唱吧"的其他学员一起在上海国际舞蹈中心举办了"我的未来不是梦·四季倾情音乐会"。

2020年学生制作的作品《生命树》《我的滑板鞋》获"长三角中小幼师生陶艺创意作品邀请展"二等奖,2019年获青少年文具用品创意设计大赛优秀奖。在"国际儿童画展国际巡展梦幻嘉善展",4名学生作品受邀展览。2018年获"华夏儿艺"全国少年儿童美术书法摄影大赛征稿活动中获集体三等奖、长宁区中小学生艺术展演舞蹈专场二等奖。学生作品《许愿树》《母鸡花盆》《藏女》参加上海市中小幼陶艺教学优秀成果展,获两个二等奖、一个三等奖。在第二届"全民美育进校园"上海艺术季校园各项活动中获上海市美育优秀校园。在2017年"晒墨宝"第三届国际童心绘公益美术大赛,3位同学分获最佳视觉奖、最佳色彩奖、网络人气奖。上海市青少年创意彩泥展示交流活动中,学生作品获二等奖,学生荣获"墨宝"第三届国际童心绘公益美术大赛最佳视觉奖、最佳色彩奖、网络人气奖,学生书法作品获全国特教学校学生美术书法展二、三等奖。

第一次远征

小Q是学校体育社团的同学,十分有幸能去参加第十一届全国残疾人运动会暨第八届特奥会比赛。在赛场上,对于他来说,体育技能是一种挑战,但是更多的是生活技能的挑战,因为这毕竟是他第一次出远门。班主任特地在出发之前跟小Q谈话,一方面是鼓励,一方面是提醒。小Q对这次出远门非常期待,有一点小激动,也有一点小忐忑,但总的来说决心很大,表示会听从安排,照顾好生活,最重要的是赛出水平,为班级和学校乃至上海争光。应该说,他做到了。

10月20日,长宁特职校特奥篮球队一早就在虹桥机场集合,与上海市特奥代表团汇合,出征本次比赛。本次参加比赛的共有14名运动员,当日下午安全抵达比赛地点陕西宝鸡。

在外地的赛前集训中,小 Q 同学十分刻苦,功夫不负有心人,在最终和山东队的决赛中,只有三个队员得分,小 Q 就是其中的一个,为最终夺得亚军奉献了自己的力量。学校篮球队的运动员们代表上海特奥男篮、女篮参加了第十一届全国残疾人运动会暨第八届特奥运动会比赛,获得了男篮银牌和女篮铜牌的好成绩。同时,特奥男子篮球队、女子篮球队队员们均获得第八届特奥运动会体育道德风尚奖荣誉。

这是小 Q 第一次独自出远门,同时也是第一次坐飞机。在外期间,由于"新冠疫情"防控的要求,小 Q 被要求频繁做核酸检测,一天的行程也是排得满满的。在行为规范方面,小 Q 出去没有问题,但是在生活自理能力方面,其实也存在欠缺,幸好有体育老师带队,可以加强督促和提醒。另一方面,出去免不了要跟同行的小伙伴乃至全国的特奥运动员打交道,人际交往也是非常重要的一方面。在人际交往方面,小 Q 属于比较被动但是比较懂事的。

这次远征提升了小 Q 的自信心,在荣誉面前,他戒骄戒躁,回归校园生活,继续启航,学好本领。

丁翠

(三) 科技方面

学校关注学生科技教育,教师组织学生积极参与区少科站的各类活动,关注科普环保类比赛。同时,学校关注环保项目,依托垃圾分类项目,组建学校"环保队",形成了学校垃圾分类管理制度。在创新管理举措方面,开展环保讲座,在垃圾分类专题环保学习等活动中都取得了较好的成绩,在学生环保课题、摄影、自然笔迹、昆虫识别等各项活动中都取得了较好的市区级成绩。

2019 年,3 名同学获第二十届上海市中小学生"壳牌美境"行动"'绿箱子'科普宣传我行动"实施方案中学组二等奖,学生获"2019 快乐科技为能行"上海市中小学生科技系列活动鸟类识别二等奖。2018 年,学校荣获上海市中小学生"常见昆虫识别活动"优秀组织奖、"2018 快乐科技为能行"长宁区中小学生科技系列活动"自然笔记竞赛"团体一等奖、"昆虫识别"团体二等奖,获第十二届上海市青少年生态文明探究小论文评选三等奖,"特职校垃圾分类减量的实践探索"获上海市第十九届中小学生"壳牌美境"行动方案设计(初中组)二等奖。学校获 2018—2020 全国青少年航空无人机科普大赛"慈善情·飞天梦"专项赛团体一等奖、二等奖、专项赛最佳组织奖等奖项,2017 年获上海城市业余联赛上海科技体育嘉年华首届青少年无人机科普大奖赛突出贡献奖,一名学生获上海市无人机科普大奖赛第一名。

第二节 教师发展

特殊职业学校生涯导师工作不仅帮助学生获得成长,同时也促进了教师自身的成长和收获。教师在帮助学生成长的同时,也在不断成长和完善自己。教师在思政育人能力、生涯指导能力、跨学科协作能力、特教职业素养等方面都得到了提升和发展。

一、提升思政育人能力

(一)教师提升思政课程学本编制的能力

每一位教师都是特殊中职学生思想道德教育的重要力量之一,学校重视德育课程建设,依托班主任教研组研修,教师们群策群力,以《中等职业学校德育大纲》为指导,完善校本德育课程,编制《长宁特职校职业道德与法律课程教学指南》《长宁特职校职业生涯规划课程教学指南》,由班主任教研组和终身教育教研组开展课程实施。在课程实施的过程中,为了能够更加贴近特殊学生实际,便于学生的理解和认知,班主任教研组和终身教育教研组开发了两册学本,并着力于配套课程资源的开发,形成了一系列课件、微课等教学资源。学本聚焦社会主义核心价值观、"四史"学习教育,提升特殊中职学生思想道德水平建设,通过全员护导机制和家校互动等形式不断提升学生行为规范水平,学生行为规范水平受到外界一致好评,被评为"十三五"区行为规范示范校。

(二)教师提升心理健康教育能力

学校成立心理健康教育(心理危机干预)领导小组和工作小组,全体组员教师通过心理健康教育课程实施和丰富多彩的实践活动,关注青春期心理教育、职业心理教育和危机干预援助,开展心理咨询个案的定期总结和跟踪。在家庭教育指导中,发挥专职心理教师专长,开展了十余次家长心理沙龙或讲座;在危机干预方面,整合区未成年人心理辅导中心、区精神卫生中心、区特教指导中心等力量,做好学生心理危机预防、辅导转化、转介等工作,学校获 2017 年第七届上海市心理健康教育先进集体,专职心理教师获 2020 年上海市中小学心理辅导协会先进个人称号,学校心理辅导活动课获 2020 第八届上海市中小学中等职业学校心理健康教育活动课大赛特教组一等奖。1 名心理教师通过了生涯规划指导师的培训并取得了相关证书,8 名教师取得国家二级心理咨询师证书,具备心理健康教育能力。

(三)教师提升家庭教育分类指导能力

教师通过家校联系册等载体,引导家长履行家庭教育职责,促进学生的健康成长。学校有专门的家庭教育指导员,依托《家校社协作理念下的学生管理实践》德育述职项目,推进班主任带着研究的视角开展工作,积累了 16 篇经验总结,班主任撰写的家庭教育指导文章荣获 2018 年"黄浦杯"长三角城市群"我的教育观"征文评选三等奖。2018 年学校还成功立项市级家庭教育课题"家校合作开展智力障碍儿童职业陶冶教育的实践研究",并最终顺利结项。家庭辅导员继续做好日常的家庭教育指导工作,了解家长的需求,依托家校联系册等,持续做好家校互动工作,家庭教育指导能力提升的相关经验在第二届"长三角家校合作分享会"论文评选中荣获三等奖,市家庭教育课题"家庭教育指导手册编制的研究"成功立项并结项。2017 年至今,教师收到锦旗二十余面,2018 年学校获得上海市家庭教育示范校。

依托各类德育培训研修,班主任队伍不断优化,2 名教师成为市班主任工作室学员,正班主任 100% 参加了心理咨询师培训,2 名教师参加市级家庭教育指导培训,1 名教师获得 2018 年"师爱在家庭中闪光"市家庭教育优秀指导者称号,班主任整体家庭教育指导能力较好,家长满意度平均达 95% 以上,学校成为上海市家庭教育示范校(2018—2022)。正副班主任开展校本研修主题 5 个,完成报告 5 篇。学校关注心理健康教育工作,构建了学校心理健康品牌——支持式心理健康教育模式,2020—2021 年蝉联上海市中小学心理健康教育示范校。

二、提升生涯指导能力

在全员导师制的推动下,学校每一位老师都是生涯导师,每一位老师也在生涯指导的过程中,不断提升自己的生涯指导能力。

(一)教师提升生涯规划设计与实施的能力

一个学生确定生涯发展目标之后,老师该怎样协助学生设计好四年的学习与生活,帮助他达成生涯目标,这是导师需要深度思考的问题。2017 年至今,教师制订个性化课程实施计划 120 余份,撰写叙事千余篇,教师根据不同主题思考学生生涯发展,在思考中初步提升了生涯规划设计与实施的能力。

（二）教师提升课程本位评估能力

根据学生生涯发展需求,学校组织教师编制各类评估表,如身心健康评估表、五项能力评估检核表、一般职业评估表、一般转衔技能检核表、专业技能评估表、《职业生涯发展支持评估手册》等。同时,教师根据文献学习,参考各类学生发展评估表,结合自身课程需要,编制各类课程本位评估表。在评估表的实施过程中,教师们不断提升自己的评估能力。学校老师将评估相关主题进行深入探索,成功立项区级重点课题"生涯发展教育评估工具的编制与实施"。

（三）教师提升个别化教学能力

学校立足教师专业能力提升,满足每一位学生的个性化学习需求,倡导老师们不断学习提高,在自身专业领域发展的同时,不断丰富学生个性拓展课程,满足学生个性化学习需求。个性拓展课程进行了"一师一特色"课程的专题申报,课程的申报、实施和评估也有了进一步的完善。教师通过个性拓展课程,为学生提供个性化服务,不断优化教学方法。

（四）教师们提升学科专业水平

为了满足学生生涯发展的学习需求,学校五年发展规划重点项目定位"课程资源库的建设",教师聚焦教辅具的开发与运用,每个教研组根据学科指南具体模块,有序开发教辅具 239 个,并在课堂实践中不断探索运用的方式。随着学校信息设备的逐年完善,微课制作也同步推进,各教研组总计制作微课 775节。根据教学开发了小学科类、支持教师类和拓展课程类三类活页学本共计 165份,提供给不同形式的课堂使用。每位教师每学期开发四个教学具或微课,每学期开展校内展示交流活动 2 次。学校组织教师参加市特教资源征集活动获得最佳原创资源奖 3 项,优秀资源奖 5 项。学校组织教师参加了上海市特殊中等职业教育中青年教师教学评优活动和上海市"乐学杯"教学评优活动,达到 23 人次。2018 年获得课程工程一等奖 1 名、二等奖 1 名。在 2020 年长宁区"课堂工程"评选活动中,1 名老师获得一等奖,3 名老师分别获得二等奖。2022 年 2 位老师分别在长宁区"走向卓越"教师评比表彰活动课堂教学素养评比中荣获"活力杯"和"卓越杯"二等奖。园艺教师发挥自己的信息技术特长,不仅为园艺教学开发了微信学习平台,还获得 2016 全国特殊教育学校信息技术与职业教育年会现场课例展示优秀奖。教师的学业辅导能力在学习与实践中不断提升。

作文里的小心思

小 N 同学有许多小心思，上课的时候老是走神。上课不专心的时候她究竟在做什么呢？她的语文老师仇老师提醒我一点，也许可以从她写的作文中一窥究竟。

我是小 N 同学班级语文课的支持老师，虽说她的语文能力并不需要支持，但是通过课堂观察，我发现小 N 同学上课的时候经常走神，跟不上节奏。正好某天仇老师布置了语文作文的作业，她所在班级有几个能力较强的同学具备一定的写作能力，小 N 也是其中之一。

这个学期，仇老师根据语文课单元所设的主题，结合班级实际情况，布置了名为"我的理想""五一趣事""网购"这三篇作文。拿到小 N 的作文本后，我首先发现她具备一定的写作能力，尽管遣词造句存在一些问题，但是大体上能够围绕相应的主题进行描述，字数没有问题，个别句子也展现了一些自己的想法。

透过三篇作文，可以看出一些她心里的所思所想。说不定她上课走神的时候有一些心思就在这里面。第一篇写"我的理想"，其实她从她的兴趣出发，不止写了理想这个话题。她兴趣爱好很多，跟很多小姑娘一样，喜欢画画、跳舞、唱歌，甚至还喜欢跆拳道、空手道武术之类——想要通过练习达到防身和健身的目的。更重要的是后半段，她写到了她渴望友情，喜欢老师对她的关爱，怕别人不搭理她，更害怕失去什么。尤其是她有好感的男生如果不搭理她，她会感到非常难受。说到底，还是青春期的一些问题。

第二篇名为"我的爱好"，她写了喜欢抓娃娃，其实她也是希望抓一个送给所谓的男闺蜜。她害怕出去抓娃娃一无所获，这样就不能给男闺蜜送礼物了。可见"抓娃娃"背后的心思，还是对男生的好感。

第三篇题为"网购"，她并没有多少网购的经历，她喜欢上小红书看别人的购物贴，特别希望外祖母能够给她买一个新书包。

她的三篇作文都写得挺长的，有点流水账，但是都有一些心声的吐露和展现。她通过作文，表达了自己内心的渴望，渴望被关注，渴望成长，害怕失去，有一点点焦虑。她平时也会上网看一些眼下流行的 App。

作为她的导师，包括她的班主任和看到作文的科任老师，因为她思想比较单纯，都教育和引导她上网时候要注意分辨，不要被骗，不要轻易相信网友说的话，尤其网上如果有认识男生的话。现实中，上课要把更多精力集中在所学的内容上。作为科任老师，经常让她在黑板上完成一些练习题，就是希望能够集中她的注意力，其实至少在基础学科的学习上，她还是具备一些能力的，听说将来也要考大专，那么更要从一年级开始就打好基础。

经过老师的引导和课堂的一些干预，她的思绪被重新拉回到了课堂。但她走神的情况还是比较多的，需要经常观察，及时发现，随时干预指导。

学生的心思有时候可以通过其他方面，旁敲侧击来关注到。当我们发现学生课堂走神或者不专心有心事时，需要老师加强关注，从各个渠道了解相关信息，有针对性地加强引导。针对学生心理上的波动，认真对待，把一些情况解决在萌芽阶段，同时也要结合学科实际，为学生将来发展早作打算。

蒋程

三、提升跨学科实施能力

（一）教师提升跨学科专业实践能力

教师在担任生涯导师岗位工作中，为了更好地服务学生，需要不断更新和扩充自己的知识库，以适应不断变化的职业教育需求和学生职业发展服务的需求。学校组织教师参加各级各类培训，进一步提升其专业技术资格和教育教学水平。近20位教师自主参加商品服务、会务服务、面点、插花等职业技能类和言语康复、美术康复、自闭症等特殊教育类专题培训。学校选派教师参加特殊教育国培计划、中国家庭教育指导师高级研修、中美儿童认知行为疗法、自闭高级研修班、孤独症儿童课程建设与教学设计研修班培训等各类特殊教育专题培训。2位教师分别参加了市教委"特殊教育医教结合管理机制探索"和区骨干教师赴美培训。专任教师中，高级技师、技师6人，高、中级职业资格12人，持有中式烹饪师一级、言语语言康复师中级、中国家庭教育指导师（高级）等相关证书120余张，一专多能的教师比例占教师总数的100%。

（二）教师提升跨学科沟通合作能力

除了较好地掌握本学科的知识和技能外，为学生生涯发展考虑，教师还要对学生学习的其他课程也有所了解，以帮助学生更好地理解和掌握知识，在这个过程中，教师需要与学生、家长、同事和社会各方面的人员进行有效的沟通。他们需要倾听学生的需求，理解家长的观点，与同事合作，与社会协调。久而久之，教师们与多方人员之间的沟通合作能力也获得了提升。

小 K 学园艺

小 K 这个学期开始学园艺了,有上个学年园艺康复的学习经验,他的学习表现如何呢？恰巧李老师在他们班开课,我细致地观察到小 K 的园艺学习表现。这节课的学习内容是"浇水壶",主要通过教学这一劳动工具的使用方法,使同学们掌握浇水的园艺技能。

走进教室,我一眼就看到了高高大大的小 K,他被安排在挨近讲台的座位。同学们被分为了两组,从后来他们的学习表现看,李老师主要采取的是同质分组的方法。小 K 被分到的是能力相对较弱的一组。不过,在这一组中,小 K 的能力却显得很不错。

教学刚开始,李老师结合直观形象的电子交互式白板,让学生认识浇水壶的三部位。虽然小 K 不会说话,但是看得出他听得很认真,并没有像往常一样发出无意义的声音。当李老师让他上讲台,指出浇水壶的部位时,他乖乖地、准确地用手势做出了回答。李老师热情地表扬了他,他腼腆地笑了。

之后,在给浇水壶倒水的环节,小 K 也十分娴熟地完成了李老师布置的任务。而后在用浇水壶浇水的关键环节,不需李老师过多的指导,小 K 自信地完成了任务。他捧着还在渗水的花盆,配合着李老师的讲解,给老师和同学们作出了很好的示范。

整节课小 K 的表现都出乎意料得好：其一,课堂上他很守规矩,完全不像以往课堂那样胡乱说话(发出大声、无意义的声音)表现自己；其二,他的行为表现自信娴熟,较好地掌握了这节课中浇水的技能。

课后,我与李老师做了一个简单的了解。据李老师说,小 K 上个学年的园艺康复课上得其实并非一帆风顺,他也会有使小性子偷懒的时候。但是,好在李老师会想办法,一直很好地调动了他学习的兴趣,所以经过反复的练习,他终于能够掌握简单的园艺技能,算是"学有所成"。

赵静红

（三）教师提升家校沟通能力

每一位教师都会与家长进行沟通交流,特别是导师,在指导学生生涯发展的过程中,导师家校沟通能力获得提升。导师在与家长面对面的深入沟通中,第一时间传递给家长学生在校的进步和表现,让家长时时刻刻感受孩子的成长和进步,通过深入的访谈了解家长的教育理念,并不断把学生的生涯发展目标达到家校的和谐统一,让学生获得更优的支持。

导师与家长沟通

由于"新冠疫情",学校改为线上教学。线上的第一节语文课,同学们在线上积极参与并发言,唯独没有听到小J的声音,尽管小J平时上课就不怎么发言,也不会说很流利的话语,但至少可以在父母的帮助下,跟读几个词语或句子。我有些纳闷。

晚上我连忙打电话给她的妈妈,询问小J线上学习的情况。妈妈告知,小J生病了,抗原检测呈阳性。哦,原来是这么一回事啊!她的情况很严重,发烧了两天,呕吐了好几天,躺在床上,没有力气,只能吃点小米粥,真是可怜啊。我只能关照小J妈妈:现在大部分人都阳了,小J的反应比较大,多给她喝点小米粥,多休息,学习上的事情就暂时放一边,身体最重要。作为家人,在照顾她的同时,也要保护好自己,特别是小J的弟弟,与姐姐保持一定的距离。小J妈妈听了后,非常感谢我的建议。

又过了几天,我又打电话询问小J的身体状况。小J妈妈告知,小J身体好多了,不再呕吐,能够吃下东西了,就还是没有力气,躺在床上,不太愿意起床。我听了非常高兴,小J总算熬过去了。我连忙安慰小J妈妈,她在床上躺久了,刚刚病愈,没有力气,建议让她能够起床一会儿,走走路,而后再躺下,休息一会儿,循序渐进。之后,我又与小J妈妈聊了许多关于孩子在学校内的事以及孩子的基本信息。如喜欢什么?怎样让她听长辈的话?她说话很快又含糊,怎么办?……沟通甚是愉快。

作为小J的导师,要时刻关注学生的一举一动,在细微处察觉到问题的所在。特殊学生由于没有良好的学习习惯与态度,学习能力也不够,需要家长与老师通力合作。就如这次疫情期间上线上课,孩子病了,从家长的角度,要体会家长焦虑的心情,因此,谈话的角度可以从关心孩子,提供良策上入手;有的时候,家长工作了一天,也非常劳累,我们可以为家长减负,教师能做的,就自己完成;与家长拉近了距离,我们再提出方案或建议,与家长一起合力,帮助孩子在生活、学习方面有所进步。

其实,老师与家长沟通时,一定要把家长当成合伙人,把家长当作需要帮助的人,询问的时候,多问问家长需要导师做些什么?想孩子在哪方面提高……如此,导师与家长关系和谐,家长才能更好地支持与配合完成很多工作。

李贞

四、提升教育科研能力

学校全员科研，每位教师参与校级课题研究，形成了科研主任、科研员、科研项目管理员骨干梯队。教师通过与生涯发展教育有关的科研项目，充分了解学生的个别差异，认识不同发展水平的学生有不同的需求，并能不断思辨自己的教育行为，不断提升自己的科研能力，促进教育教学能力的成长。

学校连续两届获长宁区教育科研工作先进集体，科研室 2 人次获先进个人。经教育局推荐申报，学校获第三届长三角科研优秀团队。教师撰写的生涯发展相关论文发表和收录于《现代特殊教育》《上海特教》《我们在顺势飞扬》等杂志、书籍，各类论文评选获全国一、二、三等奖 20 余篇。2017—2022 年，学校教师陆续申请立项市区级课题"家校合作开展轻度智障儿童职业陶冶教育的实践研究""特殊学生职业生涯发展的评估工具编制与应用的研究""基于生涯发展的特殊中职学生作业康复的实践研究""特职学生职业生涯辅导的家庭教育指导叙事研究""社校合作促进残疾学生高等教育课程建设的实验""全员导师理念下特殊中职校开展生涯导师制的研究与实践"等，其中"特职学生职业生涯辅导的家庭教育指导叙事研究"获上海市中小学德育研究协会第九届科研成果三等奖，"特殊学生职业生涯发展的评估工具编制与应用的研究"获上海市长宁区第十四届教育科研成果评选三等奖，《发展性障碍者个别化职业陶冶教育支持计划研究》获上海市职业教育协会第十八届优秀论文三等奖，发表于《上海特教》；《深化特殊职业教育改革 支持特殊学生生涯发展》发表于《现代特殊教育》。在这些与生涯发展教育相关的主题研究中，教师的科研水平得到了不断提升。

第三节　学　校　发　展

特殊中职校生涯发展教育对学校发展具有积极的促进效果，通过实践分别在提高学校教学质量、深化家校合作力度、优化教育资源分配、促进教师专业发展等方面有了非常有效的发展。

一、提高学校教育质量，丰富教育内涵

学校生涯发展教育注重学生的个性差异和未来发展，为特殊中职学生提供更为精准的教育支持和辅导。通过生涯导师制的全面推进，生涯导师可以

更好地理解学生的需求,为他们提供定制化的教学计划和资源,从而提高学校的教育质量。

(一)专业课程拓展,深化支持式课程

立足特殊中职学生的能力特点,同时适应社会劳动力就业市场的需求,学校新增西式烹调师、西式面点师和商品营业员三门专业学科,进一步完善了支持式职业教育课程体系,增加了特殊中职学生的学习与就业机会。

(二)课程内容增加,立足个性化需求

特殊中职学生个性化学习需求的多样化,引发课程内容的增加,主要集中在特长型课程,包括艺体兴趣课、专业潜能开发课、升学辅导课。特别是艺体兴趣课、专业潜能开发课,每学年根据学生个性化学习需求进行增减。比如,根据学生的需求,学校不断挖掘教师的潜能开设了尤克里里等个性化课程,单是特奥运动,学校以特奥篮球运动、足球运动为基础,继续开设了特奥高尔夫球、特奥旱地冰球等。

(三)实施途径多样化,突破师资限制

为满足特殊中职学生个别化教育需求,原先主要通过班级集体授课分层教学和抽离式个训的形式。现在,学校课程实施途径实现多样化,基础型课程引入支持教师,补偿型和特长型课程采用走班小组教学,为智障个体提供定制课程,充分利用有限的资源,满足学生的个性化学习需求。

学校生涯发展教育不仅关注学生的学术表现,还注重培养学生的个人特长和兴趣爱好。这种全人教育理念能够帮助学生全面发展,提高他们的综合素质和就业竞争力。当学生具备更强的竞争力和适应能力时,也会增加学校的声誉和竞争力。

二、深化家校合作力度,创建和谐校园

学校生涯发展教育鼓励家长参与学生的教育过程,提供定期的家校沟通和反馈机制。通过与家长的紧密合作,学校可以更好地了解家长的期望和需求,从而改进教育方案和提供更符合家长和学生需求的支持服务。学校逐步建立了有效的沟通机制,加强家庭教育指导,共同制定教育计划,促进学校与家庭之间的相互理解和合作,为学生的健康成长创造更加有利的环境。

（一）建立有效的沟通机制

学校和家庭之间应该建立定期的沟通机制，包括家长会、教师与家长的面对面交流、电话交流、电子邮件交流等，让双方更好地了解彼此的想法和需求，及时解决问题。学校可以邀请家长参与教育活动，如家长授课、家长助教、亲子活动等。这不仅可以增强家长与学校之间的互动，还可以让学生更加积极地参与学校活动，增强学习动力。

（二）加强家庭教育指导

学校可以提供家庭教育指导，帮助家长更好地了解学生的学习状况和需求，指导家长正确地与孩子沟通，以及如何有效地陪伴孩子学习。

2018年学校还成功立项市级家庭教育课题"家校合作开展智力障碍儿童职业陶冶教育的实践研究"，并最终顺利结题。学校生涯发展教育做好日常的家庭教育指导工作，了解家长的需求，依托《个性化课程手册》《家校联系手册》等，持续做好家校互动工作，家庭教育指导能力的提升营造了良好的校园氛围和家庭氛围，包括良好的校风、班风、学风，以及尊重、理解、包容和接纳的氛围，让每个学生都感受到被关注和尊重，增强自信心和归属感。

（三）共同制定教育计划

导师邀请家长共同制定教育计划，包括学生的学习计划、课外活动、考试安排等，以保证学生的学习有计划、有目标的进行，同时让家长更加了解孩子在学校的学习和生活情况。制定计划的成员由家长、教师和学生代表组成，共同商讨学校教育政策和活动安排。这样可以保证学校的教育政策和活动更加符合学生和家长的需求和期望。

三、优化教育资源分配，满足个性需求

学校生涯发展教育需要对学校资源进行合理的规划和分配。通过对教育资源和需求的深入了解和分析，学校可以优化资源分配，提高教育资源的利用效率，同时确保所有学生都能获得充分的教育支持。

（一）校内外资源整合，深化社校联动

学校联动爱心人士、家长志愿者、大学生志愿者、关心下一代工作委员会，开展丰富多彩的社团活动、社会实践、圆梦行动、专题报告等特色服务。学校

与长宁区业余大学合作,创设了餐饮管理的大专班,为特殊中职学生接受高等教育创造了机会。学校引进专业志愿者,为个别有艺术特长的学生开展个性化教学。最终,形成"学校、家庭、社区三位一体"育人网络,为特殊中职学生创造学习机会。

（二）爱让梦想成真,引进校外资源

学校通过建立关爱梦想机制和措施,开展"爱让梦想成真"系列活动和爱心乐活计划。学校引进各种教育资源和职业资源,如实习机会、就业指导、学术研究等,从而为学生未来的职业发展提供更多机会。学校整合德育各方资源,建立家社校协作网络,依托"爱让梦想成真"公益行动,联动关工委、大学生志愿者、爱心企业等,开展专题报告、社团活动、实践活动等。学校先后与长宁区妇幼保健院、上海电影集团、上海歌舞团等爱心单位开展了共建活动,并于2021年成立智障青少年文创孵化基地,与上海歌舞团、上海博物馆、东华大学服装与艺术设计学院等6家爱心单位签约,助推学生生涯发展。学校搭建各类艺术展示平台,每月"一展""四杯"活动让学生的艺术梦想得以实现。在多方助力下,每年学生的梦想实现率达到95％以上。

学校关注学生的个性化需求和职业规划,为学生提供更广阔的发展空间。通过与企业的合作和联系,学校为学生争取更多的实践和就业机会,帮助他们更好地融入社会和发展自己的潜力。

（三）借助特奥运动,拓展社会资源

学校与国际特奥会东亚区、上海市篮球协会、姚明篮球俱乐部、明星高尔夫球队、上海爱和恩足球俱乐部等建立了联系,为学生搭建了更多的平台,积极开展各类特奥融合活动。如与上海外国语大学附属外国语学校每学期开展特奥融合活动,参加"上海大师赛特奥融合网球"活动,邀请上海坐式女排队与残奥冠军队结对,参与姚明篮球俱乐部特奥融合活动,参与"耀在一起"国际特奥会融合活动,从而提高学生特奥水平,帮助孩子提高自信,形成终身体育意识。

学校生涯发展教育在全国范围内开展了研究成果与经验的交流。2022年,学校校长在上海市教育学会特教专委会举办的上海市"高质量发展 高质量办学'星校长、星教师'"成长启航系列论坛活动之"潜心探索 赋能特殊学生最优发展"大会上做以题为"办好特殊职业教育,支持学生生涯发展"的报告分享。2020 年 8 月,学校参加全国新型特教学校共同体网上论坛,做"特职学生生涯发展教育的研究与实践"的发言。2020 年 12 月,学校在线上参加了华中师范大学教育学院举办的"信息化进程中残疾学生职业教育研究"学术沙龙活动,做"特职学生职业转衔教育的实践"的线上讲座。2021 年 6 月,学校参加全国智障教育年会,做"项目式教学推进自闭症学生职业教育的实践探索"的经验交流。2022 年 5 月,学校参加由南京特殊教育学院举办的"全国大中小学校特殊教育共同体(联盟)"成立大会,沈立校长作为上海特殊教育的唯一代表,受邀作题为"特殊职业学校生涯发展教育的实践探索"的校长论坛发言。在对云南丽江特殊教育学校智力帮扶的过程中,学校还把生涯导师工作的做法带到云南,帮老师们开展专题研讨活动,把生涯辅导的理念和做法传递到丽江特校。

融入社会展自我,每个孩子都发光
——长宁特职校打造特殊学生职业生涯发展教育品牌特色

近年来,上海市长宁区特殊职业技术学校坚持"每个孩子都是金子,最大限度地发现每个孩子的潜在能力,用爱实现他们融入社会的希望和展现自我的梦想"的办学理念,以"育人为本、尊重差异、支持就业、促进融合"为指导思想,发挥学校教育与康复、转衔与服务功能,推进特殊中等职业教育课程建设与实践,形成了特殊学生职业生涯发展教育的品牌特色。

校长沈立介绍,近年,学校由原先的初级职业技术学校转型为特殊中等职业技术学校,面对生源情况变化的现状,需要针对学生问题,开发多元化的课程资源。基于此,学校以上海市特殊中等职业教育学校(班)课程方案为依据,对公共基础课程、专业课程、拓展课程(康复课程和潜能开发课程)进行资源开发。截至 2022 年 6 月,先后完成了教辅具开发 239 个、微课 775 个、活页学本 40 余册(计 165 份)、康复方案 147 份,成果丰硕,效果显著。线上教学期间,教师自制的各类资源得到了广泛使用,其中 22 个微课入选了上海特教在线"宅家学"课程平台,多项资源被上海特教资源库收录。

针对特殊学生的特性,学校为每名学生制定个性化课程实施计划。自入校起,每名学生均配备生涯导师。导师与班主任、学科教师及家长共同探讨,针对其特点,为学生提供个性化服务,满足学生个性化学习需求。如针对语言沟通有障碍的学生,多设置康复类课程;针对文化程度较好的学生,则安排升学辅导课,助力其参加成人高考。

同时,学校重视德育课程建设,依托班主任教研组研修聚焦社会主义核心价值观、"四史"学习教育,提升特殊中职学生思想道德水平建设,通过全员护导机制和家校互动等形式不断提升学生行为规范水平。此外,学校关注心理健康教育工作,构建了学校心理健康品牌——支持式心理健康教育模式。2021 年,学校成功申报上海市中小学心理健康教育示范校。

节选自《东方教育时报》2022 年 12 月 7 日报道

第九章

总结与展望

党的二十大报告提出，要"推进特殊教育普惠发展"，真正实现教育公平。在"每个孩子都是金子，我们要充分挖掘每个孩子的潜在能力，用爱实现他们融入社会的希望和展现自我的梦想"的办学理念下，长宁特职校的生涯发展教育关注每一个特殊中职学生的发展需求，通过科学评估、专业支持、多方协作，帮助特殊中职学生实现最大限度的生涯发展。

第一节　实　践　总　结

生涯发展教育响应特殊中职学生的个性化生涯发展需求，充分体现特殊教育的支持理念。通过课程的设置与人员的安排，为每一个特殊中职学生提供一位生涯导师、一份独特的课表，科学评估使教学目标更加精准，教育支持更具有针对性，多方协作保障计划落实与学习成效，共同致力于特殊中职学生的生涯发展目标的实现。

一、个性化课程方案是生涯发展教育的根本依托

学校贯彻落实《上海市特殊中等职业教育学校（班）课程方案》，开齐、开好国家规定课程。结合学生的五项能力评估与个性化学习需求调查，除了必修的公共基础课程和专业课程，为充分满足学生的个性化学习需求，学校把缺陷补偿与潜能开发类课程纳入学校个性化课程体系，对学校课程进一步完善。根据《上海市特殊中等职业教育学校（班）课程方案（试行稿）》，学校课程除了公共基础课程和专业课程，将个性拓展课程（含综合康复、潜能开发、升学指导等课程）纳入学校课程体系，每类课程包含必修课、选择性必修及选修课，通过不同的课程组合，满足学生个体不同的生活适应、就业及升学需求。

学校充分利用社会资源,结合学校特色积极开设校本课程。学校为少数在某一领域有特殊才能的学生发挥优势,建立学生艺术家工作室的做法在国内尚属首例。工作室通过点带面,让更多的学生能够发挥自己的艺术潜能,通过创作作品,获得成绩,提高自我效能感,帮助学生克服生涯发展的重重障碍,获得有尊严的人生价值。比如施 * 摄影工作室带出了一大批有关摄影的个性化课程方案,覆盖所有特殊中职学生,并在植物昆虫摄影、环保摄影、科学摄影等青少年组比赛中获得了多项一等奖,其中还有中度智障,伴有语言障碍的学生,而这也极大地激发了学生施 * 的热情,作为摄影课小助教尽职尽责。王 * 舞蹈工作室不仅获得了在各种活动中进行展演的机会,也为学生王 * 带来了工作机会,即在某慈善机构作为前台接待和舞蹈演员,成为专职工作人员。

二、学生评估是实现个性化生涯发展目标的前提

科学评估是落实生涯发展教育的第一步。制定与实施个性化课程实施计划,包括发展目标的选择、学期目标的确定、课程的设置、课程内容以及实施方式的选择,必须以科学评估学生的能力水平与个性化学习需求为前提,避免盲目性。此外,必须要与家长充分沟通评估结果与专家建议,才能帮助家长及学生作出相对科学的选择。

尊重学生差异,根据学生需要和课程特点,完善现有校本评估工具、评估方式,坚持质性评价与量化评价相结合、动态评价与静态评价相结合、分层评价与个别评价、自我评价与他人评价相结合的原则,针对学生不同的发展基础与学习能力,对每个学生进行多元发展性评价,促使学生在原有基础上充分发展。

提升特教教师评估能力,学校选派教师参加职业能力评估量表培训,全员参与"心理测量师"培训并获得初级证书。改变入校即评估的方式,采取入学观察、家长访谈,以及能力检核表等多种方式,为个性化课程实施计划的制定与实施提供更为科学的评估。

三、生涯导师制是落实个性化课程实施计划的关键

特殊中职学生个性化课程实施计划关注特殊中职学生的长远发展,而非仅仅关注在校期间的学习目标,目的是为其生涯发展提供可操作的解决方案,因此,生涯规划指导是个性化课程实施计划制定与实施的核心。生涯规划导师必须具备一定的专业素养,不断提升生涯规划指导的专业性与科学性,才能

为特殊中职学生制定与实施适合的个性化课程方案,从而帮助特殊中职学生实现升学、就业、社区生活适应的发展目标,提高其生活质量。

目前大部分有关生涯规划的中文研究关注中、高等职业院校、高等教育以及少数高中阶段的学生的职业生涯发展。对特殊学生的生涯发展教育的关注相对较少,尽管在研究与实践中,特殊学校都已经关注到特殊中职学生的职业生涯发展教育,但是在特殊职业学校,鲜见对教师提出全员生涯规划导师的要求。建立导师制,明确导师的具体职责,加强对导师评估的跟进,通过择优上岗、绩效奖励等行政手段保障个性化课程方案实施的有效性。通过专业培训与校内培训相结合的方式提升导师的专业素养,为导师提供多方位的支持与帮助,加强团队合作与沟通,做到督导到位,支持有力,保障每一位学生个性化课程实施计划的科学性和有效落实,最终实现生涯发展目标。

四、家长参与是影响生涯发展教育成效的重要因素

首先,家长参与特殊中职生生涯发展目标的确定。实践发现,不少家长对孩子期待较高,或者比较迷茫,缺少生涯发展规划的意识。面对这种情况,在编制学生个性化课程实施计划之初,生涯导师更加需要与家长进行充分沟通,了解学生能力、家庭情况及家长对孩子的未来规划与期望等,在对学生能力进行充分评估之后,邀请家长参加由特教专家、校长或行政人员、班主任、专业技术教师等共同参与的个性化课程实施计划制定会议,帮助家长客观评估自己孩子的能力特点,初步商讨拟定学生的长远发展目标。

其次,个性化课程实施计划的落实需要家校密切合作。生涯导师在为学生选择个别化教育内容和支持手段时,需要与家长讨论,这样家长可以更好地配合学校教师进行家庭教育,家校可以合作使教育或康复成效更为显著。比如生涯导师在为学生选择个性化课程时,需要征询家长意见,一是与家长沟通学生当前课程的学习情况,二是向家长推荐学生适合的课程,根据学生的生涯发展需求调整课程内容,家校合作帮助学生达成生涯发展目标。

最后,特殊中职生生涯发展目标的达成是家校共育的成果。学校通过《职业陶冶家长指导手册》、个性化课程实施计划会议等帮助家长了解学校课程与学生未来发展方向,学习生涯发展教育的理念与方法。家长积极参与,助力学校提升生涯发展教育的质量与成效。生涯发展教育必须基于学生个体的能力特点,同时根据学生发展情况实时调整,只有家长充分参与学生的成长过程,才能真正了解自己孩子的优势和劣势,家校合作确定合适的发展方向,实施有

效的教育,制定动态的生涯发展规划,最终帮助学生达成生涯发展目标。

五、特殊中职校生涯发展教育需要校企社合作

2020年12月,区人民政府工作委员会、区残联等与学校举办区残疾人多元化就业模式分享会暨残疾人就业促进"桥计划"启动仪式。2021年11月,学校与区知新荟、人社团工委达成战略合作,共同打造"点亮星光"特职青年就业助力计划,推进长宁特职青少年常态化公益项目落地。此外,区残联认定学校为长宁区心智障碍人士职业实训基地,为长宁区大龄心智障碍人士(包括"阳光之家"学员)提供服务。

在区残联牵线下,学校与索迪斯(上海)企业管理服务有限公司建立长期合作关系,助推学生在餐饮、保洁、绿化等企业实习就业。学校与星巴克、42 Coffee Brewers建立合作,为学生提供公益课堂和实习实践,帮助学生了解咖啡企业文化及咖啡制作的标准流程,为进入咖啡企业就业积累经验;与万禾都市农场餐厅合作共建实训教室,在学校打造模拟学习空间;与区委统战部、区人社团工委合作签约,推荐企业为学生提供就业指导和实习基地,企业派遣师资或接受教师入企培训,为毕业生实现就业牵线搭桥;与上海歌舞团有限公司、东华大学服装与艺术设计学院、上海博物馆文化创意有限公司、华阳社区文化活动中心、上海交大教育集团高净值研究院、恩理禾艺术馆六家单位签订合作共建协议,成立特殊青少年文创孵化基地,为学生进一步拓展就业途径。

学校一直通过"爱让梦想成真"系列活动扩大社会对特殊中职学生的关注与认知,并将"圆梦行动"中好的做法转化成长效机制,如毕业生家长领衔手工坊社团、国际学校学生开展艺术融合活动。学校吸引更多社会力量,多方合作,为特殊中职学生的个性化学习需求的满足搭建平台,创造机遇。比如,学生工作室的学生在自己所擅长领域如工笔画、拉丁舞、唱歌等已经具备一定的专业水准,学校很难为其配备对应专业水平的教师,仅靠教师的特长爱好很难满足这类学生的个性化学习需求,学校需要相对专业的师资投入,但是这些学生一旦毕业,这类师资短期内可能就找不到对应需求的学生。因此,学校需要通过一定的渠道寻求合适的社会工作者、社会志愿者的支持,低投入高效率地解决这一问题。

个性化课程方案的实施还需要整合多方资源。由于特殊中职学生差异较大,需求各异,这对教师的职业素养是一种挑战。学校尽管对教师提出了"一专多能""双师型教师"等要求,但是仍然难以满足所有学生需求,只能在资源

允许的情况下最大限度地满足个性化学习需求。因此,通过政府推进、企事业单位合作,社区工作者、社会志愿者等社会力量的融入,整合资源,学校才能更好地满足学生的个性化学习需求。

第二节 未 来 展 望

学校探索开设系列项目课程,进一步完善个性化课程方案,满足不同能力学生的生涯发展需求;通过科学评估,为特殊中职生的生涯发展教育提供有效依据;加大生涯导师辅导能力的培养,创建生涯导师支持团队,提升生涯导师的服务质量;建立校企社多方协作机制,为特殊中职生的生涯发展提供支持与保障。

一、项目课程,打通特殊中职学生未来之路

"十四五"特殊教育发展提升行动计划(国办发〔2021〕60 号)提出"着力发展以职业教育为主的高中阶段特殊教育",《上海市特殊中等职业教育学校(班)课程方案(试行稿)》(沪教委基〔2018〕47 号)目前处于第二轮修订阶段,随着国家政策的不断推动,特殊中等职业教育已是遍地开花,但上海乃至全国的特殊中等职业教育学校(班)仍处于探索阶段,对开发出合适的课程与教材有着迫切的需求。

由于部分能力较强的特殊学生进入普通中职校随班就读,特殊中职学校生源发生了很大变化,障碍类型增加,障碍程度加重,给原有专业课程教学带来巨大挑战,就业难度剧增。学校早期自主开发的针对轻度智障学生的课程和学本难以适应现在以中重度智障学生和自闭症学生为主的学生群体,因此学校为促进学生生涯发展,挖掘潜在的就业可能,除了原有烹饪、面点、园艺、服务四门课程,学校进一步探索开设系列项目课程。一是基于就业,以增强学生的综合职业能力为目标,从用人单位的需要出发,拓展学生专业技能,通过模拟或真实的岗位培训,以完成项目的方式,帮助学生达到就业岗位要求,如简餐服务、图书整理、咖啡服务、绿化养护项目课程;二是基于社区生活适应,以增强学生生活自理能力为目标,从未来居家生活需求出发,帮助学生学习生活技能,如家常菜、居家园艺项目课程。

项目课程的学习基于学生生涯发展教育的整体规划:前期需要在学生掌握一定知识和技能的基础上开展,后期则紧密衔接学生的生涯发展目标,构建起知识技能学习通往未来生活与就业的桥梁。

二、科学评估,推动特殊教育高质量发展

党的二十大报告明确提出"加快建设高质量教育体系","完善学校管理和教育评价体系",建立完善评价体系是实现特殊中等职业教育高质量发展的必然要求。特殊学生身心特征的差异性、多样性决定了教育评估的复杂性,特殊儿童的障碍性质与程度、教育训练内容、教育方式方法选择以及教育训练成效以及转衔安置都需要评估来提供重要依据,然而评估仍是我国当前特殊教育发展过程中的薄弱环节,既缺少标准化评估工具,又缺乏具备评估能力的评估人员。

华东师范大学的王和平教授提出了"检核评估"的概念,与标准化的评估和医学诊断相比较,检核评估不需要常模,因为是和过去的发展情况进行比较,编制难度低、周期短,在整个评估过程中,可以通过实践观察、访谈、限定性的评估等多种途径来实施。所以,检核评估既易于编制又易于实施,更适合我国当前快速发展的特殊教育。学校的五大能力检核表属于检核评估,专业技能检核表也是专业技术教师在专家指导下自主研制的评估工具,可以用来检测学生专业技能学习成效。

未来,特殊教育教师需要不断提高学习评估的理论知识。特殊教育教师不仅要有对学生的深入了解,对教育教学或康复训练的目标和内容有充分的把握,更重要的是要具备专业的评估知识与技能,或者借助评估专业人员的帮助,才能保证检核表的信效度。因此,学校须进一步培养和提升特教教师的评估能力,鼓励其在实践中有意识地对教育教学与康复训练活动进行评估,尝试编制评估工具,保障特殊学生的学习与康复成效。

三、专业支持,提升生涯导师服务质量

生涯导师队伍建设是特殊中职学校生涯发展教育开展的根本保障。学校根据学生需求,继续加大对导师个人生涯辅导能力的培养。对照生涯规划师的能力结构,学校将进一步通过系列培训支持特殊教育教师更专业地做好生涯规划指导工作,同时结合多年的生涯发展教育实践,针对特殊中职学生群体的生涯发展需求,尤其是日益增长的自闭症谱系障碍学生,梳理现阶段特殊中职学生生涯导师工作的目标和内容,提出生涯导师的专业能力需求,构建针对性的支持系统,进一步提升导师的生涯辅导能力。

生涯导师在工作实践中缺乏理论基础和实践经验,迫切需要专家团队为生涯导师提供专业支持。目前,生涯规划师尚属于新兴职业。根据定义,生涯

规划师需具备心理学、脑科学、生涯发展学科的专业知识，帮助个体发现最佳潜能优势结构，并科学确立适合发展的核心目标，制定行动方案，提升自信、完善不足，解决在学习、工作中的各类问题。这对生涯导师提出了一定的专业要求，新手导师亟须专业支持。为此，学校将组建一支由特教专家、校长与行政人员、心理教师及资深生涯辅导教师等组成的导师支持团队，为生涯导师提供专业支持或督导服务。参与学校生涯导师专业发展顶层设计，开展导师课程培训，参与学校导师论坛交流研讨活动，为导师工作提供理论支持和实践指导，指引导师工作方向，帮助导师解决工作中的实际问题。

四、共同育人，建立多方协作机制

以实现特殊中职生的人生理想，提升其生活质量为最终目标，学校构建与家庭、社会共同参与的生涯发展教育多方协作机制，为特殊中职生生涯发展提供支持与保障。

政府支持与政策保障是开展校企合作的重要基石。《中华人民共和国职业教育法》(2022)对深度参与产教融合、校企合作的企业给予奖励、税费优惠等政策激励，为校企合作提供了有力的政策与经费支持。学校通过与上海乃至全国特教同行分享交流校企合作办学成果，引发积极的社会效应，最终实现政府引导和政策支持的局面，逐步形成适合特殊中职发展需要的校企社合作机制。在政府支持下构建校企社合作平台，激励企事业单位积极参与为特殊中职学生铺设实习就业与社区融合通道，通过企业参与课程开发与实施，切实提升学生的就业能力。未来学校将继续寻找属地区域内不同类型合作企业与事业单位，探索可能适合特殊中职学生的工作岗位，进一步完善课程内容；另一方面学校将广泛挖掘企业资源，依据特殊中职学生的能力特点，与不同类型企业进行合作对接，协商开拓新的课程。比如适应市场需求，通过校企合作开发与实施简餐制作、超市理货等更多课程，为学生提供非遗、文创类培训课程，探索居家就业新模式，逐步建设适应学生特点与市场需求的多元化特殊中职课程体系，实现每一位学生的生涯发展目标。

未来学校将进一步提高企、事业单位参与特殊职业教育办学程度，推动由构建政府支持、校企社互惠共赢的长效合作平台，同时，通过开展家长工作室、家长培训课程等方式，引导家长积极参与学校生涯发展教育，建立多方协作机制，为特殊中职生创造更多的劳动就业与社会融合机会。

附 录

个性化课程实施计划操作手册

上海市长宁区特殊职业技术学校

2023 年 6 月

第一部分　填　写　要　求

特殊中职生个性化课程实施计划表是每一位学生在校四年学习需求与生涯发展目标得以实现的重要依据,因此需要学生、家长、学科教师、班主任等谨慎填写。

为保障个性化课程实施计划有效、顺利地实施,对填表者提出以下要求:

1. 学生个性化课程实施计划需要根据学生主要发展方向(就业、升学、居家社区生活)指定一名生涯导师作为主要负责人,所有填写者需接受本手册使用培训,并熟悉本手册各条目内容的确切含义。

2. 1名生涯导师原则上支持2—3名学生的个性化课程实施计划,并负责其在校四年的课程学习,保证个性化课程实施计划的制定和执行力度,以确保教育效果。

3. 填写前,负责人要与学科教师或班主任、学生及其家长沟通,表明该项支持服务的意义、目标和操作方式,并对各项目的具体含义做出准确说明,同时声明操作过程的重要性。

4. 填写前,学生及其家长需先熟悉本表内容,并应对个人发展目标做出理性思考。

5. 教师与学生及其家长在填完方案后,应及时对学生的能力、个性化学习需求、资源、发展目标等内容做出综合分析与评价。

6. 负责人在完成各项综合分析与评价的填写后,应及时申请召开个性化课程实施计划会议,并确定学生发展目标和个性化课程学习计划。

7. 在课程计划实施一个阶段后,指导教师应及时总结个性化课程实施计划的实施情况。指导教师在对前阶段学习效果进行评估后,需与学生及其家长做及时的沟通,并根据需要进一步调整方案。

第二部分　填　写　说　明

一、学生基本信息

主要用来了解学生个人及家庭基本情况、主要障碍表现、目前健康状况、学习经历、早期康复与治疗经历等内容。在入学评估时由家长根据实际情况进行填写。

二、综合评估

综合评估包括入学评估和个性化需求调查两部分,具体填写说明如下:

1. 入学评估

包括语言沟通、认知、感知运动、作业、社会适应能力的评估,及康复个训需求专家建议。当场录入学生电子档案系统,并将向家长反馈评估结果,参考专家建议作为个性化课程选择依据。

2. 个性化需求调查

选择或填写需要个性化支持的科目。个性化需求在入学后一个月左右确定。期间需要和家长沟通,向家长发放《个性化课程简介》的手册,让学生及其家长了解学校相关支持服务,结合入学评估结果,辅助家长做出通用基础、专业技术、综合康复、岗位体验、人与社会以及潜能开发等方面的课程选择。学科教师、班主任通过日常观察,再结合学生及家长意愿,确定学生的个性化学习需求及支持方式。

三、资源分析

生涯导师与家长电话或面谈,根据学生的能力特点和个性化学习需求,对学校、家长、社区可提供的专业技能培训、康复、兴趣学习、实习就业等方面的支持资源进行分析,比如参加上海市(或长宁区)残疾人联合会有关的兴趣学习班、家长为学生提供陪读支持等,为个性化课程实施计划的实施提供保障。

四、个性化课程实施计划会议

在基本了解学生个性化学习需求、能力和资源等,有预案、议题、议程后,方可召开个性化课程实施计划会议。要记录会议的时间地点、出席人员、会议过程、会议决议以及所有与会人员签字确认。主要任务是确定学生发展方向,协商课程学习计划。会议由生涯导师主持。

1. 会议时间地点

2. 出席人员

出席会议的人员应包括学生生涯导师、学校行政、特教专家、班主任、专业技术教师、职业指导教师、医生、科研员、家长以及学生本人等。

3. 会议过程

主要有四个议程:

(1)班主任、学科教师、家长介绍学生基本情况。

(2)沟通综合评估结果、学生及其家庭个性化学习需求。

(3)资源分析,参会人员对已有和可能寻求的资源进一步分析和明确。

（4）大家本着开诚布公、尊重支持学生的原则积极沟通，协商确定：① 发展方向，考证就业、升学、生活适应三选一；② 课程学习计划（初拟），确定个性化课程学习的内容和课程实施方式，方案指导教师帮助家长及方案相关人员明确责任。

4. 会议决议

会议决议内容主要是指会议商讨的结果，包括学生的未来发展方向、课程学习计划。

5. 签字确认

与会人员达成一致，并签名认可，注明日期。

五、个性化课程实施与评价

记录学生所参与的课程、实施形式、学习内容以及目标达成与调整评价。其中主要包括学期个性化课程表、学期目标、具体实施内容，以及学期总评四个方面。

（1）个性化课程表：每学期1张学生个人课程表，学制4年共8张。该学期初由教务统一下发班级课程表，个性化课程实施计划负责教师依据学生所在班级课程表，集体课注明支持教师进课堂、单独个性拓展课程时间注明课程名称，周六、周日参与的校内外课程，以及平日下午四点以后的校外课程均要注明，并与学生和家长沟通确认。

（2）学期目标：在完成基础型课程学期任务的基础上，还应达到的个性化课程的学期学习目标。

（3）具体实施：每门课的实施情况可以参见个性化课程日常记录本，其中主要记录支持教师进课堂、个训、社团活动等形式的个性化课程的实施情况。

（4）学期总评：每学期结束，指导教师汇总个性化课程实施计划的实施情况与学生评估结果，对下学期课程计划进行调整或提出建议，并需要家长签字确认。

第三部分　填写样例

（略）

附　录

个性化课程实施计划

（个案六）

学生姓名：＿＿＿小 U＿＿＿

指导教师：＿＿＿朱家琛＿＿＿

实施时间：2019 年 9 月—2023 年 6 月

上海市长宁区特殊职业技术学校

2019 年 9 月

个性化课程实施计划表

一、学生基本信息

学生姓名：____小 U____

性　　别：☑男　　□女

出生日期：2004 年 8 月 17 日

身高：178 cm　　体重：80 kg

身份证号码：310112 ∗∗∗∗∗∗∗∗∗∗∗∗

户籍地址：虹桥镇 ∗∗∗∗∗∗∗　　邮编：201103____

通讯地址：闵行区(县)虹中路_ ∗∗∗ 弄 ∗∗ 号 ∗∗∗ 室　邮编：201103____

家庭电话：__64 ∗∗∗∗ 50 移动电话：_____ 电子邮箱：_____

家庭经济状况：　□良好　　☑一般　　□差

有何特长：____打篮球____

主要障碍表现

☑智障(智商分数_____)　□言/语障　　□多动　　□注意力缺陷　　□学习困难

□运动障碍　　□多重障碍　　□发育迟缓　　□自闭症　　□精神障碍　　□癫痫

□脑性麻痹　　□脑积水　　□其他_____

障碍程度：□轻度　☑中度　　□重度

残疾证情况：□无 ☑有

残疾类别：智力____ 残疾等级：□4 级 ☑ 3 级　　□2 级　　□1 级

□听障：配戴 □个人助听器　　□调频助听器　　□人工耳蜗(自____岁____月)

　　　　目前听力状况：裸耳：左耳____ dB　右耳____ dB

　　　　矫正后听力：左耳____ dB　右耳____ dB

□视障：1. 视力：☑近视 □弱视　　□远视　　□斜视　　□其他_____

　　　　配戴眼镜：☑有　　　□无

2. 视觉机警度：☑反应良好　□偶有反应　□选择性反应(说明)____ □无反应

目前健康状况：☑良好　　□多病　　□服药治疗中_____(请注明服用何种药)

性格(可多选)　□任性　　□温和　　□活跃　　☑胆小　　□多疑　　□不合群

□少言　　□爱发脾气　　□其他_____

有以下习惯性行为(可多选)

□挑食　　□厌食　　□贪食　　□咬指(趾)甲 □吸吮手指 □动作刻板或僵化

□不经意碰撞他人或物 □口吃　　□尿床　　□贪睡　　□失眠 □说谎

□偷东西　☑骂人/说脏话　　□打架　　□逃学　　□其他_____

语言文化差异：父母及其他家庭成员使用的语言包括(可多选)：

☑普通话　☑方言(☑沪　□粤　□闽　其他：_____)

□外语(□英　□法　□德　□日　□其他：_____)

优势语言(运用语言)排序：_____普通话、沪语_____

早期育儿信息：

□ 双语家庭环境　　□ 双语幼儿园学习　　□ 有文化差异环境下托养

（续表）

学　习　经　历	
起　止　年　月	学　　校
2010 年—2019 年 6 月	长宁辅读学校

早期治疗与康复经历			
起止时间	机　构	治疗内容	治疗效果

主要家庭成员			
姓　名	关　系	联系电话	工作单位及岗位
***	母	***	***
***	父		

紧急联络人	
专业意向	☑烹饪　☑面点　□园艺　□服务　☑家政

二、综合评估							
入学评估	得　分　率				个训需求专家建议		
	0—24％	25％—49％	50％—74％	75％—100％	不需要	需要	很需要
语言沟通能力		√				√	
认知能力		√				√	
感知运动能力			√		√		
作业能力			√		√		
社会适应能力		√				√	

(续表)

个性化学习需求

请选择需要配备支持教师的课程:
☐公共基础课程(语文、数学、英语、信息技术)
☐专业课程(中式烹饪、西式烹饪、中式面点、西式面点、餐厅服务、客房服务、会务服务、家政服务、商品服务、花卉园艺)
请选择需要参加的综合康复课程:
☐心理康复(情绪管理) ☐言语沟通训练 ☐运动功能康复 ☐社会技能 ☐生活适应 其他:_____
请选择需要参加的潜能开发课程:

☐创意西点	☐制皂	☐咖啡制作	☑计算机	☐特奥运动
☐舞蹈	☐陶艺	☑绘画基础	☐摄像	☐书法
☐串珠	☐尤克里里	☐创意拼豆	☐茶艺	☐摄影
☐主持技巧	☐经典诵读	☐升学辅导	其他:____(请自己填写)	

三、资源分析

社会资源:
社区资源:☐专业技能培训 ☐康复训练资源 ☐兴趣学习培训 ☐推荐实习就业
残联资源:☐专业技能培训 ☐康复训练资源 ☐兴趣学习培训 ☐推荐实习就业
其他:_____
学校资源:
☐个别化训练　　　　　☐课堂教育支持者　　☑社团活动
☐个性定制课程(学生个人工作室) ☐推荐实习就业
家庭资源:
☑有,具体是　　　家庭辅导　　　☐无

四、个性化课程实施计划会议			
时　间	2019 年 10 月 12 日	地　点	102 教室

出　席　人　员			
姓　名	职　务	服　务　单　位	联　系　电　话
蒋　程	班主任	长宁特职校	***
***	母	***	***

（续表）

会　议　过　程

1. 介绍学生基本情况。

　　该生来自辅读学校，轻度智力障碍，性格活泼、好动，偶尔欺凌其他同学，但对班级事务热心，对班级内能力较弱的同学也时有主动帮助和关照的现象，做事情缺乏耐心，无法长时间静下心来完成学习任务。对教师的一举一动比较关注，经常用"开枪"的手势及"枪毙"等词汇来表示心中的不满。

2. 分析学生能力与个性化学习需求。

　　学生认知能力一般，数学能力较薄弱，语文尚有一定的基础。有一定的动手能力，在专业课上有比较好的表现，能够自己动手制作面点。需培养学生的规则意识以及耐心，在专业操作能力上进行重点关注。

3. 分析社区、学校、家庭资源。

　　该生家庭条件良好，父母及家中老人对其发展比较关注。

4. 讨论学生发展目标与个性化课程学习计划。

　　家长有让孩子将来去考成人大专的想法。根据校内的学习情况，再对考证就业作打算。建议在校内参加瓷盘画以及计算机的拓展课程，开阔眼界，培养耐心。

会　议　决　议

1. 发展目标
　　□考证就业，具体方向：＿＿＿＿＿＿＿＿＿＿＿＿
　　☑升学，具体方向：　　长宁区业余大学　　
　　□生活适应，具体方向：＿＿＿＿＿＿＿＿＿＿＿
2. 课程学习计划（参照实施表）

参会人员同意并签名：
　　（略）

2019 年 10 月 12 日

（续表）

五、个性化课程实施及评价

一年级第一学期

课程表

2019 学年第一学期　班级：一（2）　班主任：蒋程　副班主任：朱家琛

时　　间	星　　期						
	一	二	三	四	五	六	日
	科　　目						
7:30—8:00							
8:00—8:20	升旗	早操	早操	早操	早操		
8:20—9:00	园艺	心理	数学	面点	面点		
9:10—9:50	园艺	面点	语文	面点	面点		
10:00—10:45	服务	面点	职业	数学	面点		
10:55—11:35	服务	面点	英语	信息	体育		
12:00—12:45	弹　　性						
12:45—13:25	体育	语文	服务	园艺	语文		
13:35—14:20	陶艺	体律	服务	园艺	英语		
14:30—15:10	绘画	计算机	绘画	计算机	班会		
15:20—16:00		计算机		计算机			
其他时段 （请填写）	课程内容：_____（如：舞蹈、绘画） 上课时间：_____（如：每周三晚上 16:30—17:30） 上课地点：_____						

学期总评（实施效果总评、原因分析、改进意见、调整措施、努力方向）：

　　小 U 在刚入校的时候，规则意识不明确，在课堂上随意离开座位，对同学说脏话。经过一个学期的干预，小 U 说脏话的现象几乎不再出现，并且不再离开座位，但是在课堂上仍然会转过头观察教室后的老师，这一不良习惯需要在今后帮助其继续改正。小 U 在这一学期中表现出了为班级热心服务的一面，为同班同学拿汤盛汤，打扫教室卫生，培养了责任意识，并在劳动的过程中，经过指点，掌握劳动技能，提升自理能力。本学期小 U 还参加了绘画和计算机的拓展课程。在绘画瓷盘画的过程中，在教师指导下完成了作品，留存在教室中作为艺术作品展出。

签名：

　（略）

2020 年 1 月 10 日

（续表）

五、个性化课程实施及评价

一年级第二学期

课程表

2019 学年第二学期　　班级：一(2)　　班主任：蒋程　　副班主任：朱家琛

时　　间		星　　期						
		一	二	三	四	五	六	日
		科　　目						
7:30—8:00								
8:00—8:20		升旗	早操	早操	早操	早操		
8:20—9:00		园艺	心理	体律	面点	面点		
9:10—9:50		园艺	面点	语文	面点	面点		
10:00—10:45		服务	面点	职业	数学	面点		
10:55—11:35		服务	面点	英语	信息	体育		
12:00—12:45		弹　　性						
12:45—13:25		体育	语文	服务	园艺	语文		
13:35—14:20		陶艺	数学	服务	园艺	英语		
14:30—15:10	单周	心理健康	制皂	摄影	思维训练	班会		
	双周	绘本教学	书法	摄影	思维训练			
其他时段（请填写）	课程内容：＿＿＿＿＿（如：舞蹈、绘画） 上课时间：＿＿＿＿＿（如：每周三晚上 16:30—17:30） 上课地点：＿＿＿＿＿							

学期总评（实施效果总评、原因分析、改进意见、调整措施、努力方向）：

　　本学期由于"新冠疫情"的影响，小 U 在家中通过网课资源学习，表现出了令人意想不到的一面。在最初，通过家长分享的视频可以发现，小 U 在意识到自己被拍摄的时候，不能专心于手中的操作，发出他标志性的"嘿"的声音。经过家长的督促，以及教师对其作品的细致点评和指导，小 U 在面点课上的表现越来越突出，面点作品前后比较有明显的进步。

　　下学期开始，小 U 的生涯导师指导方向变更为"居家自理"。

　　经过一个学年的摸底和学习，家长也坦诚表示，自己很明确小 U 考大专有难度，最终还是要逐渐回归家庭居家，而且认为校内教授的职业课程比较有实用性。目前家中的经济状况也比较好，如果能着重培养小 U 的生活技能以及自理技能，可能更加适用。例如在线教学期间的线上面点课，制作后的成品给爱吃的他也带来一定的学习激励作用。后续可以考虑更多地培养他面点或者烹饪的技能，争取习得一技之长，朝着自理居家方向共同努力。

签名：

　　（略）

2020 年 6 月 4 日

(续表)

五、个性化课程实施及评价

二年级第一学期

课程表

2020 学年第一学期　班级：二(2)　班主任：蒋程　副班主任：朱家琛

时　间	星　期						
	一	二	三	四	五	六	日
	科　目						
7:30—8:00							
8:00—8:20	升旗	早操	早操	早操	早操		
8:20—9:00	面点	陶艺	体律	面点	面点		
9:10—9:50	面点	体育	数学	面点	面点		
10:00—10:45	服务	语文	职业	信息	面点		
10:55—11:35	服务	英语	英语	体育	面点		
12:00—12:45	弹　性						
12:45—13:25	心理	园艺	服务	园艺	语文		
13:35—14:20	语文	园艺	服务	园艺	数学		
14:30—15:10	餐饮技能个训	计算机	餐饮技能个训	计算机	班会		
15:20—16:00		计算机		计算机			
其他时段（请填写）	课程内容：_____（如：舞蹈、绘画） 上课时间：_____（如：每周三晚上 16:30—17:30） 上课地点：_____						

学期总评

（实施效果总评、原因分析、改进意见、调整措施、努力方向）

　　小 U 在班级中越发积极地承担起小干部的职责，为班级擦黑板，午餐期间为同学拿汤盛汤，帮助好朋友一起理书包，等等。这些都是非常好的积极面，值得鼓励和肯定。然而美中不足的是，本学期小 U 经常会不分时段地跑去操场打篮球。热爱运动固然是好事，但是刚吃完饭就去打篮球，对身体不利。不仅如此，顾 ＊＊ 还经常借着下楼拿汤的机会，在篮球场上尽情挥洒，全然忘记还未吃饭的事情。为此，本学期使用了说教、引导、批评等多种方法对其问题行为进行矫治，至本学期末，该问题行为有所改善，能够按照体育课要求，在合适的时间段参与体育活动。

签名：

　　（略）

2021 年 1 月 8 日

（续表）

二年级第二学期

课程表

2020 学年第二学期　班级：二(2)　班主任：蒋程　副班主任：朱家琛

时　间	星　期				
	一	二	三	四	五
	科　目				
8:00—8:20	升旗	早操	早操	早操	早操
8:20—9:00	面点	陶艺	体律	面点	面点
9:10—9:50	面点	体育	数学	面点	面点
10:00—10:45	服务	语文	职业	信息	面点
10:55—11:35	服务	英语	英语	体育	面点
12:00—12:45	弹性时间				
12:45—13:25	心理	园艺	服务	园艺	语文
13:35—14:20	语文	园艺	服务	园艺	数学
14:30—15:10	餐饮技能个训	计算机	餐饮技能个训	计算机	班会
15:20—16:00		计算机		计算机	

其他时段学习训练课程（请填写）

课程内容一：＿＿＿＿＿＿＿＿＿＿（如：舞蹈、绘画、康复训练）

上课时间：＿＿＿＿＿＿＿＿＿＿（如：每周三 16：30—17：30）

上课地点：＿＿＿＿＿＿＿＿＿＿

课程内容二：＿＿＿＿＿＿＿＿＿＿

上课时间：＿＿＿＿＿＿＿＿＿＿

上课地点：＿＿＿＿＿＿＿＿＿＿

(续表)

学期目标
1. 友善对待同学,合理宣泄自身不良情绪。 2. 保持班级服务意识,成为班级小干部。 3. 妥善安排体育活动时间。
具体实施
1. 在日常学习生活中,针对小 U 出现的情绪爆发行为进行安抚,引导其正确宣泄自身情绪,而不是倾泻在同学身上。 2. 对小 U 为班级服务的行为及时进行肯定与表扬,偶尔奖励,强化其积极行为。 3. 就中午打球问题约法三章,明确奖赏制度。

<table>
<tr><td colspan="1" align="center">学 期 总 评</td></tr>
<tr><td>

(实施效果总评、原因分析、改进意见、调整措施、努力方向)

情绪调节: 小 U 在犯错误、受到教师批评时,会表现出愤怒的情绪,并且由于不敢将这种情绪表达给老师,便将这种情绪转移到自己的同学身上,抓起他的衣领,并嚷嚷说要打死他。这是不合理的情绪宣泄方式,在发生这些情况时,通过轻抚其后背稳定情绪,松开他的手,以平和的语气与其明确老师批评的原因,鼓励用主动表达情绪的方式来替代欺负同学。

服务意识: 小 U 在班级中积极为同学服务,包括帮其他同学盛汤拿汤,为班级擦黑板,为同学拿工作服,都是非常值得鼓励的行为。为使得小 U 继续保持这种服务意识,在其出现良好积极行为时,及时给予表扬和肯定,给予正强化。至此,小 U 仍然保持着积极的服务意识,为班级出力。

打球问题: 这学期刚接触到体育课,小 U 对篮球的痴迷又一发不可收拾。老师就打球问题与小 U 进行约法三章。老师陪同他在午餐后,进行十分钟缓慢节奏的投篮,时间到之后便跟随老师一同上楼。若不遵守规定,则以后取消中午打篮球的机会。经过协商,小 U 能够长期遵守与教师的约定,一来控制住了他打篮球的时间,二来有教师监督,防止其在运动期间开展剧烈活动影响身体。

签名:

    (略)

2021 年 6 月 18 日

</td></tr>
</table>

(续表)

三年级第一学期

课程表

2021 学年第一学期　班级：三(2)　班主任：蒋程　副班主任：朱家琛

时　间	星　期				
	一	二	三	四	五
	科　目				
8:00—8:20	升旗	早操	早操	早操	早操
8:20—9:00	数学	心理	语文	烹饪	美术
9:10—9:50	语文	数学	职业	烹饪	体律
10:00—10:45	会务	烹饪	西点	英语	烹饪
10:55—11:35	会务	烹饪	西点	语文	烹饪
12:00—12:45	弹性时间				
12:45—13:25	体育	西点	英语	会务	烹饪
13:35—14:20	信息	西点	体育	会务	烹饪
14:30—15:10	言语沟通	计算机	言语沟通	计算机	班会
15:20—16:00		计算机		计算机	

其他时段学习训练课程(请填写)

课程内容一：＿＿＿＿＿＿＿＿＿＿＿＿＿(如：舞蹈、绘画、康复训练)

上课时间：＿＿＿＿＿＿＿＿＿＿＿＿＿(如：每周三 16:30—17:30)

上课地点：＿＿＿＿＿＿＿＿＿＿＿＿＿

课程内容二：＿＿＿＿＿＿＿＿＿＿＿＿＿

上课时间：＿＿＿＿＿＿＿＿＿＿＿＿＿

上课地点：＿＿＿＿＿＿＿＿＿＿＿＿＿

（续表）

学期目标

1. 清晰表达自己的想法。
2. 保持班级服务意识,在同学间互帮互助。
3. 正确引导爱国情感。

具体实施

1. 在日常学习生活中,引导小 U 慢慢地,清晰地表达自己的想法。
2. 对小 U 为班级服务的行为及时进行肯定与表扬,同时鼓励与同伴之间的互助行为。
3. 重视爱国主题教育,明确国歌响起时应做的事。

学 期 总 评

（实施效果总评、原因分析、改进意见、调整措施、努力方向）

自我表达:小 U 在这一学期经过鼓励,慢慢地说清楚了很多自己的故事。比如说一些我们不便打听的事情,小 U 能清晰地和我们说清楚。对于他与家庭的关系,我们也有了更为清晰的了解,便于我们在和家长对接过程中,能以一个更加适合的方式,避免出现尴尬等情形。

互助意识:小 U 在班级中积极为同学服务,包括帮其他同学盛汤拿汤,为班级擦黑板,为同学拿工作服,这都是非常值得鼓励的行为。小 U 在和他的好朋友小 R 相处期间,也发生过矛盾,不过在引导和调解下,能够握手言和,重归于好,继续互相帮助,想着对方。

主题教育:这学期小 U 对于国旗的兴趣是比较大的,特别想升降旗。但是有的时候做室内操升旗,由于没有见到国旗,小顾对做操升旗不是很重视。在进行针对性的爱国主题教育后,在国歌响起时,小 U 会做到摘下眼镜,注目肃立。本学期他也担任了升旗手的任务,表现较好。

签名:

(略)

2022 年 1 月 7 日

（续表）

三年级第二学期

课程表

2021 学年第二学期　班级：三（2）　班主任：蒋程　副班主任：朱家琛

时间与内容	周一	周二	周三	周四	周五	教师指导	家长指导
7:00—8:00	洗漱早餐						家长协助
8:00—8:30	健康报告					班主任负责	家长协助
8:30—9:00	室内广播操					视频支持	家长督促
9:00—9:30	信息	语文	英语	数学	心理	视频支持	家长督促
9:30—10:00	学生作业，教师答疑					在线指导	家长督促
10:00—10:20	眼保健操					视频支持	家长督促
10:20—11:30	家务劳动						家长督促
11:30—13:30	午餐午休						家长督促
13:30—14:00	班会	卫生	会务	中式烹饪	体育	视频支持	家长督促
14:00—14:30	学生作业，教师答疑					在线指导	家长督促
14:40—14:50	眼保健操						家长督促
15:00—15:30	中烹	艺术	体育	西式面点	综合复习	视频支持	家长督促
15:30—16:00	学生作业，教师答疑					在线指导	家长督促
16:00—18:00	家务劳动						家长督促
18:00—19:00	休闲时光						家长督促
19:00—20:00	集中答疑、个性化指导					在线指导	家长参与
一周材料准备							家长参与

（续表）

其他时段学习训练课程（请填写） 课程内容一：_____（如：舞蹈、绘画、康复训练） 上课时间：_____（如：每周三 16:30—17:30） 上课地点：_____ 课程内容二：_____ 上课时间：_____ 上课地点：_____
学期目标 1. 劳动技能训练。 2. 培养独立意识和责任意识。
具体实施 1. 在日常学习生活中，结合班级劳动及烹饪课，引导小 U 学习更多劳动技能。 2. 在班级中给予更多责任及义务，如担任小干部，或拿收通知单等。

学 期 总 评

（实施效果总评、原因分析、改进意见、调整措施、努力方向）

劳动技能： 小 U 在这一学期的烹饪课中不仅学习了看洗菜择菜的技能，在各类打扫，如擦桌子、洗碗等技能上也有了进步。一方面得益于课堂中的训练，另一方面得益于在和顾妈妈的沟通中强调了劳动的重要性，所以小 U 在这一学期的进步总体还是比较明显的。后续将针对洗晒、收叠衣服这类生活自理的技能再进行额外强化。

责任意识： 本学期在线期间，老师给予了小 U 一些小干部的任务。如烹饪课结束后，检查教室内煤气及灯的关闭状态，如每天放学时检查同学们的口罩佩戴情况。小 U 在这些事情上都表现出了非常负责任的态度，每次都谨慎检查和确认。在后续开学后，会尝试给予小 U 更多的任务和职责。

独立意识： 小 U 在学校中的独立意识较好，在家中会稍差一些。经过沟通和约定，小 U 在居家期间也坚持在家中进行家务劳动，但是持续性还不强，需要坚持督促。

签名：

　　（略）

2022 年 6 月 19 日

（续表）

	四年级第一学期

课程表

2022 学年第一学期　班级：四（2）　班主任：蒋程　副班主任：沈钧

时　　间	星　　期				
	一	二	三	四	五
	科　　目				
8:00—8:05	课前准备	课前准备	课前准备	课前准备	课前准备
8:05—8:45	面点	面点	历史	饮品	园艺
8:55—9:35	面点	面点	体律	饮品	园艺
9:45—10:15	大课间				
10:10—10:55	服务	体育	烹饪	园艺	烹饪
11:05—11:45	服务	美术	烹饪	园艺	烹饪
11:45—12:15	午餐午休				
12:15—13:00	饮品	心理	服务	商品	体育
13:35—14:20	饮品	历史	服务	商品	商品
14:30—15:10	社会适应	书法	社会适应	书法	商品
15:20—16:00					

其他时段学习训练课程（请填写）

课程内容一：＿＿＿＿＿＿＿＿＿＿（如：舞蹈、绘画、康复训练）

上课时间：＿＿＿＿＿＿＿＿＿＿（如：每周三 16:30—17:30）

上课地点：＿＿＿＿＿＿＿＿＿＿

课程内容二：＿＿＿＿＿＿＿＿＿＿

上课时间：＿＿＿＿＿＿＿＿＿＿

上课地点：＿＿＿＿＿＿＿＿＿＿

学期目标

1. 生活技能训练。

2. 培养良好的个人品质。

（续表）

具体实施
1. 在日常学习生活中，结合烹饪课教学，引导小 U 学习更多生活自理技能。 2. 结合关键教育事件，培养独立自主，乐于助人的良好品质。

<table>
<tr><td colspan="1" align="center">学 期 总 评</td></tr>
<tr><td>

（实施效果总评、原因分析、改进意见、调整措施、努力方向）

生活技能：小 U 在本学期的烹饪课中学习了更多的粗加工技能以及保洁打扫技能，如剥蒜、切蒜末、洗碗等。小 U 在课程中对吃的东西十分有兴趣，并且有好胜心。老师以激励的方式促使他勇敢尝试，从而让他学会了这些技能，这对于他将来居家生活自理会有很大的帮助。在四年级的最后一学期，仍然会就这一方面继续加强培养。

独立意识：小 U 在学校中的大部分时间都是自己做自己的事情，甚至还会帮助同学。但是在面对自己懒惰、不愿做的事情时，会耍小聪明。这一学期老师通过打球这一关键活动，再次提醒了他"自己的事情自己做"这一要点。在回归家庭后，很多事情都由家长包办，学生的各项技能很容易慢慢丢失，在下一学期将继续关注他的打球问题，以及结合烹饪课的任务式教学，对他的独立意识进行培养。

</td></tr>
<tr><td>

发展目标调整

生涯发展目标是否有调整？
☑否
☐是

调整为：☐考证就业，具体方向：_____
   ☐升学，具体方向：_____
   ☐生活适应，具体方向：_____

</td></tr>
<tr><td>

签名：
 （略）

2023 年 1 月 10 日

</td></tr>
</table>

（续表）

| 四年级第二学期 | | | | | |

课程表

2022 学年第二学期　班级：四 2　班主任：蒋程　副班主任：谢平萍

时　间	星　期				
	一	二	三	四	五
	科　目				
8:00—8:05	课前准备	课前准备	课前准备	课前准备	课前准备
8:05—8:45	客房	面点	烹饪	图书	园艺
8:55—9:35	客房	面点	烹饪	图书	园艺
9:45—10:15	大课间				
10:10—10:55	客房	面点	烹饪	图书	园艺
11:05—11:45	客房	面点	烹饪	图书	园艺
11:45—12:15	午餐午休				
12:15—13:00	生涯	家政	生涯	心理	体律
13:35—14:20	体育	家政	美术	体育	面点
14:30—15:10	拓展	拓展	拓展	拓展	面点
15:20—16:00					

其他时段学习训练课程（请填写）

课程内容一：＿＿＿＿＿＿＿＿＿＿＿＿（如：舞蹈、绘画、康复训练）

上课时间：＿＿＿＿＿＿＿＿＿＿＿＿（如：每周三 16:30—17:30）

上课地点：＿＿＿＿＿＿＿＿＿＿＿＿

课程内容二：＿＿＿＿＿＿＿＿＿＿＿＿

上课时间：＿＿＿＿＿＿＿＿＿＿＿＿

上课地点：＿＿＿＿＿＿＿＿＿＿＿＿

(续表)

学期目标

1. 适应学校实习实践活动。
2. 提高生活自理能力。

具体实施

1. 与专业课教师及班主任及时沟通,了解实习开展情况,并进行心理疏导。
2. 在日常学习生活中,结合课程教学,引导小U提高生活自理技能。

学 期 总 评

(实施效果总评、原因分析、改进意见、调整措施、努力方向)

实习实践: 小U本学期外出进行实践体验活动。此行的目的地是华阳慈善超市和中山公园,但是在和小U及其他同学的交流中了解到,小U的参与度并不是很高。我便找到小U进行谈话,鼓励他参与实践,培养自身的动手操作能力。小U在后续实习实践中跟随指导教师参与了很多专业体验活动,适应了实习生活,获得了成长。

生活自理: 小U在学校中的一小部分时间里,因为参与饮品制作课程太过于兴奋,尿了裤子。为了提高小U生活自理能力,避免此类情况再次发生,我在本学期就这个主题与小U一起谈话,经过同伴们的多次提醒,小U再未有发生此类情况。小U本人也意识到这种情况是不好的,是尴尬的,也会反过来督促他避免发生这样的情况。

发展目标调整

生涯发展目标是否有调整?
☑否
□是

调整为: □考证就业,具体方向:＿＿＿＿＿＿＿＿＿＿＿＿
□升学,具体方向:＿＿＿＿＿＿＿＿＿＿＿＿
□生活适应,具体方向:＿＿＿＿＿＿＿＿＿＿＿

签名:
（略）

2023 年 6 月 10 日

参 考 文 献

［1］ 丁勇.推进中国全纳教育发展 健全随班就读支持保障体系［J］.中国特殊教育,2014
（2）：21-22.

［2］ 冯大奎.中国古代生涯发展哲学思想探微［J］.河南教育,2010（6）：63-64.

［3］ 许家成.特殊儿童生涯发展与转衔教育［M］.南京：南京师范大学出版社,2015：13.

［4］ 刘婧.高职职业生涯教育问题研究——基于舒伯自我概念发展理论［D］.济南：山东师
范大学,2016.

［5］ 周羽全,钟文芳.我国台湾地区中小学生涯教育及其启示［J］.内蒙古师范大学学报（教
育科学版）,2010（12）：11-13.

［6］ 王志强.美国生涯教育的实施及对我国的启示［J］.世界教育信息,2008（3）：43-45.

［7］ 陆素菊.职业人的培育：日本中小学生涯教育的发展与特色［J］.外国中小学教,2007
（1）：26-28.

［8］ 李金碧.生涯教育：基础教育不可或缺的领域［J］.教育理论与实践,2005（4）：15-18.

［9］ 顾明远.教育大辞典（第三册）［M］.上海：上海教育出版社,1991.

［10］ 常雪亮等.我国中学导师制的发展历程、现状与问题［J］.生涯发展教育研究,2016
（21）：85-94.

［11］ 陈才锜.普通高中全员导师制的研究［J］.当代教育科学,2013（24）：16-18.

［12］ 陈宛玉.高中生涯导师制：是什么,做什么,怎么做［J］.中小学心理健康教育,2018
（27）：23-25.

［13］ 尹娟,余雪冰,严君.基于生涯规划的导师制行动研究［J］.教育与职业,2011（12）：86-87.

［14］ 董兰兰.高中导师制中导师的任务探讨［J］.课题研究,2018（6）：8-9.

［15］ 尹娟等,基于生涯规划的导师制行动研究［J］.教育与职业,2011（36）：86-87.

［16］ 顾艳雯.中职学校"生涯导师"队伍建设的实践探索——以嘉善信息技术工程学校为
例.职业教育,2020,9（27）：65-68.

［17］ 崔自勤.基于新课程下的高中导师制有效实施探究［J］,教育教学论坛,2018（38）：197-199.

［18］ 蔡小雄,王静丽.成长导师培训：走班制的补给与诉求［J］.基础教育参考,2017（21）：3-15.

［19］ 王桂明.高中人生导师制的探索与实践［J］.江苏教育,2018（6）：43-45.

［20］ 严林峰.浅谈中学生涯导师培训.中学教学参考,2021（8）：66-67.

［21］ 李妍.适应高考改革要求,打造专业化生涯导师队伍——探索全员生涯导师校内培训
体系建设的实施路径.中小学心理健康教育［J］.2019（18）：23-26.

［22］ 李秀,张文京.学前特殊儿童转衔教育研究综述［J］.中国特殊教育,2005（1）：38-42.

[23] 黄宇锦,吕家富,曾小惠,袁红梅.弱智者支持性职业教育个别化转衔模式研究.现代特殊教育[J].2001(1):20.

[24] 崔芳,于松梅.美国学前特殊儿童转衔服务及其启示.现代特殊教育[J].2010(1):40-42.

[25] 林宏炽.身心障碍者生涯规划与转衔教育[M].台北:五南图书出版社,2000.

[26] 徐添喜.就业转衔服务中残疾人职业康复实施现状分析及模式构建研究[D].武汉:华中师范大学,2010.

[27] 徐添喜,雷江华."学校到工作":南非残疾学生转衔教育服务模式[J].现代特殊教育,2011(2):38-42.

[28] A. T. Thressiakutty, L. Govinda Rao. *Transiton of Persons with Mebtal Retardation From School to Work: A Guide*. National Institute for the Mentally Handicapped,2001.

[29] 朱兆红.Super生涯发展理论及对我国大学生就业指导的启示[D].长沙:湖南师范大学,2009.

[30] 李晓明,刘洪玉,孙晓雯.人职匹配理论与女大学生就业选择[J].中华女子学院学报,2008(10):37-41.

[31] 张兴瑜.对国外生涯辅导理论的述评与启示[J].天津职业大学学报,2009(8):90-93.

[32] 身心障碍者就业专业服务要点.社会福利资讯[EB/OL].http://web.it.nctu.edu.tw/hcsci/service/life_tr_job.htm 2012.11.20.

[33] 甘昭良.残疾人职业教育:"从学校到工作"的模式.职业技术教育(教科版)[J].2006(28):64-65.

[34] 梁雪梅.智能障碍者就业前转衔教育[J].中国残疾人,2011(8):38.

[35] 施良方.课程理论——课程的基础、原理与问题[M].教育科学出版,1996.

[36] 李秀.特殊教育课程理论的发展趋势[J].现代特殊教育,2007(7):32-33.

[37] 孔晓明.美国中小学课程个性化趋势研究[J].当代教育论坛,2004(3):103-105.

[38] 肖非.关于个别化计划几个问题的思考[J].中国特殊教育,2005(2):8-12.

[39] 陈汇祥,杨树崝."发现"个性才能"适应"个性——南京师范大学附属中学江宁分校"个性化课程"探索[J].人民教育,2011(9):40-43.

[40] 赵小红,华国栋.个别化教学与差异教学在特殊教育中的运用[J].中国特殊教育,2006(8):40-45.

[41] 陈朋.美国生涯和技术教育新理念探析[J].职业技术教育,2011(28):84-88.

[42] 孔春梅,杜建伟.国外职业生涯发展理论综述[J].内蒙古财经学院学报(综合版),2011(9):5-9.

[43] 沈立.智障学生职业生涯发展教育的研究与实践[J].基础教育参考,2015(5):61-63.

[44] 金国雄,于娜娜.大学生学业规划与职业生涯设计指导的研究与评估[J].中国成人教育.2008(11):21-22.

[45] 沈明翠.发展性障碍儿童行为问题功能评量及介入成效的个素研究[D],重庆:重庆师范大学,2007.

[46] 向友余,刘娟,黎莉,慕雯雯,魏寿洪.发展性障碍儿童初筛行为检核表的编制[J].中国特殊教育,2007,90(12):47-50.

[47] 黄炎培.小学职业陶冶[J].教育与职业,1925(4):12.

[48] 牛岩红.黄炎培终身职业教育思想述要[J].郑州轻工业学院学报(社会科学版),2011,12(1):125-128.

[49] 冯胜清,卢敏.苏南地区中职生职业意识现状调查及其培养[J].职教通讯,2016.

[50] 许家成.残疾人职业教育的准备式和支持式模式[J].中国特殊教育,1998(2)：32 - 36.

[51] 汪蔚兰,昝飞.美国的智障人士支持性就业[J].社会福利,2010(5)：26 - 27.

[52] Daniel E. Steere, *et al.* *Growing up: transition to adult life for students with disabilities*[M]. Boston, MA: Pearson Allyn and Bacon, 2007.

[53] Cohen S, Wills T. A. Stress, social support, and the buffering hypothesis[J]. *Psychological Bulletin*, 1985(2)：310 - 357.

[54] 许家成.残疾人职业教育的准备式和支持式模式[J].中国特殊教育,1998(2)：32 - 36.

[55] 佟子芬.智力落后学生支持式职业教育模式初探[J].中国特殊教育,1999,24(4)：32 - 34.

[56] 张俊山.弱智学生职业陶冶教育的尝试[J].现代特殊教育,2008(4)：38 - 39.

[57] 寇嘉荣,许永奇,张俊山.启智学校劳动技术教育与职业教育实验报告[J].中国特殊教育,1999,22(2)：34 - 46.

[58] 赵小红.近 20 年中国智力残疾学生职业教育研究进展[J].中国特殊教育,2009,110(8)：27 - 34.

[59] 吴军,侯佑罡.盲生职业高中段职业陶冶教育实验报告[J].中国特殊教育,1999,24(4)：22 - 24.

[60] 徐倩,姜玮清."支持式、个别化",为轻度智障孩子搭建职业发展平台[J].上海教育,2014(12B)：55.

[61] 徐国庆.职业教育项目课程：原理与开发[M].上海：华东师范大学出版社,2017(6)：154 - 179.

[62] 徐国庆.基于学习分析的职业教育项目教学设计模型[J].职教论坛,2015(18)：4 - 11.

[63] 王雪,徐国庆.美国职业教育中的项目领域和课程领域分析及启示[J].顺德职业技术学院学报,2014(1)：42 - 46.

[64] 雷正光.基于自主、合作、探究的项目导向教学法[J].中国职业技术教育,2017(2)：5 - 8.

[65] 郑步芹.项目化教学内涵特点及实施路径——以市场营销教学中的应用为例[J].江苏教育研究,2021(3)：23 - 27.

[66] 邓猛.以项目式学习推动培智教育教学改革[J].现代特殊教育,2022(3)：14 - 15.

[67] 梁寿雯.项目式学习应用于培智学校劳动教育的探究[J].现代特殊教育,2022(3)：23 - 25.

[68] 张玲.基于项目式学习的培智学校概念教学探析[J].现代特殊教育,2022(3)：16 - 19.

[69] 许家靓.项目式学习模式下培智学校综合课程实施探究[J].现代特殊教育,2022(3)：20 - 22.

[70] 李果,姚郑芳.以项目式学习推进培智学校劳动教育的有效实施——以生活与劳动课《拆快递》为例[J].现代特殊教育,2022(4)：59 - 61.

[71] 王泽.项目式学习在培智学校劳动技能课程中的应用——以"炒三丁"一课为例[J].现代特殊教育,2022(9)：44 - 47.

[72] 蔡叶兵,林瑞祝.项目式教学在培智信息技术课堂的实践[J].基础教育研究育,2022(1)：44 - 46.

[73] 谢周.以就业为导向的项目实践教学体系的构建研究——以溧水特校中职部果树种植专业为例[J].现代特殊教育,2019,(07)：70 - 73.

后　　记

为推动特殊教育高质量发展,国家《"十四五"特殊教育发展提升行动计划》提出"全面提高特殊教育质量,促进残疾儿童青少年自尊、自信、自强、自立,实现最大限度的发展,努力使残疾儿童青少年成长为国家有用之才"。在此基础上,《上海市特殊教育三年行动计划(2022—2024年)》提出"完善高中阶段特殊教育课程建设",并要求"加强学生生涯规划,注重职业技能和生活能力培养,促进特殊学生从学校到社会的衔接融合"。残疾青少年生涯发展教育被提上特殊教育的重要议题。

回溯历史,在持续深入的课题研究与实践探索中,我校全面认识到残疾青少年生涯发展教育的重要性,努力耕耘十余年,积累了相应的成果。2013年,上海市教育科学研究项目"轻度智障学生个别化职业转衔服务计划编制与实施研究"(B10076)构建了个别化职业转衔模式,不仅解决智障学生的生存需要和就业问题,而且指导学生以职业发展为目标进行人生规划,从而实现独立而有尊严的生涯发展。在此基础上,我校的结项成果《轻度智障学生职业生涯发展教育的研究与实践》获得国家级教学成果二等奖、上海市一等奖。此后,通过上海市教育科学研究项目"智障学生个性化课程方案制定与实施的实践研究"(B14089)与"发展性障碍者个别化职业陶冶教育支持计划研究"(C15017)等课题的研究,我校进行生涯发展导向的个性化课程建设,为每个学生配备生涯导师,基于每个学生的生涯发展目标实施个性化课程实施计划;同时,还探索了生涯发展教育的系列评估工具,并以家校合作的方式重点开展职业陶冶教育,支持学生实现生涯发展目标。

本书集结我校生涯发展教育的主要研究成果与实践经验,汇集专家学者、学校领导、全体教师的心血与智慧。参与研究的主要成员有我校校长沈立、副校长周颖芳,华东师范大学特殊教育学系陈莲俊副教授,我校教师王玥、须芝燕、赵静红、张红、沈钧、丁翠、童锡凤、夏霁、王海靖、朱家琛。本书由沈立、周颖芳、须芝燕、赵静红、张红、丁翠、沈钧执笔。

　　我们要特别感谢为研究实践和书稿撰写提供宝贵意见的专家：上海市特殊教育资源中心主任、华东师范大学特殊教育学系刘春玲教授，华东师范大学特殊教育学系昝飞教授、谭和平副教授、曾凡林副教授、刘琨副教授，上海市教育科学研究院职业教育与成人教育研究所董奇研究员、上海市教育科学研究院普通教育研究所马珍珍研究员。我们还要感谢所有我校学生及家长的密切合作。

　　特殊青少年生涯发展教育是我校长久而艰巨的责任，需要社会各界的多方协作。作为一所基层的特殊教育职业学校，我们在研究与实践层面仍存在不足，敬请社会各界大力支持与教育界同仁批评指正，提出宝贵意见。在今后的工作中，我们将努力践行生涯发展理念，促进残疾青少年就业和全面发展，更好融入社会，平等享有人生出彩的机会。

上海市长宁区特殊职业技术学校

2024 年 3 月

图书在版编目(CIP)数据

生涯发展教育:特殊中等职业学校的研究与实践 /
沈立等著. —上海:学林出版社,2024
ISBN 978 - 7 - 5486 - 2006 - 8

Ⅰ.①生… Ⅱ.①沈… Ⅲ.①特殊教育—教学研究—
中等专业学校 Ⅳ.①G76

中国国家版本馆 CIP 数据核字(2024)第 094221 号

责任编辑　张嵩澜　李晓梅
封面设计　周剑峰

生涯发展教育
——特殊中等职业学校的研究与实践
沈　立　等著

出　　版　**学林出版社**
　　　　　(201101　上海市闵行区号景路 159 弄 C 座)
发　　行　上海人民出版社发行中心
　　　　　(201101　上海市闵行区号景路 159 弄 C 座)
印　　刷　上海新华印刷有限公司
开　　本　720×1000　1/16
印　　张　14.75
字　　数　24.5 万
版　　次　2024 年 6 月第 1 版
印　　次　2024 年 6 月第 1 次印刷
ISBN 978 - 7 - 5486 - 2006 - 8/G · 772
定　　价　78.00 元